改正新會社法釋義
附　新舊對照條文

美濃部俊明著

昭和十一年發行

改正新會社法釋義

附 新舊對照條文

日本立法資料全集 別巻 1213

信山社

美濃部俊明著

改正

新會社法釋義

附 新舊對照條文

銀行信託協會

序言

第一　本書の内容

新會社法の制定が我が經濟界にとつて一大關心事たるは説明するまでもないことである。新會社法が經濟界に一大變革を齎す所以のものは、本書の内容を一瞥すれば理解する事が出來るであらうし、又新會社法が經濟界にとり爆彈的改正法である所以を理解せしむる樣に記述したつもりである。

新會社法の內容に關する詳しい解説は次の機會に讓り、本書に於いてはたゞ舊會社法が如何に改正せられ、新會社法は如何なる主義制度を採用してゐるかと云ふ點を實用的に記述し新舊の對照を一目瞭然たらしむることを主眼とした。

第二　商法の改正

現行商法は、明治三十二年三月九日法律第四十八號を以つて公布されたものであつて、其後十二年を經て、明治四十四年法律第七十三號により相當大なる一部修正を受けたのであるが、爾來二十數年間は大正十一年の破產法附則第三百九十條に依る商法第四百五條の改正の外は毫も變改を見なかつた。

然るに大戰以來社會狀勢の激變と共に種々の不備缺陷を生ずるに至つたので、政府は之が根本的改正の必要を認め、昭和四年十月先づ商法第一編總則、第二編會社編の改正に關する件を法制審議會の議題に付することゝした。

法制審議會に於ては愼重審議の結果、同六年七月商法總則編、會社編二百六項より成る改正要綱を決議、内閣に答申した。司法省に於ては内閣總理大臣よりこの答申の移牒を受け、昭和七年十月三十一日商法改正調査委員會を設置し、同十一月十八日原嘉道氏を委員長に、松本烝治、岩田宙造、池田寅二郎、大森洪太、田中耕太郎の五氏を小委員に任命して、右の改正要綱に基づき改正案文の起草に當らしめた。爾來總會を開くこと十五回、小委員會を開くこと百三十四回、總會の初第一回は昭和七年十一月十八日の附議、總會の終第十五回は同十年十二月十四日の議了、小委員會の初第一回は昭和七年十一月二十五日の附議で小委員會の終第百三十四回は、同十年十二月二十日の議了である。かくて全部脱稿したので、昭和十一年一月十五日午前十一時より最後の省議を開き議會に提出するに決定したのである。

第三　新會社法の結構

尚、法制審議會は會社法改正法要綱の議定に先ち、昭和六年一月中に商法第四編中爲替手形及び約束手形に關する規定は、爲替手形及び約束手形に關する統一法を制定する爲めの條約附屬書の手形統一法の如く改正するを適當とする旨の議決答申を爲し、之に基き昭和七年法律第二十號手形法及昭和八年法律第五十七號小切手法の制定を見た。而して法制審議會は昭和十年十二月中に商行爲編海商編中改正要綱二十二を議定して政府に答申し、同年末に至つて廢止せられた。

今回の商法中改正法律案は總則編五十一條（現行法は四十三條）、會社編四百五十條（現行法は二百五十五條）併せて五百一條（外に附則五十餘ケ條）であつて、増補改正と謂ふより一大變革と稱するも過言でない。總則編及び會社編の章別は全く現行法通りであるが、會社編中株式會社の章に於ては新に第七節「會社の整理」を加へたる結果九節と爲り、且社債の節を「總則」と「社債權者集會」の二款に、又淸算の節を「總則」と「特別淸算」の二款に分ちたる點に於て現行法と異つてゐる。

理論的に現行商法には幾多の缺點があつて、其全部に亙つて主義上の改正を爲すべき點少なからず、從つて寧ろ商法典を廢止して會社、運送、保險、船舶、海上運送等の多數單行法に解體すべきであるが、議會に於ては專ら實際の便宜より觀察し、現行法の不便なる點を補正する立場としたわけであるが、前述の通り實質的には改正と云ふより一大變革である。

商法總則の改正要點

第四　商法總則の改正要點

今回、成案を見たのは會社法のみでなく、商法則に於いても亦然りである。故に、參考のため商法總則の改正點につき若干の説明を加へておきたい。

イ、商人の範圍擴張

イ、商人の範圍權限

「商人」の定義を與へた第四條に新しく第二項を設け(一)店舖其他之に類似する設備に依りて物品の販賣を爲すを業とする者(二)鑛業又は砂鑛業を營む者及び(三)商行爲を爲すを業とせざる會社(所謂民事會社)を商人と看做す旨の規定を置いた。

新規定によつて商人の範圍は大に擴張せられた結果、商人に關する法規の適用に關し從來生じて居つた實際上の疑義は大部分解消せられることになる。

ロ、登記と公告の關係
ハ、商號自由主義の制限
ニ、商號讓渡の制限
ホ、營業讓渡の第三者に對する效力

ロ、登記と公告の關係

從來の規定によると其公告と牴觸するときと雖も、之を以て第三者に對抗することを得べきものとして居つたが、此の規定より生ずる矛盾及實際上の不便少なからざる故、新法第十一條第二項を以つて登記が、其公告と相違するときは公告なかりしものと看做すことを規定し、以て第三者の利益保護を圖つた。

ハ、商號自由主義の制限

新法は舊法と同じく所謂商號自由主義を採り、商人は自由に商號を定め得ることにしたのであるが、不正の目的を以て他人の營業なりと誤認せしむべき商號使用を禁止し、且其使用に因つて利益を害せらるゝ虞ある者の使用差止權を認めた。（二一）

ニ、商號讓渡の制限

舊法は營業と離れて商號を讓渡すことを認めて居るが、新法は商號は營業と共にする場合、又は營業を廢止する場合に限つて之を讓渡し得べきものとした。（二四）

ホ、營業讓渡の第三者に對する效力

舊法は營業の讓渡に關したゞ當事者間の關係に付いて規定を設けるに止り、第三者即ち

へ、固定財產の評價
ト、「エストッペルの原則の適用

讓渡人の債權者又は債務者に對する效力に付ては何の規定をもしておらなかつた。新法は(一)營業の讓受人が讓渡人の商號を續用する場合に於ては、讓渡人の營業に因りて生じたる債務に付き原則としては讓受人も亦辨濟の責に任ずべきこと。(二)營業の讓受人が讓渡人の商號を續用せざる場合に於ても、讓渡人の營業に因りて生じたる債務を引受くる旨を廣告したるとき亦同じこと。(三)右の(一)及び(二)の場合に於て讓受人が責に任ずる時は、讓渡人の責任が營業の讓渡又は上述の廣告の後二年內に請求又は請求の豫告を爲さゞる債權者に對し二年を經過したるとき消滅すべきものとすること。(四)營業の讓受人が讓渡人の商號を續用する場合に於て、讓渡人の營業に因りて生じたる債權に付き讓受人に爲したる辨濟は、辨濟者が善意にして且重過失なかりし限り效力あるものとした。(二六—二九)

以上は第三者の利益保護を目的とするものである。

へ、固定財產の評價

財產評價に付從來の時價主義の外に、營業用固定財產に關し、實際上の評價方法を認むることにした。(三四2)

ト、「エストッペル」の原則の適用

(一)故意又は過失に因り不實の事項を登記したる者は、其事項の不實なることを以て善意の第三者に對抗することを得ざるものとし(一四)、(二)自己の氏、氏名又は商號を使用して營業を爲すことを他人に許諾したる者は(所謂名板貸の場合)、自己を營業主なりと誤認して取引を爲したる者に對し、其取引に因りて生じたる債務に付其他人と連帶して辨濟の責に任ずるものとし(二三)、(三)本店又は支店の營業の主任者たるを示すべき名稱を附したる使用人は、善意の相手方に對する關係に於ては支配人と同一の權限を有するものと看做すべき旨(四二)の新規定を設けてゐる。

第五　有限責任會社に對する特別法の制定

有限責任會社に對する特別法の制定

我が會社法は合名、合資、株式及び株式合資の四種の會社形態を規定してゐるが、元來、會社法は大資本を擁して大規模に事業を經營して行くところの本來固有の意義に於ける株式會社を目標とし、之を規律することに依りて以て國民經濟の根幹を爲す大株式會社の利益と其の對社會的作用を充分に發揮せしめんとするに存する。

小資本若くは小人數の社員より成る小規模會社の利益保護の目的のためには會社法を以つ

て之に臨むは極めて不適切である、此の事實に鑑み、曩に法制審議會は「外國法上ノ有限責任會社又ハ英國法上ノ私會社ニ該當スル特別ノ會社ヲ認メ之ニ付キ特別法ヲ以テ規定ヲ設クルコト」と決定し、之に基き司法省に於ては其の内容を如何に確定すべきやに付き鋭意調査研究の歩を進めつゝあるから、近き將來に於て玆に所謂有限責任會社若くは私會社に類似する一新獨立の會社形態が出現するわけである。

× × × ×

如何に拙ない著述でも著者一人の力で出來るものであるものでない。本書についても法學博士、竹田省氏の學恩を感謝し、大木占城氏の助力に對し謝辭を呈す。

昭和十一年三月

著者識

改正 新會社法釋義目次

附録

新舊對照會社法

新舊對照商法總則

改正 新會社法釋義

美濃部俊明著

第一章　総　則

新會社法に於ける新設規定又は重要改正點は、に、、で示す

第一節　會社の意義

括弧内數字は新會社法參照條文
ゴジックは舊會社法條文
例之、五二1は新會社法第五十二條第一項
四二1は舊會社法第四十二條第一項

會社の意義

會社とは商行爲をなすを業とする目的の下に設立された社團を謂ふ（五二1 **四二1**）

故に會社たるの第一の要件はその目的が商行爲を業とするにある。商行爲が何たるかについては、現行商法商行爲、擔保付社債信託法及信託法に規定してゐる。（**二六三**、**二六四**、擔信三一、同二九2、信託六）

會社たるの第二要件は社團たる事であつて、社團とは共同の目的を有する多數人の結合であるから、少なくとも二名以上の社員を有してゐる事を要件とする。會社は社團にして且つ法人である。（五四1、**四四1**）

準會社

商行爲を業とせざるも、會社法の規定によつて營利を目的として設定されたる社團は會社と看做される。（五二2、**四二2**）

第二節　會社の種類

合名會社、合資會社、株式會社及株式合資會社

我が商法は多數の立法例と同じく、會社の信用の基礎である社員の責任の種類に基き會社

を分類してゐる。即ち合名會社、合資會社、株式會社及び株式合資會社の四つに分つ。（五三、四三）

合名會社は直接連帶無限の責任を負ふ社員、即ち無限責任社員のみよりなるものであり、合資會社は直接連帶無限責任を負ふ社員と直接連帶有限責任を負ふ社員とよりなる。即ち無限責任社員と有限責任の兩者よりなる。株式會社は間接有限にして且つ連帶ならざる社員、即ち株主よりなる。株式合資會社は無限責任社員と株主を以つて組織されるものである。

第三節　會社の登記

登記制度に新主義を採用す

我國の民商法は登記制度を採用してゐるが、此の登記制度には佛蘭西主義と獨逸主義とがあり、前者は登記を對抗要件とし、後者は登記を成立要件とする。即ち佛法主義とに於いては、法律行爲をすれば、法律行爲の效力は登記をせずとも發生するが、然し之は當事者間のみの問題でありて、第三者に對抗するには登記する事を要し登記せざれば、第三者に對抗する事が出來ない。獨法主義の下に於いては、登記をせざれば法律行爲に效力を認めない。從來我國は佛法主義に依り、從つて會社設立についても、法定の設立手續の完了に依つて會社は設立し人格を取得するが、たゞ登記せざる間は第三者に對抗する事が出來なかつた次第である。此の主義の缺點は右を向けば立派な人格者であるが、左を見ればまだ幽靈に過ぎないと云ふ點にあり、かくては法律關係が錯綜する。新會社法は從來の佛法主義を捨て新たに獨逸主義を採用する事にした。即ち登記を會社成立の條件となし登記の完了によつて會社は成立し、始めて人格を取得することになるわけである。

登記は會社成立の要件なり

舊法で會社が本店所在地では設立登記をなすにあらざれば開業の準備に着手することを得ざる旨(四六)定めてゐたが、新法の下では此の條項が削除された。

會社は設立登記の外に登記事項は非常に多い。登記期間は大抵事項發生の時より二週間である。尚、此の期間は登記事項が行政官廳の許可を受けるものである時は、許可書の到達したる時より登記の期間を起算することになつてゐる。(六一、四八2)

登記の期間

第四節　解散の命令

舊法に於いて、會社が本店所在地に於いて登記をなしたる後、六ケ月内に開業をしないときは、裁判所は檢事の請求により、又は職權を以つて其の解散を命ずることが出來、(四七)

舊法下の解散の命令

たゞ正當の事由あるとき會社の請求により右の期間を伸長する事が出來た。（四七2）

新法下の解散命令

此の規定が新法の下では、會社が正當の事由なくして、會社成立後一年內に開業をなさず又は一年以上營業を休止したときは、裁判所は利害關係人若くは檢事の請求に因り、又は職權を以つて解散を命ずることが出來ることにした。（五八1）

公序良俗違反行爲と解散命令に關する新規定

會社の業務を執行する社員、取締役又は監査役が法令又は公の秩序若くは善良の風俗に反する行爲をなした場合に於いて會社の存立を許すべからざる事由ある時も、右の場合に準じ解散を命ずる事が出來る。（五八2）舊法の下では是に「會社」が公序良俗に反する行爲ありたるとき、裁判所は「檢事の請求により又は職權」を以つて解散を命ずることが出來る旨を（四八）規定してゐたに過ぎない。利害關係人の請求が新法の下で新しく規定された次第である。

裁判所は解散の命令前であつても、利害關係人若くは檢事の請求により、又は職權を以つて、管理人の選任其の他會社財産の保全に必要な處分をなすことが出來る。（五八3）

利害關係人が解散の請求をなす場合は會社の請求により相當の擔保を供しなければならない。（五九）

損害賠償責任

然し利害關係人の請求必ずしも正當でなく、從つてその解散の請求が却下せられたる場合に於いては、利害關係人に惡意又は重大なる過失ありたる時は、會社に對し連帶して損害賠償の責を負はなければならない。(六〇)

會社の住所

第五節　會社の住所

會社の住所は、主たる營業所にあるは論を俟たざる所にして、會社が本店及び支店を有する場合には本店所在地を以つて會社の住所とする。(五四2、四四2)

新設合併と併呑合併

第六節　會社の合併

會社は合併する事が出來る。(五六1、四四ノ三)

會社の合併には新設合併と併呑合併とがある。前者は合併當事者たる二組以上の會社の總てが解散し、之と同時に合併せらるべき會社の財産及び社員を包括して別段の新會社を成立せしむる場合であり、後者は合併の當事者たる會社の一が存續し、他の會社が解散し、其財産及び社員を包括的に前者に移轉する場合を謂ふ。

異種會社の合併に關する新規定

合併は同一種類の會社の間にのみ行はるべきでなく異種會社間にも行はる。異種會社間の合併については動もすれば有限責任を加重する結果を生ずるが故に新會社法は此の點に明文を設け、合併をなす會社の一方又は雙方が株式會社又は株式合資會社たるときは合併後存續する會社又は合併によりて設立する會社は株式會社又は株式合資會社たることを要すとなした。（五六2）

設立委員に關する新規定

新設合併の場合には、定款の作成其の他設立に關する行爲は各會社に於いて選任したる設立委員共同して之に當らねばならない。（五六3、四四ノ三）

設立委員の選任方法

設立委員選任には合名、合資會社にありては總社員の同意、株式會社にありては總株主の半數以上にして資本の半數以上に當る株主出席し、その議決權の過半數を以つてなしたる株主總會決議、株式合資會社に於いては株主總會の決議の外に無限責任社員の一致を必要とする。（五六4）

第二章　合名會社

第一節　合名會社の意義

無限責任負擔の意義

合名會社とは無限責任社員を以つて組織せらるゝ會社を謂ふ。即ち第一に無限責任社員のみを以つて組織せらるゝことを要する。社員は所謂無限責任を負擔するものにして會社の債務が不法行爲により生じたると又は取引によりて生じたるを問はない。社員が無限責任を負擔すると云ふのは專ら第三者に對する關係に於いて云ふものであつて、會社の內部關係に於いて制限せられたる出資額を定むる事は素より之を妨げない。

第二節　會社の設立

定款の作成

合名會社を設立するには先づ定款を作成する事を要する。（六二、四九）舊法にありては定款が作成されたる時に於いて會社は成立したが、新會社法は登記を會社成立の要件とする故に、定款作成は成立の一要件に外ならない。

定款記載事項

定款には次の事項を記載し、各社員が之に署名することを要する。（六三、五〇）

一、目的　目的とは會社の目的とする事業の意味にして、目的の記載は具體的にその會社が目的としてなす行爲の範圍を推知し得る程度のものたることを要する。

二、商號　合名會社の商號中には必ず合名會社なる文字を用ふることを要する。

三、社員の氏名及住所

四、本店及び支店の所在地　玆に所在地と謂ふは、地域の記載を云ひ、場所の意ではない。從つて獨立の最小行政區劃たる市町村の記載を以つて足り、町名、番地の如きものは必要ない。

五、社員の出資の目的及び其の價格又は評價の標準　合名會社にありては、社員は金錢其他の財産のみならず、勞務又は信用を以つても出資の目的とする事が出來る。而して金錢以外の出資に就いては、その價格を評價しおくか又は之を評價し得る標準を定めておかねばならない。舊法では「出資の種類」とあるのが新法では「出資の目的」と改められた。

以上の五項は定款作成上の絶對的必要事項であつてその一を缺く時は定款は成立しない。

設立の登記事項

新會社法の下では設立の登記を以つて會社成立の一要件としてゐるが、合名會社にありては登記すべき事項は左の通りである。（六四1、五一1）

一、目　的
二、商　號
三、社員の氏名及び住所
四、本店及び支店　玆に謂ふ本店及び支店とは定款に於ける本店及び支店の所在地とあると異なり、その所在の場所をも登記しなければならない。
五、存立時期又は解散の事由を定めたる時は其の時期又は事由
六、社員の出資の目的、財産を目的とする出資に付ては、その價格及履行を爲したる部分
七、社員にして會社を代表せざるものある時は會社を代表すべきものゝ氏名　合名會社の業務を執行する社員は皆當然に會社を代表する權限を有するものであつて、此の場合には特別なる登記をなす必要はない。たゞ特に社員にして會社を代表せざる者がある場合に限り會社を代表する社員の氏名を登記するのである。
八、數人の社員が共同し、又は社員が支配人と共同して會社を代表すべきことを定めたる時は其の規定　本項は第三者をして如何なる方法によりて會社が代表せらるゝかを

知る事を得しむることを目的とするものである。

登記期間

新會社法にありては一般に本店に於ける設立の登記が會社の成立要件となりたる結果、本店の設立登記には登記期間の定めがなくなつた。たゞ支店のある場合には、本店の所在地に於ける設立の登記をなしたる後、二週間内に支店所在地に於いて登記をなすべきものとした。(六四2)

支店新設の場合の登記

會社の成立後、支店を新設した場合には本店に於いては二週間内に支店を設けたる事を登記し、支店所在地にありては三週間内に六十四條に規定した登記事項を登記し、他の支店の所在地では三週間内に、その支店を設けたる事を登記しなければならぬ。(六五、五一2)

本店又は支店の所在地を管轄する登記所の管轄區域内に支店を新設したる時は、その支店を設けたることを登記すればよい。(六五2、五一3)

本店二週間支店三週間主義の採用

舊商法では登記期間は本支店とも二週間主義であつたのが、新會社法では各種會社を通じ本店二週間、支店三週間主義が採用された。本店で登記を濟ました後、支店で登記するのであるから、本支店所在地に於ける登記期間が同一であつては種々の不便を生じる實情に照し支店の登記期間を本店に比し、幾分伸長すべきは當を得た改正と云はねばならぬ。

登記事項變更の登記

登記したる事項に變更を生じたる時は各その登記をしなければならぬ。（六七、五三）

第三節　會社の內部關係

內部關係に關する規定

會社の法律關係は之を內外二面に分つことが出來る。外部關係とは會社及び社員と外部第三者との間の關係を謂ひ、內部關係とは會社と社員との間の關係を謂ふ。

會社の內部關係に關する規定は本則として任意的である。卽ち內部關係は專ら社員の利害關係であつて、一般の第三者の利害に影響しないからである。

會社の內部關係に就いては定款及び商法に別段の定めなきときは組合に關する民法の規定を準用する事になつてゐる。（六八、五四）

第一款　出資義務

出資の意義

出資とは會社の目的である事業を行ふために社員の醵出する財產を謂ふ。會社のために立替又は會社に貸付を行ふ如きは社員たるの資格に於いて醵出するのでないから、之を出資と云ふことは出來ない。

出資の種類

出資はその目的である財産の如何によりて之を左の如く區別する事が出來る。

（イ）財產出資

財產出資とは金錢其他の有價物を以つてする出資を謂ふ。即ち出資者の手に於いて客觀的存在を有する財產の出資である。客觀的である以上、その種類の如何を問はない。財產出資には財產自體を出資の目的物となすものと、單に權利の使用收益のみを爲さしむる事を目的とするものとがある。

（ロ）勞務出資

勞務出資とは社員が會社のために勞務に服する場合であつて、例へば技師がその技術上の勞務を提供して社員となるが如きである。

（ハ）信用出資

信用出資とは、會社をして自已の信用を利用せしむることに對し社員となる場合である。出資の目的及びその價格又は評價の標準は定款によりて一定するものであるから、總社員の同意を以つて定款の變更をせざる限り社員の任意の處置によりて之を增減變更することは出來ない。

出資義務の引受と出資の拂込の區別

又會社側からも定款に定めたる出資以上の出資を求むることは出來ない。出資義務の引受は會社を設立し社員となるに必要であるが、出資の拂込は必ずしも然らずして、後に之をなす事が出來る。

拂込の時期

拂込の時期については定款に別段の定めある時は之に從ひ、然らざる場合は會社の請求ありたる時は何時にても之をなさねばならぬ。尙、會社淸算の場合には、會社に現存する財産が債務を完濟するに足らざる時は淸算人は辨濟期に拘らず、社員をしてその拂込をなさしむることが出來る。(一二六、九二)

拂込不履行と責任

拂込をなすべき時期に於いて社員が拂込をなさゞる時は一般の規定に從ひ遲滯の義務に任ぜねばならぬ(民四一二)。尙、出資の目的が金錢なる時は法定利息の外に損害賠償をもなさねばならぬ(六九、五五)。斯くの如き社員は他の社員の一致を以つて之を除名することが出來る(八六1號、七〇1號)。

第二款　業務の執行

業務執行と會社代表の區別

玆に所謂業務執行とは、會社外部の業務執行を會社代表と云ふに對し、その內部の執行を指すのである。又法律上、業務執行社員とは代表社員と云ふと對立し、會社內部の業務の執行を擔當する社員を謂ふ。

業務執行社員

業務執行と會社代表とは全然別個の觀念に屬するが故に、業務を執行する權利と會社を代表する權利とは相異なつてゐる。

業務の執行方法

合名會社にありては定款に別段の定めなき限り各社員皆業務を執行する權利を有し義務を負ふてゐる(七〇、五六)。但し、定款に別段の定めをして特定の社員のみに業務を執行せしむる事が出來、此の場合その特定の社員を業務執行社員と謂ふ。

業務執行は定款に別段の定めなき限り、社員共同して之をなし、社員の意見一致せざる時は過半數の決議による。若し業務執行社員を定めたる時は、その業務執行社員の過半數による。たゞ支配人の選任及び解任は特に業務執行社員を定めたる時と雖も、常に總社員の過半數の決議によることを要すとされてゐる(七一、五七)。

第三款　定款の變更及目的外の行爲

定款變更

定款の變更とは定款たる規則の變更を謂ふ。定款の變更は既存の規定の變更のみでなく新たなる規定を設ける場合をも含み又規定の實質的變更のみならず、文言の變更をも含むものである。定款を變更するには常に總社員の同意を得ることを要す(七二、五八)。

目的外の行爲

會社は其の目的の範圍內に於いて存在し得るものであるから、其の目的の範圍外の行爲をなさんとする時は會社の目的外の行爲を爲すことゝなり、此の場合には總社員の同意を要る(七二、五八)

第四款　持分

持分の意義

持分には二義あり、其一は社員が退社し又は會社解散と假定して社員が拂戾を受くべき財產の割合を謂ひ、其二は社員權其のものを謂ふ。我が商法で所謂持分の讓渡とは社員權としての持分の讓渡を意味する。

持分の讓渡

合名會社は、社員相互間の絕對の信用を基礎としてゐるものであるから、持分を讓渡するには、他の社員全員の承諾を得る事を必要とし、社員は他の社員の承諾がなければ其の持分の全部又は一部を他人に讓渡する事が出來ない(七三)。舊會社法では、他の社員の同意なくしてその持分の全部又は一部を他人に讓渡しても、之を以つて會社に對抗し得ざるものとしてゐたが(五九)然し持分の讓渡は登記事項の變更を生じ、登記申請書には總社員の同意を要するが故に他の社員の同意なき持分の讓渡は結局第三者にも對抗し得ざる事となるから新法の下で此の點を明文を以つて規定した。

持分の讓渡社員の會社債務に對する責任

持分を讓渡したる社員については後に述ぶる退社員の退社登記前に生じたる會社の債務についての責任規定が準用される(九三3、七三2)。

持分の差押

新會社法は持分の差押に關し新しい規定を設けた。即ち社員の持分の差押は社員が將來利益の配當及び持分の拂戾を請求する權利に對しても亦その效力を有する(九〇)。社員の持分を差押へたる債權者は營業年度の終に於いて、その社員を退社せしむる事が出來る。但し會社及び其の社員に對して六ケ月前に其の豫告をなすことを要す(九一1)右の豫告は社員が辨濟をなし又は相當の擔保を供したる時は其の效力を失ふ(九一2)。

第五款　競業の避止

競業の避止の義務

合名會社の社員は他の社員の承諾がなければ自己又は第三者のために會社の營業の部類に屬する取引をなし、又は同種の營業を目的とする他の會社の無限責任社員若くは取締役となることが出來ない(七四1、六〇1)。舊法の商行爲が新法で取引と改められ、無限責任社員となるの外取締役となる場合が加へられた。

競業避止義務違反

社員が此の義務に違反して自已のために競爭取引をなしたる場合には他の社員は過半數の決議に依り之を以つて會社のためになしたるものと看做するが出來(七四2、六〇2)、或は一般に此の義務に違反したる社員は他の社員の一致を以つて之を除名する事が出來、又は損害の賠償を求むる事が出來る。但し右の權利は社員中の一人が取引のありたるを知りてより二週間、取引ありたる時より一年を經過する時は消滅する(七四3、六〇3)。

自己取引避止の義務

社員は他の社員の過半數の決議ありたる時に限り自已又は第三者のために會社と取引をする事が出來る(七五)。此の場合には民法百八條の規定を適用しない。

第六款　利益の分配

所謂利益とは配當期に於いて會社の純財產が社員の出資の總額を超過する事を謂ひ、損失とは純財產が出資の總額に不足する場合を謂ふ。

損益配當の割合に就いては商法に別段の定めなし、故に民法組合の規定に従ひ出資の割合によりて之を定むる事となる。而して利益又は損失の一方のみに就いて分配の割合を定めたる時は、その割合は利益及び損失に共通なるものと推定せらる（六八、五四、民六七四）。但し以上は任意規定に過ぎざるが故に、定款に於いて別段の定めをなす事を妨げない。

第四節　會社の外部關係

第一款　合名會社の代表

代表社員

合名會社の各社員は各自單獨にて會社を代表する權限を有するが、定款又は總社員の同意を以て特に會社を代表すべき者を定むる事が出來る（七六、六一）。之を會社代表社員と謂ふ。

社員の代表權

社員の代表權は會社の業務に關する一切の裁判上、裁判外の行爲に及ぶ（七八1、六二1）。

代表社員と支配人の區別

此の社員代表權は支配人の權限に類似してゐるが、然し支配人の權限は一營業所に限らるゝものなるに反し、代表社員の權限は會社の營業の全般に及び又支配人は他の支配人を選任する事を得ざるに反し、代表社員は支配人を選任する權限を有してゐる。

代表社員の代表權に加へたる制限は之を以つて善意の第三者に對抗する事を得ざるものと

す(七八2、六二2)。但し此の規則に對して一つの例外がある。共同代表の場合がそれであつて此の點について、更に區別しなければならない。

共同代表

(1)共同代表　定款又は總社員の同意を以つて數人の社員が共同して會社を代表すべきものとなる事が出來る(七七1、六一ノ二)。此れが卽ち共同代表であつて、その方法は各代表者が皆共同してその行爲をなすことを要す。又共同代表者の一人に對してなしたる意思表示は會社に對してその效力を生ず。

混合代表

(2)混合代表　定款又は總社員の同意を以つて社員が支配人と共同してのみ會社を代表すべきものと定むる事が出來る(七七1、六一ノ二)。之を混合代表と謂ふ。此の場合にありては代表權の範圍は支配人に就いても代表社員の範圍に從ふ。

訴の提起の場合過半數の決議による表社員の決定

新會社法は會社が社員に對し、又は社員が會社に對し訴を提起する場合に於いてその訴に付會社を代表すべき社員なき時は他の社員の過半數の決議を以つて之を定めねばならないことにした(七九)。

代表社員の登記

混合代表又は共同代表を定めたる時及び特に代表社員を定めたる時は皆之を登記する事を要す(六四、五一)。

会社の債務に對して責に任ず

責任は補充的

社員の有する抗辯に關する新規定

第二款　社員の責任

各社員は會社の債務に對して皆連帶無限の責任を負ふ。即ち

(1) 各社員は會社の債務たる以上の契約上債務たると不法行爲、不當所得等法律の規定によるものたるとを問はずその責に任ずる。

(2) 社員は常に直ちに責任を負ふに非ずして、會社財產を以つて他會社債務を完濟する事能はざる場合に初めてその責任を負ふのであつて、その責任は補充的である（八〇1、六三）。

新會社法は、實際上會社財產が存在してゐても、之に强制執行がその效を奏せざる場合にも社員は辨濟の責に任じねばならないと規定した（八〇2）。然し實際上會社財產が存在し執行の容易なる場合に於いては特に債權者を保護すべき理由はないから、社員が會社に辨濟の資力ありて執行の容易なることを證明したる時は社員はその責に任じない（八〇3）。

新會社法は、社員が債務の履行を要求された場合に於いて、社員は會社に屬する抗辯を以つて會社の債權者に對抗することが出來るとし（八一1）、會社がその債權者に對し相殺權、取消權又は解除權を有する場合には、社員は其の者に對し債務の履行を拒む事が出來る（八一

社員が皆責に任ず

各社員連帯して責に任ず

自稱社員の責任

退社社員の責任

責任の消滅

となした。

(3)社員たる以上皆その責任を負ふのである。會社の債務發生後に會社に加入したるものであつても加入前の債務につきて同一の責任を負ふべきものとする(八二、六四)。

(4)各社員は皆連帯してその責に任ず。卽ち社員相互間に於いて相並んで連帯無限の責任を負ふものである。

以上の責任は社員たる以上必ず負ふべく、又社員に限り負ひ、社員に非ざるものはかくの如き責任を負ふ理由なきは勿論であるが、此の點につき二つの場合の例外がある。

(イ)社員にあらずして自己を社員なりと誤信せしむべき行爲ありたる時は、その者は誤認に基きて會社と取引をなしたる者に對して社員と同一の責任を負ふ(八三)。舊會社法にありては右の自稱社員は善意の第三者に對して社員と同一の責任を負ふ(六五)としてゐたが、新法では之が自稱社員を社員と誤認して會社と取引をなしたる者のみに限定した。

(ロ)會社より脫退したる社員と雖もその退社登記前に生じたる債務については退社登記後二年間は尙社員と同一の責任を負ふ(九三1、七三1)。

社員の責任は會社の本店所在地に於ける解散登記後五ケ年內に、請求又は請求の豫告をなささる會社の債權者に對しては登記後五年を經過したる時、消滅する(一四五1、一〇三1)新會社法に於いて解散登記後五年内に請求又は請求の豫告を示さゞる會社に對して責任が消滅する事にしたのである。右の期間經過後であつても分配しない殘餘財産が尙存する時は會社の債權者は之に對して辨濟を請求する事が出來る(一四五2、一〇三2)。

第五節　退　社

退社原因

退社の原因は次の如し(八四―八六、六八―七〇)。

社員の意思に依る場合

(イ)社員の意思に依る場合

此の場合にも次の二つに分つことが出來る。

(1)特定の社員の意思に依る場合

(a)定款に會社の存立期間の定めなき時、又はある社員の終身間會社の存續すべき事を定めたる時は、各社員は六ケ月の豫告期間の下に營業年度末に退社する事が出來る(八四1、六八1)。

(b)定款に存立期間の定めあると否とを問はず已むを得ず事由ある時は、各社員は即時

にても退社する事が出來る（八四２、六八２）

(2)總社員の意思に依る場合（八五１２、六九１２）

(a)定款に定めたる事由の發生

(b)總社員の同意

社員の意思に基かざる場合

（ロ）社員の意思に基かざる場合（八五３４５６、六九３４５６）

(1)社員の死亡

(2)禁治產の宣告

(3)破產宣告

(4)除　名

除名に關する新規定

特定の社員につき左記の事由を生ずる時は他の社員の過半數の決議を以つてその社員の除名の宣告を裁判所に請求出來る（八六１）舊會社法で單に他の社員の一致を以つて除名出來たが新法では過半數の決議を以つて請求することに改正された。舊法の除名には他の社員のなす場合と裁判所のなす場合の二つがあつたが新法では裁判所への訴によつてのみ除名出來ることゝなつた。

除名事由

a、出資の義務を履行せざること

b、社員が競業禁止義務に違反したる事

c、業務を執行するに當り不正の行爲をなし又は權利なくして業務の執行に關與したること

d、會社を代表するに當り不正行爲をなし又は權利なくして會社を代表したること

e、其他重要なる義務を盡さざること

除名の登記

右の除名の訴は本店の所在地の地方裁判所の管轄に專屬する(八八)。社員の除名の判決確立したる時は本店及び支店の所在地に於いてその登記をしなければならない(八六3)。舊會社法では他の社員の一致を以つて除名し、その除名を被除名社員に通知する事を以つてその社員に對抗し得る事になしてゐたが、新會社法では他の社員による除名規定が無くなりすべて裁判所に請求する事となり、從つて登記の必要が認められる次第である。

被除名社員と會社との間の計算

除名せられたる社員と會社との間の計算は除名の訴を提起したる時に於ける會社財産の狀況に從ひて之をなし且つその時より法定利息を附する事を要す。(八七)

業務執行權又

會社は左の事由ある時は他の社員の過半數の決議を以つて其の社員の業務執行權又は之を表

権の喪失の宣告を裁判所に請求する事が出來る（八六1、2）之も新會社法に設けた新規定である。

は代表權の喪失宣告

a、前記除名事由（a―e）

b、社員が業務を執行し又は會社を代表するに著しく不適任なるとき

登記

業務執行權又は代表權喪失の判決が確定した時は本店及支店の所在地に於いてその登記をしなければならぬ（八六3）。

退社の効果 持分の拂戻

退社員は持分の拂戻を請求することが出來る。出資の目的が財産たりし時に限らず勞務又は信用たる場合に於いても定款に別段の定めなき限り持分の拂戻の請求をなすことが出來る（八九、七一）。

持分の額は退社當時の會社財産に從ひて之を計算し、その後に生じたる取引又は價格の變動は之を斟酌すべきものでない（民六八一）但し退社當時未だ結了せざる事項についてはその結了に至る迄その履行に關する計算を延期する事が出來、又別段の定めなき限りは拂戻は金錢を以つて之をなすことを要し、物の便用を出資したる場合に於いてのみ現物の返還を要する。

商號の變更

會社の商號中に退社員の氏又は氏名を用ひたる場合には退社員は會社に對してその使用を差止むべきことを請求する事が出來る（九二、七二）。

退社登記前の會社債務に付ての責任

退社員は本店の所在地に於いて退社の登記をなす前に生じたる會社の債務についてもその責任を負ふ（九三1、七三1）。

右の責任は退社登記後二年内に請求又は請求の豫告をなさゞる會社の債權者に對しては登記後二年を經過したるときは消滅する（九三2）。

第六節　解散

第一、解散の事由

合名會社解散の事由について新會社法は次の如く列擧してゐる（九四、七四）

存立時期其他定款に定めたる事由の發生

一、存立時期の滿了其の他定款に定めたる事由の發生

右の場合に於いては社員の全部又は一部の同意を以つて會社を繼續することが出來る。但し會社の繼續に同意せざる社員はその時期滿了の時又は解散事由發生の時に於いて退社したるものと看做さる（九五1、七五）。

總社員の同意

二、總社員の同意

新會社法に於いて此の場合に社員の全部又は一部の同意を以つて會社繼續をなし得る(一)の場合と同樣の規定が設けられた(九五1)。

合併

三、會社の合併

新設合併の場合には舊會社はすべて解散となり、併呑合併の場合には被合併會社のみが解散となる。

社員が一人となりたるとき

四、社員が一人となりたること。

新會社法は右の場合でも新たに社員を加入せしめて會社を繼續せしむることを得と定めた(九五2)

會社の破産

五、會社の破産

解散命令

六、解散を命ずる裁判

裁判所の解散命令には二つの場合がある。一は裁判所の決定による場合卽ち新會社法五十八條(舊法第四十七、四十八條)による場合であり、二は裁判所の判決による場合卽ち新會社法第百十二條(舊法第八十三條)に定むる場合であつて同條によれば已むを得ざる事由あると

新會社法は解散事由として「成功又ハ成功不能」を削除す

きは各社員は會社の解散を裁判所に請求することが出來る。已むを得ざる事由とは會社の存續と相容れざる如き事由を謂ひ各場合の事情を斟酌して定むべき問題である。

右の訴は本店の所在地の地方裁判所の管轄に專屬する(一一二2)。

右の場合原告が敗訴したる場合に於て惡意又は重大なる過失ありたるときは會社に對し連帶して損害賠償の責に任ず(一一二2)。

尙、舊會社法には解散事由の一として「會社の目的たる事業の成功又は其成功の不能」を掲げしも、元來この成功及成功の不能の觀念が明瞭でなかつた。成功とは會社が所期の目的を完全に達する場合を謂ふのであるが必ずしも明確な觀念でない。次に成功不能には絶對不能と相對不能があり、絶對不能とは客觀的に誰が見ても不能の場合であり、例へば煙草會社があつたとして、之が煙草專賣法の實施により煙草製造が不可能になつた場合の如き此れである。次に相對不能とは今日の取引上に於ける一般的見解に於いて吾人の法律上の常識として絶對不能と同視すべき場合であるが實際の場合に適用するとなると成功不能と斷じ得るか否か決定し難い場合が少なくない。更に成功又は成功不能の時期の決定になると一層困難である。かゝる曖昧なる觀念を以つて當然の解散事由とするは危險であるから、新會社法に於いては此の「成功及成功不能」を解散事由から除いた。若し此の事由ある時は總社員の同意を以つて解散すれば良い故に、該事由の削除に依つて何等不便を生ずる事はない。

第二　解散の效果

解散後の清算

會社が解散したる時は合併及破產を除くの外その清算を示さなばならぬ。解散によりて會社は營業能力は失ふも、清算會社として存續し、その範圍に於いて法人格を有する（一一六、八四）但し會社の代表權及業務執行權は清算人に移る。

解散後に他會社を合併

新會社法は、解散後の會社も他の存立中の會社を存續會社とする場合に限り之を合併するを得ることゝした。（九八2）

解散登記

解散後は合併又は破產を除く外、本店の所在地に於いては二週間、支店の所在地に於いては三週間內に解散登記をしなければならぬ（九六、七六）。

解散登記後の會社繼續に關する新規定

新會社法に於いて、會社は本店所在地に於いて解散の登記をなしたる後であつても、社員の全部又は一部の同意を以つて會社を繼續する事が出來る事にした。此の場合同意をなさざりし社員は退社したものと看做さる（九七）。

繼續の登記

右の場合、本店所在地に於いては二週間、支店の所在地では三週間內に繼續の登記をしなけれはならない。

會社の繼續に關する新規定

會社の繼續とは一旦會社が解散し、營業能力を失つたが、其後考慮の結果營業能力の回復を可とすると決定した場合改めて營業を始むると云ふ事は實際問題として實益がある。例へば資金が續かず一旦解散せしも、間もなく有力なる後援者が出現して營業をつゞけ得るに至ると云ふ場合が少くない。

舊會社法に於いては會社の繼續は「存立時期の滿了其他定款に定めたる事由の發生」に依つて解散したる場合(七五)のみに認められてゐたに過ぎなかつたが、新會社法は此の會社繼續をなし得る場合を著しく擴張する事にした。前述の如く、「定款所定事由の發生」の場合の外、「總社員の同意」「社員が一人となりたる時」の解散の場合にも繼續する事が出來ることになつた。

合資會社に組織を變更

合名會社は總社員の同意を以て或社員を有限責任社員と爲し又は新に有限責任社員を加入せしめて之を合資會社と爲すことが出來る(一一三1、八三ノ二1)。

左の規定は第九十五條第二項の規定に依り會社を繼續する場合に之を準用する(一一三2)。

合名會社が合資會社に其の組織を變更したるときは本店の所在地に於ては二週間、支店の所在地に於ては三週間内に合名會社に付ては解散の登記、合資會社に付ては設立登記を爲すことを要す(一一四)。

組織を變更し有限責任社員となりたる者の責任に關する新規定

合資會社に組織變更の場合に於て從前の社員にして有限責任社員と爲りたるものは本店の所在地に於いて前記登記を爲す前に生じたる會社の債務に付ては無限責任社員の責任を免れることとなし(一一五1)。右の責任は前記の登記後二年内に請求又は請求の豫告を爲さざる會社の債權者に對しては登記後二年を經過したるとき消滅する(一一五2)。

第七節 合併

合併の手續

會社が合併をなすには先づ合併の當事者たる會社が合併の決議をする事を要する。合名會社が合併をなすには總社員の同意を必要とする(九八1、七七)。

財産目錄及貸借對照表の作成

會社が合併の決議をなしたる時は、その決議の日より二週間內に財産目錄と貸借對照表を作成しなければならない(九九、七八1)。

合併は會社債權者の利益にも關係を有するが故に、會社が合併の決議をなしたる時は決議

會社債權者に對してなすべき手續

の日より二週間內にその債權者に對し合併に異議あらば、一定の期間內に之を述ぶべき旨を公告し、且つ知れたる債權者には各別に之を催告しなければならない。但しその期間は二ケ月を下ることを得ない（一〇〇、七八2）。

異議ある債權者に對する手續

債權者が右の期間內に異議の申立をなざりし時は合併を承認したるものと看做され（一〇〇2、七九1）、若し債權者が異議を述べたる時は會社は辨濟をなし若しくは相當の擔保を供し又は債權者に辨濟を受けしむることを目的として信託會社に相當の財産を信託することを要す（一〇〇3、七九2）。異議を述べたる債權者に辨濟又は擔保の供與を爲すに代つて、之を受益者として信託をなし得るものとの新規定を新法は設けた。

合併の登記

合併をなしたる時は、本店の所在地に於いては二週間、支店所在地に於いては三週間內に合併後の存續會社に付ては變更の登記を、合併により消滅する會社に付ては解散の登記を、合併による新設會社は設立の登記をしなければならない（一〇一、八一）。

合併の效力

新會社法は本店所在地に於いて前記の登記をなすことにより合併の效力を生ずる旨を規定した（一〇二）。

合併後の存續會社又は新設會社が合併により消滅したる會社の權利義務を承繼する。（一〇

三、八二)。

合併後取得した財産

合併後の存續會社又は新設會社が合併後取得したる財産は合併を爲したる會社の共有に屬す(一一一2)。此の場合に於いては各會社の持分は其の協議を以つて之を定む。協議調はざる時は裁判所は請求により合併の時に於ける各社の財産の額其の他一切の事情を斟酌して之を定む。(一一一3)

合併無效に關する新設定

會社の合併は重大事項であるから效力を劃一的ならしむる必要あり、此の點につき新會社法は一大改正を施した。即ち舊會社法にありては合併に對して一定の場合に於いて會社の合併を以つて第三者に對抗し得ずとなす主義を採つてゐるに過ぎざりしも(七九3、八〇1、2)。新會社法は此の主義を捨て、合併無效に關し全く新しき規定を設けるに至つた。

合併無效の訴

會社合併の無效は訴を以つてのみ之を主張する事が出來る(一〇四1)。

合併無效の訴は各會社の社員、清算人、破産管財人又は合併を承認せざる債權者に限り之を提起する事が出來る。(一〇四2)

無效の訴は本店所在地の地方裁判所の管轄に專屬する(一〇六2)。

無效の訴の提起期間

合併無效の訴は合併の日より六ケ月内に之を提起することを要す。訴の提起ありたる時は會社は遲滯なくその旨を公告しなければならぬ。（一〇五4）而して口頭辯論は右の期間を經過した後に非ざれば之を開始する事が出來ない（一〇五2）。數個の訴が同時に繋屬する時は辯論及裁判は併合して之をなさねばならぬ。（一〇五3）

債權者の擔保供與

債權者が合併無效の訴を提起したる時は、會社の請求に因り相當の擔保を供さねばならない（一〇六）。

合併無效を不適當と認むる場合の裁判所の處置

合併無效の訴の提起があつた場合に、合併無效の原因である瑕疵が補充せられたる時、又は會社の現況其他一切の事情を斟酌して合併を無效たらしむる事を不適當であると認むる時は裁判所は請求を棄却する事が出來る。（一〇七）

合併無效確定の場合の各種登記

合併を無效とする判決が確定したる時は本支店の所在地に於いて合併後存續する會社にありては變更の登記、合併により設立したる會社に付ては解散の登記、合併によつては消滅したる會社には回復の登記をしなければならぬ。

合併無效の合併

合併を無效とする判決は第三者に對してもその效力を有す（一〇九1）。

原告が敗訴した場合に於いて惡意又は重大なる過失ありたる時は會社に對して連帶して損害賠償の責に任じねばならない。（一〇九2）

合併を無效とする判決は合併後存續する會社又は合併によりて設立したる會社、其の社員及第三者の間に生じたる權利義務に影響を及ぼさない。(一一〇)

合併無效判決確定の效力

合併無效判決確定したる時は合併をなしたる會社は合併後存續する會社又は合併によりて設立したる會社が合併後負擔したる債務に付連帶して辨濟の責に任ず(一一1)此の場合に於いては各會社の負擔部分は其の協議を以て之を定む。協議が調はざる時は、裁判所は請求により合併の時に於ける各會社の財産の額其の他一切の事情を斟酌して之を定む(一一3)。

第八節 清算

清算の意義

會社が解散したる時は破産及合併の場合を除くの外、會社財産の處分方法を講ぜねばならない。之を廣義の清算と謂ふ。財産の處分は法律の規定に從つてなす場合之を法定清算と稱し、定款又は總社員の同意による場合之を任意清算と謂ふ。

第一款 任意清算

任意清算の手續

解散の場合に於ける財産の處分方法は定款又は總社員の同意を以つて任意に定むることが

出來る。此の場合に於いては解散の日より二週間内に財産目錄及貸借對照表を作らねばならない(一一七1、八五1)。然し此の規定は會社が社員一人となりたるため又は裁判所の解散命令により解散する場合には適用しない。(一一七2)

債權者に對する手續

解散により任意淸算する場合には、會社解散の場合に債權者に對すると同樣の手續を踏むことを要す(一一七3)、會社が債權者に對してなすべき法定の手續を違反して財産の處分をなしたる時は、債權者はその處分の取消を裁判所に請求する事が出來る。但しその處分が會社の債權者を害せざるものである時は差支へない。(一一八1)

社員の持分の差押

任意淸算の場合、社員の持分を差押へたるものがある時は、其の者の同意を得なければならない。(一一七4)、此の規定に違反して財産を處分なしたる時は社員の持分を差押へたる者は會社に對し其の持分に相當する金額の支拂を請求することが出來る。(一一九)

第二款　法定淸算

財産の處分の方法につき、定款又は總社員の同意を以つて別段の定めをなさゞりし時は、法律の規定に從つて淸算をしなければならない。(一二〇、八六)

第一、淸算人の選任及解任

一、選　任

業務執行社員が當然の淸算人

業務執行社員が淸算人となる事を本則とする(一二一)。舊會社法は社員が皆淸算人となるを本則とし、業務執行社員たると然らざる社員たるを問はなかつたが、新法では之を業務執行社員と改めた。

選任淸算人

社員は特にその過半數を以つて別に淸算人を選任する事が出來る(一二三、八七)。

裁判所選任淸算人

會社が、社員が一人となりたるため又は裁判所の命令により、解散したる場合に於いては利害關係人若は檢事の請求により又は職權を以つて裁判所が淸算人を選任する。

二、解　任

社員がなす解任

社員が選任したる淸算人は社員の過半數を以つて何時にても之を解任することが出來る。(一三二1、九六1)。

裁判所のなす解任

重要なる事由ある時は裁判所は利害關係人の請求により淸算人を解任するが出來る(一三二2、九六2)。

第二、淸算人の登記

當然の清算人の登記

業務執行社員が清算人となりたる時は解散の日より本店の所在地に於いては二週間、支店の所在地に於いては四週間内に次の諸事項を登記しなければならない。（一二三1）

一、清算人の氏名及住所

二、清算人にして會社を代表せざるものある時は會社を代表すべきものの氏名

三、數人の清算人が共同して會社を代表すべき定ある時は其の規定

選任清算人の登記

清算人の選任ありたる時も右の場合と同様に登記をなす。（一二三2、九〇）

登記事項に變更ありたる場合は設立登記の變更登記の場合と同じく登記をしなければならない。（一二三3）

現務の結了債權の取立及債務辨濟

第三、清算人の職務

清算人の職務は次の通りである。（一二四1、九一1）

一、現務の結了

二、債權の取立及債務の辨濟

會社に現存する財産が其の債務を完濟するに不足なるときは清算人は辨濟期に拘らず社員をして出資を爲さしむることを得る。（一二六、九二）

會社は辨濟期に至らざる債權と雖も之を辨濟することを得る。（一二五、九一ノ二2）

前項の場合に於ては無利息債權に付ては辨濟期に至る迄の法定利息を加算して其の債權額に達すべき金額を辨濟することを要す（一二五2）此の規定は利息附債權にして其の利率が法定利率に達せざるものに之を裁用す。（一二五3）

條件附債權、存續期間の不確定なる債權其他の價額の不確定なる債權に付ては裁判所の選任したる鑑定人の評價に從ひて之を辨濟することを要す。（一二五4、九一ノ二2）

財産換價方法に關する新規定

債務の辨濟の方法として一切の會社財産の換價をなし得るは勿論であるが、此の方法として新會社法は清算人が會社の營業の全部又は一部を讓渡すには社員の過半數の決議あることを要すとなした。（一二七）

殘餘財産の分配

三、殘餘財産の分配

清算人は會社の債務を辨濟したる後に非ざれば會社財産を分配することを得ない。但し爭ある債務に付其の辨濟に必要と認むる財産を留保して殘餘の財産を分配することを妨げない（一三一、九五）。

清算書類の作成及計算の報告

尙、清算人は就職の後遲滯なく會社財産の現況を調査し財産目錄及貸借對照表を作り之を

社員に交付することを要し、又社員の請求に因り毎月淸算の狀況を報告することを要す。(一三〇、九四)

尙淸算人數人あるときは淸算に關する行爲は其の過半數を以て之を決す。(一二八、九三)第七十五條(社員ハ他ノ社員ノ過半數ノ決議アリタルトキニ限リ自己又ハ第三者ノ爲ニ會社ト取引ヲ爲スコトヲ得此ノ場合ニ於テハ民法第百八條ノ規定ヲ適用セズ)、第七十八條第二項(民法第四十四條第一項及第五十四條ノ規定ハ合名會社ニ之ヲ準用ス)、第二百五十四條第二項(會社ノ取締役トノ間ノ關係ハ委任ニ關スル規定ニ從フ)及ビ第二百六十六條(取締役ガ其ノ任務ヲ怠リタルトキハ其ノ取締役ハ會社ニ對シ連帶シテ損害賠償ノ責ニ任ズ取締役ガ法令又ハ定款ニ違反セル行爲ヲ爲シタルトキ、株主總會ノ決議ニ依リタル場合ト雖モ其ノ取締役ハ第三者ニ對シ連帶シテ損害賠償ノ責ニ任ズ)の規定は淸算人に準用される。(一三五)

第四、淸算人の權限

會社を代表すべき淸算人は前述の職務に關する一切の裁判上又は裁判外の行爲を爲す權限を有す(一二四2、九一)而して「業務ヲ執行スル社員ハ各自會社ヲ代表ス但シ定款又ハ總社員ノ同意ヲ以テ業務執行社員中特ニ會社ヲ代表スベキ者ヲ定ムルコトヲ妨ゲズ」となす第七

淸算人の權限

十六條及び「會社ハ定款又ハ總社員ノ同意ヲ以テ數人ノ社員ガ共同シ又ハ社員ガ支配人ト共同シテ會社ヲ代表スベキ旨ヲ定ムルコトヲ得」とする第七十七條の規定が清算人にも準用される。（一二九、九三ノ二）

又業務執行社員が清算人と爲りたる場合に於いては從前の定に從ひて會社を代表し（一二九2）裁判所が數人の清算人を選任する場合に於ては會社を代表すべき者を定め又は數人が共同して會社を代表すべき旨を定むることが出來る。（一二九3）

社員の死亡

社員が死亡したる場合に於て其の相續人數人あるときは清算に關して社員の權利を行使すべき者一人を定むることを要す。（一四四、一〇二）

第八、清算の終了

清算終了の手續

清算人の任務が終了したるときは清算人は遲滯なく計算を爲して各社員の承認を求むることを要する。（一三三1、九八1）

右の計算に對し社員が一月內に異議を述べざりしときは之を承認したるものと看做す但し清算人に不正の行爲ありたるときは此の限に在らざるものとする。（一三三2、九八2）

清算終了の登記

清算が結了したるときは清算人は前記の承認ありたる後本店の所在地に於ては二週間、支

帳簿及書類の保存

店の所在地に於ては三週間内に淸算結了の登記を爲すことを要す。（一三四、九九）

會社の帳簿並に其の營業及淸算に關する重要書類は淸算結了の登記を爲したる後十年間之を保存することを要し、其の保存者は社員の過半數を以て之を定む。（一四三、一〇一）

第九節　會社設立の無效及取消

設立無效の訴に關する新規定

第一、設立の無效

會社設立の無效とは當初より會社の設立行爲に缺陷ありて會社設立の效果を生ぜざる場合であつて、設立の無效は、その成立の日より二年内に社員に限り訴を以つてのみ主張する事が出來る。（一三六1）舊會社法では設立無效の訴については單に「會社事業に着手したる後」（九九ノ二）とあるも新法は事業着手の前後を問はざる事となし且つその期限を二年内と規定した。

所轄裁判所
數個の訴の繫屬
無效の訴の公告

而して右の訴は會社を被告とし本店所在地の地方裁判所に於いてなし、又數個の訴が同時に繫屬するときは辯論及裁判は併合して之を爲すことを要し、訴の提起ありたるときは會社は遲滯なく其の旨を公告することを要す。（一三八3、九九ノ二、九九ノ三）

設立無效判決確定の效力

合併を無效とする判決ありたる時は第三者に對しても其の效力を有する。

原告が敗訴したる場合に於て惡意又は重大なる過失ありたるときは會社に對し連帶して損害賠償の責に任ず。（一三六3、九九ノ四）

合併を無效とする判決は合併後存續する會社又は合併に因りて設立したる會社、其の社員及第三者の間に生じたる權利義務に影響を及ぼさない。（一三六3）

清算手續

設立を無效とする判決が確定したるときは解散の場合に準じて清算を爲すことを要し、此の場合に於ては裁判所は利害關係人の請求に因り清算人を選任す。（一三八、九九ノ六1）

設立無效の登記

設立を無效とする判決が確定したるときは本店及支店の所在地に於て其の登記を爲すことを要す。（一三七、九九ノ五）

會社の繼續に關する規定

設立を無效とする判決が確定したる場合に於て其の無效の原因が或社員のみに付存するときは他の社員の一致を以て會社を繼續することを得、此の場合に於ては無效の原因の存する社員は退社を爲したるものと看做さる（一三九）此の場合に於ては本店の所在地に於ては二週間、支店の所在地に於ては三週間內に繼續の登記を爲すことを要す。（一三九2）

第二、設立の取消

設立取消の訴に關する新規定

設立の取消は、設立無效の場合と同じく重大なる效果を生ずるものであるから、新會社法は設立の取消は訴を以つてのみ之を請求し得るとの新規定を設け(一四〇)、社員が其の債權者を害することを知りて會社を設立したるときは債權者は其の社員及會社に對する訴を以て會社の設立の取消を請求することを得とした。(一四一)

右の規定の新設に依り詐害行爲による會社設立の弊害が除かれることになつた。例へば債務者がその有する財産を債權者に渡すを好まず、差押免脱の目的の下に二三の人と謀して合名會社を設立し、財産出資をしたと云ふ場合に、債權者保護の立場から、かゝる會社設立取消の訴を起す事が出來る事になつた。然し右の訴の提起ありたる場合に於て設立取消の原因たる瑕疵が補充せられたるとき又は會社の現況其の他一切の事情を斟酌して設立取消を不適當と認むるときは裁判所は請求を棄却することを得(一三六3、一〇七)。

設立無效に關する規定の準用

設立取消の訴に關する所轄裁判所(八八)、數個の所の繫屬(一〇五3)、取消の訴の公告(一〇五4)、設立取消判決の確定の效力(一〇九、一一〇)、設立取消の訴の提起期間(一三六1)、清算手續(一三八)、設立取消の登記(一三七)、會社の繼續(一三九)、等に關しては會社設立無效の場合の規定が準用される(一四三)。

第三章　合資會社

合資會社の性質

合名會社に關する規定の一般的準用

定款の作成

定款記載事項

第一節　合資會社の意義

合資會社は無限責任社員と有限責任社員とを以つて組織する會社である(一四六、一〇四)合資會社はその無限責任社員について見れば合名會社と全然同一であり、從つて合資會社の法律事務は大體合名會社と同一であつて、たゞ有限責任社員を混ぜる點に於いて之と異なるに過ぎない。故に會社法も有限責任社員あるがために生ずる結果のみを規定し、其他は一般的に合名會社に關する規定を準用すべきものと定めた。(一四七、一〇五)

第二節　設　立

合資會社も合名會社と同じく定款の作成によりて設立される。(一四七、六二、一〇五、四九)而して定款には合名會社の定款事項として第六十三條に定めるものゝ外社員の責任の有限又は無限なる事を記載する事を要す(一四八、一〇六)。よつて合資會社の定款記載事項は次の通りである。

一　目　的

二　商　號

二　社員の氏名及住所

四　本店及支店の所在地

五　社員の出資の目的及其の價格又は評價の標準

六　社員の責任の有限又は無限

設立登記期間

設立登記の期間は合資會社と同一である。

設立登記事項

設立登記事項は合名會社に關する登記事項の外に各社員の責任の有限又は無限なる事を登記する事を要す。（一四九1、一〇七）登記の事項次の如し。

一　目　的

二　商　號

三　社員の氏名及住所

四　本店及支店

五　存立時期又は解散の事由を定めたるときは其の時期又は事由

六　社員の出資の目的、財産を目的とする出資に付ては其の價格及履行を爲したる部分

七　社員にして會社を代表せざる者あるときは會社を代表すべき者の氏名
八　數人の社員が共同し又は社員が支配人と共同して會社を代表すべきことを定めたるときは其の規定
九　社員の責任の有限又は無限
有限責任社員に付ては登記したる事項の公告には其の員數及出資の總額を掲ぐるを以て足り、變更の登記ありたるとき亦同じ。（四九2）

第三節　會社の內部關係

出資

無限責任社員の出資はすべて合名會社の社員の出資につき述べたる所に從ふ。

有限責任社員は金錢の外の財產のみを以て出資する事が出來、勞務又は信用を以つて出資する事が出來ない。此の點が有限責任社員の無限責任社員と異なる所である。（一五〇、一〇八）

業務執行

定款に特に無限責任社員中より業務執行社員を定めざる限り各無限責任社員は會社の業務を執行する權利を有し、義務を負ふ。（一五一1、一〇九1）
無限責任社員數人あるときは會社の業務執行は其の過半數を以て之を決する。（一五一2、

一〇九2）

有限責任社員は業務執行の權利義務を有しないが、（一五六、一一五）然し會社の事業に就いては重大なる利害關係を有するが故に、會社法は各無限責任社員に監視權を與へ、營業年度の終に於て營業時間内に限り會社財産目錄及貸借對照表の閲覽を求め、且會社の業務及財産の狀況を檢査することを得とし（一五三1、一一一1）、又重要なる事由あるときは有限責任社員は何時にても裁判所の許可を得て、會社の業務及財産の狀況を檢査すること得ることゝした。（一五三2、一一一2）支配人の選任及解任は特に業務執行社員を定めたるときと雖も無限責任社員の過半數を以て之を決する。（一五二、一一〇）

持分の讓渡

無限責任社員がその持分を讓渡せんとするには、無限責任社員のみならず、有限責任社員全員の同意を得なければならぬ。（一四七、七三、一〇五、五九）

有限責任社員は無限責任社員全員の承諾あるときはじめて其の持分の全部又は一部を他人に讓渡すことを得。持分の讓渡に伴ひ定款の變更を生ずるときと雖も亦同じ。（一五四、一一二）

無限責任社員は合名會社社員と同じく、競業禁止の義務を有するも、有限責任社員は此の

競業の禁止

義務を負はず、從つて有限責任社員が自己若は第三者の爲に會社の營業の部類に屬する取引を爲し又は同種の營業を目的とする他の會社の無限責任社員若は取締役と爲るには他の社員の承諾あることを要しない。（一五五、一一三）

第四節　會社の外部關係

代表

業務を執行する無限責任社員はすべて會社を代表する權限を有するも、有限責任社員は會社を代表する權限を有しない（一五六、一一五）。但し支配人其他の代理人として會社を代表する事は出來る。

社員の責任

無限責任社員の責任は合名會社社員の責任と全く同じである。

有限責任社員に關する新規定

有限責任社員の責任に關しては舊會社法には明文がなかつたのであるが、新會社法は此の點に關し法文を以つて明かにしたのである。卽ち有限責任社員は其の出資の價額を限度として會社の債務を辨濟する責に任ずとし、既に會社に對し履行を爲したる出資の價額に付ては此の限に在らずとした。（一五七1）右の但書の規定の適用に付ては會社に利益なきに拘らず配當を受けたる金額は之を控除して其の出資の價額を定む。（一五七2）

此の新規定により合資會社の有限責任社員は直接連帶有限である事が明白にされたわけであり、其の有限の限度は自己の出資すべき額から既に會社債權者に辨濟した額及出資濟の額を引いて殘りがあれば、其の殘りの限度だけ有限責任を負ふ次第である。

又有限責任社員は出資の減少後と雖も本店の所在地に於て其登記を爲す前に生じたる會社の債務に付ては從前の責任を免るゝことなし。然し此の責任は右の登記後二年内に請求又は請求を爲さゞる會社の債權者に對しては登記後二年を經過したるとき消滅す。（一五八2）

一一六）

有限責任社員に自己を無限責任社員なりと誤認せしむべき行爲ありたるときは其の社員は誤認に基きて會社と取引を爲したる者に對し無限責任社員と同一の責任を負ふ。（一五九1、

又、右の規定は有限責任社員に其の責任の限度を誤認せしむべき行爲ありたる場合に之を準用す。（一五九2）

有限責任社員が無限責任社員となりたる場合には「會社ノ成立後加入シタル社員ハ其加入前ニ生ジタル會社ノ債務ニ付テモ亦責任ヲ負フ」第八十八條の規定を、又無限責任社員が有限責任社員となりたる場合には「退社員ハ本店ノ所在地ニ於テ退社ノ登記ヲ爲ス前ニ生ジタ

會社ノ債務ニ付責任ヲ負フ」なる第九十三條の規定が準用される。（一六〇）

第五節　退　社

有限責任社員死亡の場合、、、新設規定、

有限責任社員が死亡したるときは其の相續人之に代りて社員と爲る。（一六一1、一一七1）新會社法で「株式ガ數人ノ共有ニ屬スルトキハ共有者ハ株主ノ權利ヲ行使スベキ者一人ヲ定ムルコトヲ要ス。株主ノ權利ヲ行使スベキ者ナキトキハ共有者ニ對スル會社ノ通知又ハ催告ハ其一人ニ對シテ之ヲ爲スヲ以テ足ル。共有者ハ會社ニ對シ連帶シテ株金ノ拂込ヲ爲ス義務ヲ負フ」と云ふ第二百三條の規定を死亡したる有限責任社員の相續人數人ある場合に之を準用することにした。（一六一2）

禁治產の宣告は無限責任社員退社の原因なるも有限責任社員は禁治產の宣告を受くるも之に因りて退社しない。（一六一3、一一七2）

第六節　解　散

合資會社は無限責任社員と有限責任社員の兩者が存するを以つて要件とするが故に無限責任社員又は有限責任社員何れか全員が退社したるときは解散するの外ない。（一六二1、一一八1）

繼續に關する新規定

然し新會社法は殘存する社員の一致を以て新に無限責任社員又は有限責任社員を加入せしめて會社を繼續することを妨げない旨の規定を新設した。（一六二2）

合名會社に繼續又は組織變更

尙、有限責任社員の全員が退社したる場合に於ては無限責任社員の一致を以て合名會社として會社を繼續することを得る。（一六二3、一一八但）又合資會社は總社員の同意を以て其の組織を變更して之を合名會社と爲すことを得。（一六三、一一八ノ二）

右の合名會社に繼續又は組織變更の場合に於ては本店の所在地に於ては二週間、支店の所在地に於ては三週間内に合資會社に付ては解散の登記、合名會社に付ては設立登記を爲すことを要す。（一六二3、一一八2）

第七節　清　算

清算は業務執行の社員が之を行ふ。（一六四）然し別に清算人を選任して之に當らしむる事を得るが、此の選任は無限責任社員の過半數を以つて行はねばならぬ。（一六四但）

第四章　株式會社

第一節　株式會社の意義

株式會社の性質

株式會社とは株式に分たれたる一定の資本を有し、株式の金額を限度とする有限責任社員のみを以つて組織さるゝ會社である。

株式會社の特質としてあぐべき諸點は次の通りである。

株主七名以上を設立の條件とす

一、社員卽ち株主は七名以上たること。我が會社法は株式會社についてはその設立の要件として七名以上の株主を有する事を規定した。(一六五、一一九)舊會社法に於いては株式會社設立の外、存續の要件としての七名以上の株主を必要としたが(二二一ノ3)新會社法は此の規定を削除した。

資本團體なること

二、資本團體なること

株式會社は社員卽ち株主の出資によりてなれる一定額の資本を有することを要し、其の資本は均等の金額を以つて表示される株式に分割される。(二〇二、一四五)株式は會社資本を組織する單位であつて株主の權利義務の數的基礎をなすものである。

株主の責任は間接的有限なること

三、株主の責任は間接的有限責任たること

株主の責任は、會社資本の一部たる株式金額を醵出することにある。會社の債務は會社自身の債務であつて、株主の債務でなく、從つて株主の有限責任は會社に對する關係に於いて存し、會社債權者に對しては株主としては何等の責任を負はない。卽ちその責任は間接的有限である。

第二節　設立

第一款　總說

定款と株式の存在を必要とす

株式會社を設立するには合名及合資會社に於けると同樣に會社の組織法たる定款と會社の實體としての出資者との存在を必要とする。株式會社にありては社員卽ち株主なるが故に會社が成立する爲には定款と株主との存在する事を要す。株主は、株式の引受によりてを資格を取得するものなるが故に會社を設立するには結局定款の作成と株式の引受とを必要とす。

設立の種類

株式會社の設立には次の二つの場合がある。

發起設立

(イ)發起設立　之は定款を作成すると同時に發起人が株式の總數を引受くる場合であつて

募集設立

發起人

同時設立、單純設立、又は即時設立とも謂ふ。

（ロ）募集設立　發起人が株式總數の引受をなさゞる時は、その殘株に就いては株主を募集しなければならない。而して株式總數の引受ありたる時は、第一回の拂込をなさしめ、第一回の拂込を終りたる時は遲滯なく創立總會を招集し、創立總會に於いて設立手續の經過を調査し、取締役及監査役の選任をなし、創立總會の終結し、設立の登記によりて會社は初めて設立せらるゝのである。此れは又複雜設立、遲時設立又は漸次設立とも謂ふ。

第二款　定款の作成

定款の作成者を發起人と稱し、我が商法は七人以上たる事を要すとしてゐる。定款の作成に參與したる者、即ち定款署名者は事實上發起事務に參與せずとも、發起人と云はねばならない。發起人は必らずしも自然人たるを要せず法人でも可である。此の場合に於いては代表權者が發起人として署名しなければならぬ。

發起人は、發起人として當然株式の引受をしなければならぬ事は、百七十五條第二項第三號の規定より解釋し得る所である。

定款記載事項
一、絶對的必要事項
イ、目的
ロ、商號
ハ、資本總數
ニ、一株の金額

定款に記載しなければならない事項は之を二つに分けて考へることが出來る。

第一、絶對的必要事項

絶對的必要事項とは此の事項を缺く時は定款は無效たるを免れざるものを謂ふ、その事項は左の如し。（一六六、一二〇）

（イ）目　的

目的の何たるかは合名會社の場合と同じ。

（ロ）商　號

商號には株式會社なる文字を用ゐねばならない。

（ハ）資本の總額

資本は之を株式に分つ事を要し、而も社員の出資はすべて株式に限らるゝが故に、資本の總額は株式の金額と同一となる。資本の總額は一定の金額を以つて之を定むる事を要し又資本の最高又は最低額については法律上別段の制限はない。

（ニ）一株の金額

我が商法上は、株式の種類に關係なく、その金額は皆均一なる事を要し、その金額は原

ホ、本支店所在地

へ、公告方法

公告方法に關する新規定

ト、發起人の氏名住所

則として五十圓以上であつて、一時拂込のものに限り二十圓迄低下する事が出來る。(二〇二、一四五)

(ホ)本店及支店の所在地

(ヘ)會社が公告をなす方法

會社には多數の株式があるから法律は株式會社に公告を命ずる場合が多い。例へば第二百十三條第三項、第二百十八條第二項、第二百三十二條第三項、第三百四十三條第二項、第四百七條等の如し。會社の公告は官報又は時事に關する事項を掲載する日刊新聞紙に掲げてなされねばならない(一六六2)。舊會社法の下にありては公告の方法は必ずも新聞紙たるを要せず、店頭掲示にても可なる如く任意的であつた。然るに株式會社の株金は同一場所に集合して存在するものに非ざると共に、株式會社の營業所は廣範圍に至りて存在するを以つて、會社が公告をなす方法を法律を以つて一定し比較的廣範圍に亘つてその內容を知らしむ必要がある。よつて新會社法は公告の方法を官報又は時事記事を掲載する日刊新聞に掲げる事に限定した。

(ト)發起人の氏名及住所

二、相對的必要事項

イ、存立時期又は解散事由

ロ、數種の株式

新會社法の新規定

ハ、株式の額面以上の發行

舊商法では定款絶對必要事項に「取締役が有すべき株式の數」なる一項があつたが、新會社法に於いては該項目は削除された。此れ新會社法は後に述べる如く取締役を必ずしも株主中より選任するを要せざる新主義を採用したためである。

第二、相對的必要事項

相對的必要事項とは定款に記載するにあらざればその事項の效力を生ぜざるものを謂ふ。卽ち此の事項は之を定款に記載せざるも定款の效力には影響なしと雖も之を定款に記載しおかざる時は法律上その事項の效力は生ずる事がない。その事項次の如し。（一六八、一二二）

（イ）存立時期又は解散の事由

（ロ）數種の株式の發行並に其の各種の株式の內容及數。

新會社法は從來の優先株、普通株の外に「後配株」の發行を認むることになつた。之は新會社法に於ける新機軸である。此のため定款に右の一項が新設されるに至つた。

（ハ）株式の額面以上の發行

株式の額面以上の發行とは株金額以上の出資に對して株式を引受くる場合である。額面以下の發行は會社成立の初めより會社の財産を不足せしめ會社の基礎を危ふくするものなるが故に法律も之を認めずと雖も、額面以上の發行は却つて會社の財產の基礎を安全ならしむるものなるが故に我が商法は之を認めてゐる。たゞ額面以上の發行をなすには豫め定款に定めおく事を要する。定款には額面以上の發行をなすべき旨を記載しおくを以つて足り、發行の價額の記載を要せず、又發行價額は各株式につき均一なる事を要しない。

二、發起人の特別利益

(ニ)發起人が受くべき特別の利益及之を受くべき者の氏名

特別の利益とは發起人が一般株主と比較して特別に受くる利益であつて、主として利益の配當、新株の引受等につき特に利益ある擔任を保留する場合に生ずるものである。

ホ、現物出資

(ホ)現物出資をなす者の氏名、出資の目的たる財產、その價格及之に對して與ふる株式の種類及數

現物出資は發起人に限る

現物出資とは金錢以外の出資を謂ふ。而して株式會社の出資は金錢を以つてなすを原則とするのみならず、原始定款に其氏名を記載するを要するを以つて、現物出資は發起人のみ之をなし得る事が通說となつてゐたが、之を新會社法は明文を以つて規定し、現物出資は發起人に限り之をなすことが出來る旨の規定を設けた。(六八2)

現物出資提供に關する新規定

現物出資は株金の第一回の拂込期日に其の全部を提供すべきものであることが明記せられ

た。尤も登記、登錄其の他の權利の設定又は移轉を以て第三者に對抗する爲必要なる行爲は會社成立後に之を爲すことを妨げずとなし、若干の緩和が認められて居る。（一七二）現物出資の卽時提供は其の性質上もとより當然の事ではあるけれども、舊會社法には之れに關する規定がない爲に從來兎角の議論があつたのであるがそれが法規に依つて明白になつた次第である。

　現物出資も不當に之を評價する時は株主の利益を害する結果を生ずべき故に、豫め定款に之を明確ならしめておく必要がある。

へ、財產引受
新設規定

（へ）會社の成立後に讓受くることを約したる財產其資格及讓渡人の氏名

　本項目は新會社法に依り新規に設けられたものであつて、所謂「財產引受」に關するものである。財產引受は結局現物出資に他ならざるも、現物出資にすれば手續を要し、且つ創立總會に於いて檢査を受けねばならない。かくては出資者として豫期の利が得られないから現物出資の形式を避け、卽ち現物出資の規定を潛つて會社成立後に其の財產を引受けしむることにする事が一般に行はれて來た。卽ち現物出資以外の手續で實質的の現物出資が行はれてゐたのである。新會社法は此の財產引受に關する事項を現物出資同樣定款に記載して創立總會に於いて調査せしむる事にした。(一六八) 一方現物出資に付て規定があるが他方に此の點に付て何等觸れて居なかつた舊會社法の不備が補はれたわけである。

ト、設立費用

(ト)會社の負擔に歸すべき設立費用及發起人が受くべき報酬の額

設立費用及報酬の額はその金額を記載するを以つて足り、費用の細目及何れの發起人が如何なる報酬を受くるやの記載の必要はない。

第三款　定款の公正證書的要件

新會社法の採用した新主義

舊會社法に於いては佛法に倣つて定款を公正證書にする必要を認めなかつた。從つて從來の規定に從ふと株式會社が定款の所在を隱し、又は發起人が勝手に處分した時、會社不成立の場合責任を負ふべき發起人の何人たるやと云ふ事が不明となる。然るに定款を公正證書にしておけば、如何に發起人が定款を持ち逃げしても、原本が公證人役場に殘つてゐるため發起人の何人たるかは明白となる。今日、比較的多數の諸國も定款を公正證書にしてゐる。右の必要から我が新會社法も先づ株式會社定款に此の主義を採用する事にした。卽ち定款は公證人の認證を受くるに非ざれば其の效力を有しない。(一六七)。

舊法第百二十一條の削除

定款に關する規定に一大改正を見た結果、取締役が有すべき株式の數、本支店の所在地、會社が公告をなす方法の三事項を定款に記載せざりし時は創立總會又は株式總會に於いて之を補充する事を得と定めた舊商法第百二十一條の規定は新會社法に於いては削除された。

第三款　任意的記載事項

定款に於いては株式會社の本質に反せず、又强行規定に違反せず、且公序良俗に反せざる限り如何なる事項も之に規定する事が出來る。此等の事項は定款外に於いてもその定めをなすを得ざるに非ざるも、之を定款の規定とする時は當然株主を拘束し、又之を變更するには定款變更の手續をしなければならない。

第四款　發起設立

發起人が定款を作成し、總株式の引受をなすことに依りて設立を見る場合を發起設立と謂ふ。

新會社法に於ける株式の引受方法

新會社法に於いて、各發起人は書面に依りて株式の引受を爲すことを要すとなした。（一

六九）

第一回拂込

發起人が株式の總數を引受けたるときは遲滯なく各株に付先づ第一回の拂込を爲さしむことを要す。（一七〇1、一二三2）

而して第一回拂込の金額は株金の四分の一を下ることを得ない。（一七一2、一二三2）

發行價額

株式發行の價額は劵面額を下ることを得ない。（一七一1、一二八1）

又額面以上の價額を以て株式を發行したるときは其の額面を超ゆる金額は第一回の拂込と同時に之を拂込むことを要す。（一七一3、一九二2）

取締役及監査役の選任

第一回拂込を終了したる時は、取締役及監査役を選任することを要す。而して右の選任は發起人の議決權の過半數を以て之を決ずべく、此の場合に於ては各株主は一株に付一個の議決權を有する。然し定款を以て十一株以上を有する株主の議決權を制限し又は株式の讓受を株主名簿に記載したる後六月を超えざる株主に議決權なきものとすることを得るとなす。第二百四十一條第一項の規定を準用する。（一七〇、一七一2、一二三2）

現物出資の提供時期

現物出資は發起人に限り之をなすことが出來る旨を新會社法は規定したが、更に現物出資の目的たる財産の全部を給付することを要すと定めた。但し登記、登錄其の他權利の設定又

は移轉を以て第三者に對抗する爲、必要なる行爲は會社成立後に之を爲すことを妨げない。(一七二)

右は現物出資の提供時期を明かにしたものであつて、舊會社法の下に於ける解釋上の不備を一掃したことになる。

設立手續の調査に關する新規定

取締役は其の選任後遲滯なく檢査役の選任を裁判所に請求することを要し、而して檢査役は左の事項を調査して裁判所に報告することを要す。(一七五1、一二四1)

イ、發起人が受くべき者の氏名

ロ、現物出資を爲す者の氏名、出資の目的たる財產、其の價格及之に對して與ふる株式の種類及數

ハ、會社の成立後に讓受くることを約したる財產、其の價格及讓渡人の氏名

ニ、會社の負擔に歸すべき設立費用及發起人が受くべき報酬の額

ホ、第一回の拂込ありたるや否や

ヘ、現物出資の給付ありたるや否や

裁判所は檢査役の報告を聽き右(イ)乃至(ニ)に掲ぐる事項を不當と認めたるときは之に變

設立登記

、舊法、第百二十三條第一項及第百三十九條の廢止、

更を加へて各發起人に通告することを得。（一七三2）右の變更に服せざる發起人は其の株式の引受を取消すことを得。此の場合に於ては定款を變更して設立に關する手續を續行することを妨げない。（一七三3）

通告後二週間內に株式の引受を取消したる者なきときは定款は通告に從ひ變更せられたるものと看做す。（一七三4）

右は要するに新會社法が一面に於いて設立の確實を期し、他面に於いて實證の利便に副つたのである。

發起設立の場合にありては設立手續が終了の日より二週間內に設立登記をしなければならぬ。（一八九1、一四一）

新會社法は登記制度を從來の佛蘭西主義から獨逸主義に改め、登記を會社の設立要件とするに至つたので、舊會社法第二百二十三條第一項「發起人ガ株式ノ總數ヲ引受ケタルトキハ會社ハ之ニ因リテ成立ス」の規定は廢止され、從つて第百三十九條の「發起人ガ株式ノ總數ヲ引受ケザリシトキハ會社ハ創立總會ノ終結ニ因リテ成立ス」なる規定も自ら廢止せられた

第五款　募集設立

發起人が株式總數を引受けざる時は、所謂募集設立の方法によらねばならぬ。

第一項　株式の募集

株式申込證

株式申込證の記載要件が詳密となる

發起人が株式の總數を引受けざるときは株主を募集することを要す。（一七四、一二五）株主の募集に當りては發起人は其方法、株式の發行額等につき之を自由に決定し得るも、會社の組織及其の根本規則を一般に知らしむるがため、株式申込證を作り、之に次の如き事項を記載し、之によりて株式引受の申込をなさしむことを要す。（一七五2、一二六2）

一　定款の認證の年月日及其の認證を爲したる公證人の氏名

二　定款の絕對的必要事項及相對的必要事項。卽ち左に掲ぐる事項

イ　目　的

ロ　商　號

ハ　資本の總額

ニ　一株の金額

ホ、本店及支店の所在地
へ、會社が公告を爲す方法
ト、發起人の氏名及住所
チ、存立時期又は解散の事由
リ、數種の株式の發行並に其の各種の株式の內容及數
ヌ、株式の額以上の發行
ル、發起人が受くべき特別の利益及之を受くべき者の氏名
ヲ、現物出資を爲す者の氏名、出資の目的たる財產、其の價格及之に對して與ふる株式の種類及數
ワ、會社の成立後に讓受くることを約したる財產、其の價格及讓渡人の氏名
カ、會社の負擔に歸すべき設立費用及發起人が受くべき報酬の額
三　各發起人が引受けたる株式の數
四　第一回拂込の金額
五　株式の讓渡の禁止若は制限、株券の裏書の禁止又は株主の議決權の制限を定めたると

きは其の規定

六　株金の拂込を取扱ふべき銀行又は信託會社及其の取扱の場所

七　一定の時期迄に創立總會が終結せざるときは株式の申込を取消すことを得べきこと

數種の株式を發行する場合に於ては株式申込人は株式申込證に其の引受くべき株式の種類を記載し(一七五3)額面以上の價格を以て株式を發行する場合に於ては其の引受價額を記載することを要す(一七五3、一二六3)

尙民法第九十三條但書の規定は株式の申込には之を適用しない。(一七五4)

株式申込證は上記の諸事項を記載することを要する要式證券であつて、此の記載事項の一を缺ぐ時と雖も此の株式申込證に依る株式の申込は其效力を生ずることなし。

第二項　株式の申込及引受

株式の申込

株式の申込をなすには株式申込證二通に其の引受くべき株式の數及住所を記載し之に署名することを要す。(一七五1、一二六1)

株式の引受

株式の申込がなされし時は、發起人は之に對し株式の割當をなす。此の割當により株式申込人は株式引受人となり、其の引受けたる株式の數に應じて拂込をなす義務を負ふに至る。

株式引受に因る權利の讓渡

（一七六、一二七）

株式の引受に因る權利の讓渡は會社に對し其の效力を生じない。而して發起人は右の權利を讓渡すことを得ない。（一九一）

設立安全を强化する新規定

株式を引受けたる者は會社の成立後は、錯誤若は株式申込證の要件の欠缺を理由として其の引受の無效を主張し、又は詐欺若は强迫を理由として其の引受を取消すことを得ない（一九二前段、一四二）。之は會社設立の安全を期するための規定であるが、新會社法は此の主義を舊會社法よりも强化し、創立總會に出席して其の權利を行使したる場合にも之を主張し得ざることゝした。（一九二後段）

第三項　第一回拂込

第一回拂込額

株式總數の引受ありたるときは發起人は遲滯なく各株に付第一回の拂込を爲さしむることを要す（一七七1、一二九1）。而して第一回拂込の金額は株金の四分の一を下ることを得ない。（一七一2、一二八2）

發行價額

株式發行の價額は劵面額を下ることを得ない。（一七一1、一二八1）

額面以上の額價を以て株式を發行したるときは其の額面を超ゆる金額は第一回の拂込と同

時に之を拂込むことを要す。（一七一3、一二九2）

拂込取扱銀行又は信託會社及其の取扱場所に關する新規定

新會社法は第一回株金拂込の取扱場所に關し新しい規定を設けた。新會社法では設立登記が會社成立の要件である。而して第一回の拂込ありし事が會社成立の一要件となるから設立登記の時に拂込證明書を登記所に提出せねばならぬ。然るに從來の實際を見るに實際に拂込が行はれてゐないのに拂込んだ形式をとつて世間を瞞着する場合が少なくなかつた。常套手段の一として所謂「預け合ひ」の方法をあげることが出來る。例へば發起人が拂込むべき五千圓を事實拂込まずに、銀行に預けた形式にしておく。事實預つてゐないものを預かつた形式にするのであるから、銀行側も危險なる故に、同時に「返り證」をとつておく。或は發起人が銀行に預けた形式をとると同時に銀行から借入をなしたことにする。要するに銀行は假裝の預り證を出し、發起人は此の預け證を登記所に提出して設立登記をなすことが出來た。之を防ぐ手段として新會社法は銀行が信託會社を拂込金取扱場所に指定して株式申込證の記載要件とし、第一拂込は株式申込證に記載したる株金拂込の取扱場所に於て之を爲すことを要すと規定した。（一七七2）

株金の拂込を取扱ひたる銀行又は信託會社は發起人又は取締役の請求に因り拂込金の保管

に關し證明を爲すことを要し、此の銀行又は信託會社は其の證明したる拂込金額に付拂込なかりしこと又は其の返還に關する制限を以て會社に對抗することを得ない。（一九〇）

尚、株金の拂込を取扱ふ銀行若は信託會社を變更し又は拂込金の保管替を爲すには裁判所の許可を得ることを要す。（一七八）

現物出資提供の時期

現物出資者は第一回の拂込の期日に出資の目的たる財産の全部を給付する事を要すべく、但し登記、登錄其の他權利の設定又は移轉を以て第三者に對抗する爲必要なる行爲は會社成立後に之を爲すことを妨げない。（一七二）

第一回拂込の催告

株式引受人が第一回の拂込を爲さざるときは發起人は期日を定め其の期日迄に拂込を爲さざるときは其の權利を失ふべき旨を其の株式引受人に通知することを得べく、其の通知は期日の二週間前に之を爲すことを要す。（一七九1、一三〇1）

發起人が右の通知を爲したるも株式引受人が拂込を爲さざるときは其の權利を失ふ。此の場合に於て發起人は其の者が引受けたる株式に付更に株主を募集することを得（一七九2、一三〇2）

又第一回の拂込をなさざりしことによりて會社に生じたる損害につき株式引受人に對して

賠償の請求をなすことが出來る。（一七九3、一三〇2）

第四項　創立總會

各株につき第一回拂込及現物出資の給付ありたるときは發起人は遲滯なく創立總會を招集することを要す。（一八〇1、一三一1）

創立總會に付ては株主總會に關する規定の準用せられることは舊法と同じであるが、新會社法に於いて株主總會に關する規定が詳細になつたがために、延いて創立總會に關する規定も綿密になつた。

創立總會招集の手續及總會の任務は次の如し。

一、招集者

創立總會を招集する權限を有する者は發起人に限る。株式引受人は自ら之を招集するを得ざるのみならず、發起人に對してその招集を求むるの權限を有しない。從つて發起人が長く創立總會を招集せざる時は申込人は申込を取消すの外なし。

二、招集の方法

創立總會を招集するには會日より二週間前に各株主に對して其の通知を發することを要し

創立總會の招集

創立總會に關する規定が精密になつた

招集者

招集の方法

創立總會の成立及決議の方法

その通知には會議の目的たる事項を記載することを要す。（一八〇2、二三二ノ2、一三一3、一五六1、2）

三、創立總會の成立及決議の方法

創立總會には株式引受人の半數以上にして資本の半額以上を引受けたるもの出席し、其の議決權の過半數を以て一切の決議を爲す。（一八〇2、一三一2）

株式引受人は必ずしも自身出席するを要せず、代理人を以て其の議決權を行使することを得、但し代理人は代理權を證する書面通常は委任狀を會社に差出すことを要す。（一八〇2、二三九3、一三一3、一六四3）

創立總會に於ては延期又は續行の決議を爲すことを得る。此の場合に於ては前述の決議方法を適用す。（一八〇2、二四三）

各株主は一株に付一個議決權を有するを原則とし、たゞ定款を以て十一株以上を有する株主の議決權を制限し又は株式の讓受を株主名簿に記載したる後六月を超えざる株主に議決權なきものとすることを得。（一八〇3、二四一1、一三一3、一六二）

總會の決議に付特別の利害關係を有する者は議決權を行使することを得ない。（一八〇3、二三九4、一三一3、一六一4）此の場合行使することを得ざる議決權の數は創立總會の議決權の數に之を算入せず。（一八〇3、二四〇）

議事錄の作成

創立總會の議事に付ては議事錄を作ることを要す。議事錄には議事の經過の要領及其の結果を記載し議長並に出席したる取締役及監査役之に署名することを要す。（一八〇2、二四四）

決議取消の訴

舊會社法の下にありては、所謂決議無效の訴は之に基いて決議を無效とする判決が言渡されそれが確定して始めて決議が當初より無效たりしものとなるのであつて、決議を無效とする判決の確定せざる限り當然決議は有效に存續するのである。從つて、之は決議の取消と云ふ方が正確であり、新會社法もその訴の名稱を「決議の取消の訴」と變更した。尙其の取消の事由として舊會社法は總會招集の手續又は其の決議の方法が法令か定款かに反したことを掲げて居たが新會社法は更にその外に「著シク不公正ナルトキ」と云ふ新なる事由を加へた。（一八〇2、二四七）

總會招集の手續又は其の決議の方法が法令若は定款に違反し又は著しく不公正なるときは株主取締役又は監査役は訴を以て決議の取消を請求することを得、此の決議取消の訴は決議の日より一月內に之を提起することを要し、口頭辯論は右の期間を經過したる後に非ざれば之を開始することを得ない。又、株主が決議取消の訴を提議したるときは會社の請求に因り相當の擔保を供することを要す。但し其の株主が取締役又は監査役なるときは此の限に在らず。（一八〇2、二四七、二四八、二四九）

決議したる事項の登記ありたる場合に於て決議取消の判決が確定したるときは本店及支店の所在地に於て其の登記を爲すことを要す。又決議取消の訴の提起ありたる場合に於て決議の內容、會社の現況其の他一切の事情を斟酌して其の取消を不適當と認むるときは裁判所は請求を棄却することを得。（一八〇2、二五〇、二五一）

實質上無效なる場合の確認の訴

創立總會の決議の內容が法令又は定款に違反することを理由として決議の無效の確認を請求する訴に第八十八條、第百五條第三項第四項、第百九條、第二百四十九條及第二百五十條の規定が準用される。（一八〇2、二五二）

舊會社法に所謂決議無效の場合ではなく、決議其のものが其の內容の法令又は定款に反するが爲に無效なる場合、換言すれば實質上當然に無效なる場合に其の無效なることを主張する訴は確認の訴であるが、此の確認の訴に付ても決議の無效なることを確認する判決は當事者以外の第三者に對しても其の效力を生ずることゝし所謂形成判決的色彩が加へられた。

議決權を行使し得ざる特別利害關係人に對する新規定

株主が總會の決議に付特別の利害關係を有するがために議決權を行使することを得ざりし場合に於て、決議が著しく不當にして其の株主が議決權を行使したるときは之を阻止することを得べかりしものなるに於ては、其の株主は訴を以て決議の取消又は變更を請求することを得、此の訴には第八十八條、第百五條第三項第四項、第百九條及二百四十八條乃至第二百五十條の規定を準用す。(一八〇2、二五三)

創立總會の權限

四、創立總會の權限

創立總會は會社設立の目的を達し得るに必要なる一切の事項については、之を議決し得る權限を有するも、次の諸事項は特に之を創立總會の專屬事項とし、他の株主總會の決議を以つて之を補ふことを得ざるものとす。

取締役及監査役の選任

イ、取締役及監査役の選任

檢査役の選任

ロ、檢査役の選任

定款に、(a)發起人が受くべき特別の利益及之を受くべき者の氏名、(b)現物出資を爲す者の氏名、出資の目的たる財産、其の價格及之に對して與ふる株式の種類及數、(c)會社の成立後に讓受くることを約したる財産、其の價格及讓渡人の氏名、(d)會社の負擔に歸すべき設立費用及發起人が受くべき報酬の額を、定めたるときは發起人は之に關する調査を爲さしむる爲檢査役の選任を裁判所に請求することを要す。(一八一1)

右の檢査役選任は新會社法に依りて新しく規定されたるものである。

又、取締役及監査役中發起人より選任せられたる者あるときは創立總會は特に檢査役を選任し取締役及監査役のなすべき調査及報告を爲さしむることを得。(一八四3、一三四2)

設立に關する調査

ハ、設立に關する調査

會社設立の經過に關する調査及報告は次の手續に依る。

發起人の報告

(1)發起人の報告

發起人は先づ會社の創立に關する事項を創立總會に報告することを要す。(一八二、一三二)

此の報告につき發起人に不正行爲ありたるときは一定の制裁を免れざるものとす。

取締役及監査役の調査報告

(2)取締役及監査役の調査報告

取締役及監査役は左の事項を調査し之を創立總會に報告することを要す。(一八四1、一三四1)

(一)、株式總數の引受ありたるや否や。

（ニ）、第一回の拂込及現物出資の給付ありたるや否や

尙、取締役及監査役は檢査役の報告書を調査し、創立總會に其の意見を報告することを要す。（一八四2）

検査役の報告

(3)檢査役の報告

定款記載事項調査をなさしむるため選任せられた檢査役は、その報告書を創立總會に提出する事を要す。（一八一2）

又取締役及監査役中發起人より選任せられたる者あるとき、創立總會により特に選任せられたる檢査役は次に揭ぐる事項の調査及報告を爲す。（一八四3、一三四2）

（一）株式總數の引受ありたるや否や

（二）第一回の拂込及現物出資の給付ありたるや否や

尙、取締役及監査役が第百八十一條第二項による檢査役の報告書を調査し、創立總會は其の意見を報告することを要すことは前述した通りである。

調査に基く變更

ニ、調査に基く變更

創立總會に於いて　(a)發起人が受くべき特別の利益及之を受くべき者の氏名　(b)現物出資

を爲す者の氏名、出資の目的たる財產、其の價格及之に對して與ふる株式の種類及數 (c)會社の成立後に讓受くることを約したる財產、其の價格及讓渡人の氏名 (d)會社の負擔に歸すべき設立費用及發起人が受くべき報酬の額を不當と認めたるときは之を變更することを得。(一八五1、一三五)

新設規定

右の場合發起人に對する損害賠償の請求を妨げず。(一八七、一三七)

右の變更に服せざる發起人は其の株式の引受を取消すことを得。此の場合に於ては定款を變更して設立に關する手續を續行することを妨げない。又通告後二週間內に株式の引受を取消したる者なき時は定款は通告に從ひ變更せられたるものと看做す。(一八五2、一七三3、4)

定款の變更及設立廢止の決議

ホ、定款の變更及設立廢止の決議

創立總會に於ては定款の變更又は設立の廢止の決議をも爲すことを得。(一八八1、一三八)

右の決議は招集の通知に其の旨の記載なかりしときと雖も之を爲すことを妨げない。(一八八2)

第五項　設立の登記

登記は會社成立の要件

既に述べし如く新會社法の下にありては設立登記の完了が會社成立の要件となつてゐる。

登記事項

株式會社の設立の登記は創立總會終結の日又は第百八十五條に定むる定款記載事項を不當と認めたる場合の變更手續終了の日より二週間内に之を爲す事を要す。（一八九1、一四一1）

右の登記に在りては左の事項を登記することを要す。（一八九2）

一、定款の絶對的必要事項中の左の各項

イ、目　的

ロ、商　號

ハ、資本の總額

ニ、一株の金額

ホ、會社が公告をなす方法

二、本店及支店

三、存立時期又は解散事由を定めたるときは其の時期又は事由

四、數種の株式を發行したるときは其の各種の株式の内容及數

五、各株に付拂込みたる株金額

六、株式の讓渡の禁止若は制限又は株劵の裏書の禁止を定めたるときは其の規定

七、開業前に利息を配當すべきことを定めたるときは其の規定

八、株主に配當すべき利益を以て株式を消却すべきことを定めたるときは其の規定

九、取締役及監査役の氏名及住所

十、取締役にして會社を代表せざるものあるときは會社を代表すべきものゝ氏名

十一、數人の取締役が共同し又は取締役が支配人と共同して會社を代表すべきことを定めたるときは其の規定。

支店所在地に於ける登記

會社は設立の登記を爲したる後二週間内に支店の所在地に於て右に揭ぐる事項を登記することを要す。（一八九2、六四2、一四一2、五一2）

支店設置の登記

會社の成立後支店を設けたるときは、本店の所在地に於ては二週間内に支店を設けたることを登記し、其の支店の所在地に於ては三週間内に前に揭げし登記事項を登記し、他の支店の所在地に於ては同期間内に其の支店を設けたることを登記することを要す。又本店又は支店の所在地を管轄する登記所の管轄區域内に於て新に支店を設けたるときは其の支店を設けたることを登記するを以て足る。（一八九2、六五、一四一2、五一3）

本店移轉登記

會社が其の本店を移轉したるときは舊所在地に於ては二週間内に移轉の登記を爲し新所在

地に於ては三週間内に登記事項を登記し、其の支店を移轉したるときは舊所在地に於ては三週間內に移轉の登記を爲し新所在地に於ては四週間内に登記事項を登記することを要す。同一の登記所の管轄區域内に於て本店又は支店を移轉したるときは其の移轉の登記を爲すを以て足る。（一八九2、六六、一四一2、五二）

登記事項變更の登記

會社登記事項中に變更を生じたるときは本店の所在地に於ては二週間、支店の所在地に於ては三週間内に變更の登記を爲すことを要す。（一八九2、六七、一四一2、五三）

第六項　會社の設立行爲に關する責任

發起人の責任

第一、發起人の責任

A、會社が成立した場合の責任

引受及責任拂込

會社を設立するためには株式總數の引受ある事及び各株に付第一回拂込の終了を要することとは既述の如くであるから、若し引受なき株式又は第一回の拂込の未濟なる株式あるときは發起人は連帶して其の株式の引受又は拂込を爲す義務を負ふ。又株式の申込が取消されたるときも同樣の責任を負ふ。（一八六、一三六）

發起人の損害賠償責任

右の場合發起人に對する損害賠償の請求を妨げず。（一八七、一三七）

發起人が會社の設立に關し其の任務を怠りたるときは其の發起人は會社に對し連帶して損害賠償の責に任ず（一九三1、一四二ノ二1）

又發起人に惡意又は重大なる過失ありたるときは其の發起人は第三者に對しても亦連帶して損害賠償の責に任ず。（一九三2、一四二ノ二2）

發起人に對する訴の提起に關する新規定

株主總會に於て發起人に對して訴を提起することを決議したるとき、又は之を否決したる場合に於て、會日の三月前より引續き資本の十分の一以上に當る株式を有する株主が訴の提起を取締役に請求したるときは、會社は決議又は請求の日より一月內に之を提起することを要す。（一九七）

右の場合株主總會は他人をして之を代表せしむることを得、又株主が取締役に對して訴を提起することを請求したるときは特に代表者を指定することを得。（一九七2、二七七1但、2）

右の訴に付ては株主總會の決議に依るに非ざれば取下、和解又は請求の拋棄を爲すことを得ない、（一九七2、二六七2）又右の請求は總會終結の日より三月內に之を爲すことを要す。（一九七2、二六八2）

右の訴に付ては、訴提起の請求を爲したる株主の議決權の過半數の同意あるに非ざれば取下、和解又は請求の拋棄を爲すことを得ず。（一九七2、二六八3）又右の請求を爲したる株主は監査役の請求に因り相當の擔保を供することを要す。（一七九2、二六八4）

會社が敗訴したるときは、請求を爲したる株主は會社に對してのみ損害賠償の責に任ず。（一九七3、二六八5）

會社不成立の場合の責任

B、會社不成立の場合の責任

會社が不成立に終りたる場合に於ては、發起人は會社の設立に關して爲したる行爲に付、連帶して其の責に任じ、此の場合に於て會社の設立に關して支出したる費用は發起人の負擔とする。（一九四、一四二ノ三）

取締役及監査役と共に負ふ責任

責任免除に關する新規定

第二　取締役、監査役及發起人の連帶責任

取締役又は監査役が株式總數の引受ありたるや否や、第一回の拂込及現物出資の給付ありたるや否やを調査し創立總會に報告し、又第百八十一條第二項に定むる檢査役の報告書を調査し創立總會に其の意見を報告すべき任務を怠りたるに因り、會社又は第三者に對して損害賠償の責に任ずべき場合に於て、發起人も亦其の責に任ずべきときは其の取締役、監査役及發起人は之を連帶債務者とす。（一九五、一四二ノ四）

設立賛成員は發起人と同一の責任を負ふ

發起人、取締役又は監査役が、會社の設立に關し會社に對して損害賠償の責に任ずべき場合に於ては、其の責任は會社成立の日より三年經過したる後に於て定款變更の場合の決議、卽ち總株主の半數以上にして資本の半額以上に當る株主出席し其の議決權の過半數を以て之を爲すに非ざれば之を免除することを得ない。(一九六)

第三　設立賛助員の責任

發起人以外の者であつて株式申込證・株式目論見書・株式募集の廣告其の他募集に關する文書に自巳の氏名及會社の設立に賛助する旨の記載を爲すことを承諾した者、卽ち例へば目論見書に賛成人として發起人と同列に名前を掲げて設立賛助の旨を明かにすることを承諾した者は、發起人と同一の責任を負擔すべきことになつた(一九八)。英國會社法に於ては、プロスペクタス(目論見書)が極めて重大なる意義を持つて居て、此のプロスペクタスに基く責任が明確に規定せられて居るけれども、我が商法は所謂プロスペクタス主義に依つて居ない。併し此の第百九十八條はプロスペクタス主義の趣旨をいくらか加味した有力な新規定と云へる。

第三節　株　式

第一款　總　説

第一　株式の意義

株式は資本の一部を意義するの外、株主權自體及び有價證券としての株券を指すことがある。

資本の一部としての株式

一、資本の一部としての株式

株式會社の資本は之を均一の株式に分割することを要するを以つて(一九九、二〇二1、一四三、一四五1)株式は資本の數額を形式的に分ちたる一部分たると共にその單位をなすものと云へる。

株式の金額は原則として五十圓以上なることを要するが、例外として一時に株金の全額を拂込む場合に限り之を二十圓迄下すことが出來る。(二〇二2、一四五2)

株主權としての株式

二、株主權としての株式

株主權は他の社員權と等しく種々なる權利義務を生ずる。義務としては株金拂込義務をその通常とするものなるが、權利に至りては種々あり、之を業務に關したる權利と、利益又は利息の配當及び殘餘財産の分配を求むる所得財産的權利に二大別出來る。業務に關する權利については議決權（二三九）總會の決議取消を訴へる權利（二四七）等各株主單獨にて之を有するものあり、又臨時總會の招集を求むる權利（二三七）、會社財産の檢査を求むる權利（二九四）及取締役監査役又は清算人に對して訴を起すべき事を求むることを得る權利（二七九、四三〇）等の所謂少數株主權等がある。

株式が共有されてゐる場合

株主權としての株式はその性質上不可分のものであるから、株式が數人の共有に屬するときは共有者は株主の權利を行使すべき者一人を定むることを要し、又株主の權利を行使すべき者なきときは共有者に對する會社の通知又は催告は其の一人に對して之を爲すを以て足りる。而して共有者は會社に對し連帶して株金の拂込を爲す義務を負ふ。（二〇三、一四六）

三、有價證券としての株式

第二　株券の種類

株券は株主權を表彰する有價證券であつて、此に關して以下項を改めて説明する。

新會社法に於いて後配株を認む

一、優先株、普通株及後配株

舊會社法の下にありては株式については優先株と普通株の二種のみより認められなかつたが、新會社法に於いては此の外、後配株を認むる事になつた。よつて株式は優先株、普通株及後配株の三種に分つことが出來る。

優先株、

優先株は利益の配當及殘餘財產の分配につきて優先的利益を受くべき株式にして、我が商法の本則としては資本增加の場合、即ち新株發行の場合に於いてのみ許されてゐた。然し立法上之を資本增加の場合のみに限定すべき理由はなく、會社設立の場合にも之を發行するを妨げないわけである。定款の相對的必要事項の一たる「發起人が受くべき特別の利益及之を受くべき者の氏名」なる規定は優先株と同一趣旨の株を發起人のみに與へ得ることを意味してゐる。故に從來は設立の場合は優先株を認めておらざるも、實質的に優先株と同一視すべきものを發起人に與へることを認めてゐたわけである。新會社法に於ては此の點を明確にし從來の新株發行の場合に限らず會社設立の場合にも、優先株の發行を認めることになつた。

（一六八１ノ二）

普通株

普通株とは何等の優先權を伴はざるものであつて、詳しく說明の要なし。

後配株

後配株とは普通株より後れて配當を受くべき株式であつて、從來我が商法では之を認めずたゞ地方鐵道法に於いて之を認めてゐたに過ぎなかつた（地方鐵道法六3―5）。如何なる場合に後配株が必要であるかと云ふに資本の增加の場合である。例へば東京から下關まで汽車を既に開通し、營業してゐる會社があるとする。此の會社が新たに熱海から伊豆の下田迄支線を設けんとする場合、その資金を增資による新株拂込を以つて之に充てんとしたとする。然るに東京下關間は營業成績良好にして一割配當を續け得るも、熱海、下田間は豫定利益が僅少なるため、此の支線のみについて見たら配當は二分か三分以上は不可能である。然るときは會社全體としたら支線新設のため從來の一割配當を七八分程度に減配しなければならぬ。かくの如き不利の下では一般株主が支線新設に反對するは當然である。然るに伊豆住民にとつては支線新設は必要であるから、從來の株主の配當は据置き、舊株主に配當して殘餘あらば配當は三分でも四分でもよいと云ふ條件を申出づる時は舊株主は何等資本增加決議に反對する理由がない。かゝる場合に發行される株式が後配株である。汽車に一、二、三等の等級あるが如く、株式にも優先株、普通株、後配株の等級があるわけなるも、此の區別は別段の定めなき限り配當率だけである。然し必ずしも配當率のみに限らず、增資の際の新株引受權

或は減資の時の株式の併合又は消却或は合併による株式の割當について差等を設けることが出來る。（二二二）

二、記名株及無記名株

株式は株主の名義を記載すると否とにより記名株と無記名株に分つ事が出來る。記名株とは特定の株主に屬すべき株主權を表彰するものであつて、株金額の拂込ありたると否とに拘らず發行される。然るに無記名株は株金全額拂込の後に非れば、之を發行することが出來ない。

無記名株に關する新規定

舊社法にありては株式が全額拂込あれば何時にても之を無記名とする事が出來たが、新會社法は無記名式は定款を以て之を認めたる場合に限り株金全額の拂込ありたる株式に付之を發行することを得とした。（二二七1）

後に述ぶる如く記名株と無記名株は發行の時期に於いて相異なるのみならず、株主總會招集手續（二三三）、議決權行使の要件（二三九）につきて法律上の取扱を異する。

記名、無記名變更の自由

株金全額拂込の後に於いて、之を無記名にするか又は記名とするかは株主の自由にして、株主は何時にてもその變更を求むることが出來る。（二二七2、一五五）

株主權實行には無記名株の供託を要す

尙後にも述ぶるが無記名株を有する者は株券を會社に供託するに非ざれば株主の權利を行

使することを得ない。（二二八、一五五ノ二）

記名株の裏書に依る移轉

後に詳述する如く、新會社法に於いて記名株の移轉は、株券の裏書を以つてする事が出來る樣になつた。（二〇五）

第三　株券の發行

一、株券の發行時期

株券の發行時期に關する規定の改正

舊會社法は株券の發行時期について規定を設け、記名株は本店所在地に於ける設立登記又は增資登記の後に非ざれば之を發行し得ず（一四七1、二一七2）、となしたが、新會社法に於いては株券は會社の成立後に非ざれば之を發行することを得ずと改められた。（二二六ノ1）

此の規定に違反して發行したる株券は無效とし、株券を發行したる者に對する損害賠償の請求を妨げずと定められてゐる。（一四七2、二二六2）

二、株券の記載事項

株券記載事項

株券には左の事項及番號を記載し取締役之に署名することを要す。（二二五1、一四八1）

イ、會社の商號

ロ、會社成立の年月日

ハ、資本の總額
ニ、一株の金額
ホ、數種の株式あるときは其の株式の内容
ヘ、株式の讓渡の禁止若は制限又は株券の裏書の禁止を定めたるときは其の規定

新設事項

右は株券の絶對的必要記載事項であるから、その一項をも缺くことは出來ない。

尚、一時に株金の全額を拂込ましめざる場合に於ては拂込ある毎に其の金額を株券に記載することを要す。（二二五2、一四八2）

第四　株主名簿

株主名簿記載事項

一、株主名簿の記載事項
株主名簿とは株式に關する事項を明瞭ならしむために會社本店に備へ置くことを要する帳簿にして（二六三1、一七一1）之には左の事項を記載することを要す。
（一）株主の氏名住所
（二）各株主の有する株式の種類及數並に株券の番號
（三）各株付に拂込みたる株金額及拂込の年月日

（四）　各株式の取得の年月日

（五）　無記名式の株券を發行したるときは其の數、番號及發行の年月日

取締役が株主名簿の記載事項を記載せず、又は不正の記載したる時は過料に處せられる。

二、株主名簿の有する效果

株主名簿の有する法律上の意義は次の點にある。

對抗要件としての記名株主の氏名住所の記載

イ、記名株の移轉の對抗要件の一として株式取得者の氏名住所が記載される事。（二〇六、一五〇）

會社の通知及催告の基礎

ロ、會社の株主に對する通知又は催告は株主名簿に記載したる株主の住所又は其の者が會社に通知したる住所に宛つるを以て足りること。（二二四1、一七二ノ二1）

株主の通知又は催告は通常其の到達すべかりし時に到達したるものと看做さる。（二二四2一七二ノ二2）

右の規定は株式申込人、株式引受人、從前の株主、株式の讓渡人又は質權者に對する通知又は催告にも準用される。（二二四3）

第五　株券の無效

株券無效の公示催告

株券は公示催告の手續に依りて之を無效と爲すことを得。而して株券を喪失したる者は除權判決を得るに非ざれば其の再發行を請求することを得ず。(二三〇)

第二款　株式の讓渡

第一項　株式讓渡自由の原則

株式讓渡自由の原則

株式は自由に讓渡し得るを原則とする(二〇四、一四九)。但し之には次の例外がある。

定款を以つてする讓渡の禁止又は制限

(イ)定款の規定を以つてその讓渡を禁止又は制限する事を得。

例へば當會社の株式は外國人に讓渡する事を得ずと定め、或は株主總會開會前一ケ月間は株式の讓渡を禁止するとなすが如し。舊會社法に於いては全然讓渡を禁ずる事を得るや否やについては明文なきための爭あるを免れなかつたが、新會社法は此の點を明確にし「定款ヲ以テ其讓渡ノ禁止又ハ制限ヲ定ムルコトヲ妨ゲズ」(二〇四1後段)と定めた。

權利株賣買に關する新規定

(ロ)權利株の讓渡又は其の豫約は之を以つて會社に對抗する事を得ず。

權利株とは會社の設立登記又は新株發行前に於ける株式であつて、舊會社法に於いては此の權利株の讓渡及其の豫約を禁止してゐた(一四九但、二一七3)。之は株式が投機の具に供せらるゝ弊を防ぐ目的に出でたものであるが、然し實際に於いては權利株の賣買は株式申込證據金の受領證に株式名義書換の白紙委任狀を添付してなされてゐる。故に新會社法は此の權利株の賣買禁止條項に改正を加へ、權利株の讓渡は會社に對してその效力を生ぜざる旨(二〇四2)規定した。此れ株式名義書換の白紙委任狀より生ずる紛糾を避くるがために當事者間に於いては有效なるものとし、單に會社に對して對抗し得ざる趣旨に出でたのである。

第二項　株式讓渡の方法

記名株の讓渡

第一　記名株の讓渡

白紙委任狀付の讓渡

一、白紙委任狀の讓渡

株券は、取得者の氏名住所を株主名簿に記載し且つ其氏名住所を株券に記載するに非ざれば、會社其他の第三者に對抗することを得ない(二〇六2、一五〇)。然るに舊會社法はその移轉方法に關し明文を缺いてゐた。而して、記名株の讓渡に際して株式名義の書換をなすはその手續煩鎖にして取引上、不便少なからざるが故に、實際上の記名株の賣買は株券と名義書換の白紙委任狀を讓受人に交附する方法を以つて行はれ、此の方法の下に記名株は無記名株の如く流通してゐたのである。

裏書による讓渡

株券裏書制度を採用した理由

裏書讓渡方法は併用

定款による裏書讓渡の禁止

裏書の方法

二、裏書による讓渡

イ、裏書制度の採用

從來行はれて來た白紙委任狀附の讓渡方法の下に於いては最初の白紙委任狀を作成したる讓渡人の會社に對する義務が長年月繼續する結果を生ずるのみならず、元來が舊會社法の規定不完全なために生じた一慣習に外ならざるもの故に、其法律關係が曖昧且錯雜を極むるの缺點を有してゐた。

玆に於いて新會社法は獨逸法の主義を採用して株券の裏書に依る讓渡方法を認むることになつたのである。

新會社法は、記名株の移轉はすべて裏書によらねばならぬと云ふのでなく、從來の白紙委任狀附讓渡方法をも認むる一方、裏書讓渡に依る轉輾の途をも開いたと云ふに過ぎない。

尙、定款の規定によつて裏書讓渡を禁止する旨定むることが出來る。

ロ、裏書の方法

株式の裏書には手形法第十二條、第十三條及第十四條第二項の規定が準用せらるることになつてゐる。（二〇五2）卽ち

小切手法第二十一條の準用

1、裏書は先づ單純なることを要す。裏書に附したる條件は之を記載せざるものと看做し一部の裏書は之を無效とす。（手形法一二）裏書に條件を附すとは裏書の效力の發生を條件の成否に係らしむることを謂ふのである。

2、記名式裏書　裏書は株券又は之と結合じたる紙片（補箋）に之を記載し裏書人署名することを要す（手形法一三1）。之を記名式裏書と謂ふ。

3、白地式裏書　裏書は被裏書人を指定せずして之を爲し又は單に裏書人の署名のみを以て之を爲すことを得。之を白地式裏書と謂ふ。署名のみを以つてなす白地式裏書は、株券の裏面又は補箋に之を爲すに非ざれば其の效力を有しない。（手形法一三2）

裏書が白地式なるときは所持人は(a)自己の名稱又は他人の名稱を以て白地を補充することを得。(b)白地式に依り又は他人を表示して更に株券を裏書することを得。(c)白地を補充せず且裏書を爲さずして株券を第三者に讓渡すことを得る。（手形法一四2）

株券の占有者が裏書の連續に依り其の權利を證明するときは之を適法の所持人と看做し、最後の裏書が白地式なる場合も同樣である。又抹消したる裏書は此の關係に於いて之を記載せざるものと看做さる。白地式裏書に次いで他の裏書あるときは其の裏書を爲した者は白地式裏書によりて株券を取得したるものと看做さる。

上述の權利を證明するときは、事由の何たるを問はず株券の占有を失ひたる場合に於て其の株券を取得したる所持人は之を返還する義務を負ふことなし。但し惡意又は重大なる過失に因り之を取得したるときは此の限に在らず。（二二九1、小切手法二一）

然し株主名簿に記載ある株主の爲したる裏書が眞正ならざる場合に於て會社に就き調査を爲さば其の眞僞を判別することを得べかりしものなるときは右の規定は適用されない。（二二九2）

名義書換を要する場合

ハ、名義書換を要する場合

株券の裏書に依る記名株式の移轉は取得者の氏名及住所を株主名簿に記載するに非ざれば之を以て會社に對抗することを得ない。（二〇六1）

右の場合を除くの外、記名株式の移轉は、會社其の他の第三者に對抗するためには、取得者の氏名及び住所を株主名簿に記載し、且つ其の氏名を株券に記載することを要する。（二〇六2）

株金の滯納ある株式に付ては會社は株主名簿及株券の名義書換を拒むことを得る。（二〇

六3）

不足額辨濟責任

不足額辨濟責任の限度

第三項　株式讓渡の效力

株式の讓渡に依つて株主の權利義務は讓受人に移る。而して此の點につき會社法は株式會社の性質に鑑み特別の規定を設けてゐる。

株式の讓受人（株主）が會社より株金拂込の催告を受くるも之が拂込をなさざる時は會社はその株券を競賣によりて處分することが出來るが、株式の處分に依りて得たる金額が滯納金額に滿たざる場合に於ては會社は從前の株主に對し不足額の辨濟を請求し、若し從前の株主が二週間内に之を辨濟せざるときは讓渡人に對して其辨濟を請求することを得る。（二一四3一五三3）

右の如く株式讓渡人は最早株主にあらざるに拘らず、後の何れかの株式讓受人に於いて株金の拂込を怠る時はその不足額辨濟の責に任ぜしむるは會社財産保全のための制度なりと雖も、讓渡人をして長く此の責任を負はしむ事は讓渡人に對して甚しく苛酷なるを以つて此の場合の讓渡人の責任は株式の讓渡を株主名簿に記載したる後二年内に會社が拂込の催告を發したる株金に關するものに限るものとした。（二一九、一五四）

讓渡人に對する株金拂込催告

會社は株式の競賣に著手する日の二週間前に株式の讓渡人にして前述の責任を負ふ者に對し其の處分を爲すべき旨の通知を發することを要す。（二一五1、一五三2）

讓渡人が株式の處分に先だち滯納金額及定款を以て定めたる違約金の額以上の金額を提供して株式の買受を申出でたるときは會社は其の讓渡人に對し申出價額を以て株式を讓渡すことを要す。（二一五2）

此の場合會社は株式の處分に依りて得たる金額より滯納金額及定款を以て定めたる違約金の額を控除したる金額を從前の株主に拂戾すことを要す。（二一五3、二一四2）

後者に對する償還請求權

株式の讓渡人が會社の請求により株式處分によるも尙不足を生じたる滯納金額を辨濟したる時は株券又は株主名簿に記載ある後者全員に對し償還の請求を爲すことを得る。（二二〇1）

又、償還を爲したる讓渡人は、更に自己の後者全員に對し償還の請求を爲すことを得る。（二二〇3）

損害賠償及違約金支拂責任

尙、會社は株金拂込不履行に關し、その責任の限度内に於いて讓渡人に對し損害賠償及定款を以つて定めたる違約金を請求することが出來る。（二一七）

發起人が其の株式を讓渡したる場合にも舊會社法が一般の場合と同樣に取扱ふは弊害なし

發起人の株式讓渡に關する特別規定

とせざるを以つて、新會社法は、發起人が會社の設立に際して引受けたる株式に付會社の成立後五年内に拂込の催告を發したる株金に關しては、發起人は二ケ年を經過せる時と雖も第二百十四條第三項に定むる讓渡人の責任を負ふ旨定めた。（二一九2）

發起人が左の場合不足額を辨濟したるときは其の後者中不足額辨濟責任を負ふ者全員に對してのみ償還の請求をなすことを得。（二二〇2）

此の場合、償還を爲したる讓渡人は、更に自已の後者全員に對し償還の請求を爲すことを得。（二二〇3）

拂込期日後の株式讓渡

株金の拂込期日後に株式を讓渡したる者は會社に對し株主と連帶して其の株金の拂込を爲す義務を負ふ。（二二一）

第三款　株式の質入

無記名株の質入

株主は定款に株式讓渡の禁止規定なき限り其の株式の質入をなすことが出來る。質入の方法は無記名株に於いては之が動産と看做さるが故に動産質設定の方法に從ひ株券の引渡を要し、（民三四四）且質權者は繼續して之を占有するに非ざればその質權を以つて第三者に對抗

する事が出來ない。（民三五二）

記名株の質入については舊會社法の下にありては、實際上の手續としては、白紙委任狀を附して株券を交附し、債務の辨濟なき時は質權者が其の委任狀を利用し株式名義書換をなし又は他人に株式を讓渡する方法をとつてゐた。從來の場合に於いては株式が質入されて有るか否かは會社に知れざる故に質權者は利益配當金、殘餘財産の配當を請求することが出來ない。然し今日の實情に於いては質入の場合は極めて少なく、賣渡擔保として名義をとり、株主名義を直ちに利用して利益配當を取る場合が多い。右の如き實情にも鑑みて、新會社法は株式質入に關し新しい規定を設け、質權者をして利益配當の請求が出來ることにした。

記名株の質入　白紙委任狀付質入の缺點

新會社法に於ける株式質入の方法は次の如し。

新設された質入方法

a、株主の交付　記名株式を以て質權の目的と爲すには株券を交付することを要す。而して質權者は繼續して株券を占有するに非ざれば其の質權を以て第三者に對抗することを得ない。（二〇七）

株券の受附

b、株主名簿に質權設立の記載　記名株式を以て質權の目的と爲したる場合に於て會社は質權設定者の請求に因り質權者の氏名及住所を株主名簿に記載し、且其の氏名を株券に

株主名簿に質權設定の記載

記載することを要し、然る時は質權者は會社より利益若は利息の配當、殘餘財產の分配又は第二百八條の規定により拂渡を受くべき金錢の支拂を受け、他の債權者に先ちて自已の債權の辨濟に充つることを得。（二〇九）

他の債權の辨濟期が質權者の債權の辨濟期前に到來したるときは、質權者は第三債務者をして其辨濟金額を供託せしむることを得。此場合に於ては質權は其供託金の上に存在する。（二〇九2、民三六七3）

尙、質權者は會社に對し債務者たる株主の受くべき株券の引渡を請求することを得。（二〇九3）

株式の消却併合又は轉換ありたる場合の質權

株式の消却、併合又は轉換ありたるときは從前の株式を目的とする質權は消却、併合又は轉換に因りて株主が受くべき金錢又は株式の上に存在する。（二〇八1）

株式の處分ありたる場合の質權

株主の株券拂込不履行又は讓渡人の滯納金不拂により會社が株式の處分をなしたるときは其の株式を目的とする質權は、從前の株主が會社が株式の處分に依りて得たる金額より滯納金額及定款を以て定めたる違約金の額を控除したる金額の拂戻を受くべき金錢の上に存在する。（二〇八2）

自已取得及質入の禁止

自、己、取、得、及、質、入、禁、止、の、例、外、規、定、

第四款　株式の自己取得及質入

會社が自已の株式を取得することは、自已が自已に對する權利義務の歸屬者たることゝなり、延いて、例へば不當に株式の時價を吊上げ又は株主總會に於ける議決權の數を左右するために自已の株式を買收するとか、又は未拂込株金の免除と同一の結果を生ぜしむる等其他種々の弊害を釀すことになる。會社が自已の株式を質權の目的として受入れることも、之が自已取得の場合と同じ弊害を生ずや明かである。故に我が舊會社法は株式自已取得及質入を絕對に禁止してゐた。（一五一1）

然るに新會社法は原則的には矢張之を禁止するも左の場合に限り之を許す除外例を設けた

一、株式の消却のためにするとき

右の場合に於ては會社は遲滯なく株式失效の手續を爲さねばならぬ。（二一一）

二、合併又は他の會社の營業全部の讓受に因るとき

三、會社の權利の實行に當り其の目的を達する爲必要なるとき

右二、三の場合に於ては相當の時期に株式又は質權の處分を爲す事を要す。（二一一）

第五款　株式消却

株式消却の意義

株式の消却とは、會社が株式を消失せしむる行爲にして、此の行爲の結果、一定數の株主權は滅却する。株式の消却と株主の失權との區別について見るに、株主失權の場合は、當該株主がその權利を失ふに止り、株式自體は消滅する事なし、又株券破棄との區別を見るに、此の場合は株券は消滅するも株式は之によりて消滅しない。

强制消却と任意消却

株式消却には强制消却と任意消却の二種がある。

强制消却とは抽籤、告知其他之に類する方法によつてなす場合であり、任意消却とは賣買贈與、交換等株主と會社との間に於ける法律行爲によつてなす場合である。

消却をなし得る場合

我が會社法は次の二つの場合に限り株式の消却をなす事を得せしむ。(一一二1、一五一2)卽ち(イ)資本減少の規定に從ふ場合と(ロ)株主に配當すべき利益を以つてする場合である。新會社法は株式の處分手段としての資本減少の規定に從ひその消却を認めた。而して新會社法は株式消却に際しては「株式の併合を爲さんとするときは會社は其の旨及一定の期間內に株券を會社に提出すべき旨を公告し、且株主及株主名簿に記載ある質權者には各別に之を通

知することを要す。但し其の期間は三月を下ることを得ず」との第三百七十七條の規定を準用する旨定めた。（二一二2、三七七）

第六款　株金の拂込

第一項　株主の拂込責任

責任の限度

株主は其の引受又は讓受けたる株式の金額、額面以上の價額を以て株式を發行したる場合に於ては引受價額を限度として拂込の義務を負ふ。（二〇〇1、一四四1）

損害賠償及違約金支拂責任

株主が株式拂込責任を果さゞる時は、會社は損害賠償及定款に定めたる違約金の請求をすることが出來る。（二一七）

假設人の名義を以つてした場合の責任

假設人の名義を以て株式を引受け又は讓受けたる者は、株式引受人又は株主たる責任を負ひ、又他人の承諾を得ずして其の名義を以て株式を引受け又は讓受けたる者亦同じ責任を負ふ。（二〇一1）

他人と通じて其の名義を以て株式を引受け又は讓受けたる者は其の他人と連帶して株金の拂込の義務を負ふ。（二〇一2）

拂込の催告

第二項　株式拂込の催告

株金の第一回拂込の手續については既に述べし所なるも、第二回以後の拂込に就いては法律に別段の定なきが故に、定款又は株主總會の定むる所によるべく、定款又は株主總會に於いて別段の定めをなさゞる時は取締役之を決す。

株金の拂込は其の期日の二週間前に之を各株主に催告しなければならぬ、（二一三1、一五二1）拂込の催告は株主名簿に記載されたる株主の住所又は其の者が會社に通知したる住所に宛てゝ之をなすことを要し、且つ之を以つて足る。（二二四1、一七二ノ二1）又、此の催告は通常其の到達すべかりし時に到達したるものと看做さる。（二二四2、一七二ノ二2）

拂込は會社に對する債權を以つて相殺するを得ず

株主は會社に對して有する反對債權を以つて株金の拂込を相殺する事が出來ない。（二〇〇2、一四四2）

第三項　株金拂込の强制方法

株主及質權者に對する手續

一、株主及質權者に對する手續

會社が株金拂込の催告をなすも拂込期日迄に株主が拂込を爲さざるときは、會社は更に期日を定め其の期日迄に拂込を爲さざるときは會社に於て株式を處分すべき旨を其の株主及株

主名簿に記載ある質權者に通知することを得。但し其の通知は期日の二週間前に之を爲すことを要す。（二一三2）

右の場合に於ては會社は其の株主の氏名及住所、株券の番號並に通知事項を公告することを要す。（二一三3）

失權處分の廢止

舊會社法にありては株金拂込の强制方法として最後の競賣に附する前に、所謂失權處分に附すべき旨の通知を發し、一定期間に拂込をなさずして失權處分に附せられたる時は會社は遲滯なく其株主の氏名並に住所及株券番號を公告する事、（一五二2、3、一五三1、一五三ノ二）とし、失權處分の後に、株式の各讓渡人に對し拂込催告を發する事になつてゐた。（一五二2）

新會社法では此の失權處分の手續を廢し、拂込不履行の場合は直ちに競賣處分に附することにしたのである。

讓渡人に對する手續

二、讓渡人に對する手續

會社は株式を競賣處分に着手する日の二週間前に、株式の讓渡人にして既逃せし所の責任を負ふ者に對し、其の處分を爲すべき旨の通知を發することを要す。讓渡人が株式の處分に先ち、滯納金額及定款を以て定めたる違約金の額以上の金額を提供して、株式の讓受を申出

でたる時は、會社は其讓渡人に對し申出價額を以つて株式を讓渡す事を要す。(二一五1、2)
會社は、右の申出によりて得たる金額より滯納金額及定款を以つて定めたる違約金の額を控除したる金額を從前の株主に拂戻すことを要す。(二一五3、二一四2)

第四項　株券の提出要求

提出なき株券の失效

株主が會社より、拂込をなさゞる時は、株券を處分する旨の通知書を受けても、期日迄に株金の拂込を爲さゞるときは會社は其の株主及株主名簿に記載ある質權者に對し二週間内に株券を會社に提出すべき旨を通知することを要す。此の場合に於て提出なき株券は其の效力を失ふ。(二一八1)

失效株券の公告

右の手續によりて株券が失效したる時は、會社は遲滯なく失效したる株券の番號並に其の株主の氏名及住所を公告することを要す。(二一八2)

第五項　株券の處分

一、競賣處分

競賣處分

會社が株金拂込に對しその催告及び第二回目の通知をなして夫れ〳〵定むる手續を踐みたるも、株主が拂込を爲さゞるときは、會社は株式を競賣しなければならぬ。但し裁判所の許

可を得て他の方法に依り之を賣却しても差支へない。（二一四）

會社は、株式の處分に依りて得たる金額より滯納金額及定款を以て定めたる違約金の額を控除したる金額を從前の株主に拂戻すことを要す。（二一四2）

又株式の處分に依りて得たる金額が、滯納金額に滿たざる場合に於ては、會社は從前の株主に對し不足額の辨濟を請求し、若し從前の株主が二週間內に之を辨濟せざるときは讓渡人に對して其の辨濟を請求することを得る。（二一四3）

株式の消却

二、株式の消却

會社が株金の拂込なきため株式の競賣を爲したるも、其の結果を得ざるときは會社は資本減少の規定に從ひて其の株式を消却することを得。（二一六）此の場合に於ても株式の處分によりて得たる金額が滯納金額に滿たざる場合に於ては會社は、從前の株主に對し不足額の辨濟を請求し、若し從前の株主が二週間內に之を辨濟せざる時は讓渡人に對してその辨濟を請求することが出來る。（二一六後段、二一四3）

株式處分方法としての消却を認むる理由

舊會社法にありては拂込不履行株の處分方法としての消却を認めてゐなかつたが、元來株式不拂込の實情の多くは、會社の前途に不安を有し、假令拂込をなすとも配當を期待することとが出來ない、云はゞその株式に愛想をつかしてゐるに外ならない。故にかくの如き株式を競賣に附したとて買手がつく筈がない。かくの如き實情に處する便宜手段として新會社法は資本減少の規定に從つて當該株式の消却を認める事にしたのである。

第四節　會社の機關

株主總會
取締役
監査役

株式會社の機關には次の三種がある。

一、株主總會
二、取締役
三、監査役

檢査役

株主總會は所謂意思機關であり、取締役は執行機關であり、監査役は監督機關である。右三機關は常設的のものであるが、此の外一時的機關として檢査役がある。

第一款　株主總會

株主總會の權限

第一　株主總會の權限

株主總會は會社最高機關にして會社の事務に關する一切の決議をなすことを得る。然し我が會社法は株主總會の專屬事項を定め、此等の事項に關しては株主總會の決議に依らしむることにしてゐる。

一、特別決議を要する事項

新設項目

一、特別決議を要する事項

イ、定款の變更（三四二、二〇八）

ロ、解　散（四〇四2、四〇五、二二一2、二二三）

ハ、合　併（四〇五、二二二）

ニ、社債の募集（二九六、一九九）

ホ、營業の全部又は一部の讓渡（二四五）

ヘ、營業全部の賃貸、其の經營の委任、他人と營業上の損益全部を共通にする契約其の他之に準ずる締結、變更又は解約（二四五）

ト、他の會社の營業全部の讓受（二四五）

チ、取締役又は監査役の任務怠慢に基く會社に對する損害賠償責任の免除（二六六、二八〇、二四五）

リ、會社が其の成立後二年内に其の成立前より存在する財産にして營業の爲に繼續して使用すべきものを資本の二十分の一以上に當る對價を以て取得する契約(二四六)

二、通常決議を要する事項

二、通常決議を要する必要事項

イ、取締役及監査役の選任又は解任(二五四、二五七、二八〇、一六四、一六七、一八九)

ロ、取締役に對する競業禁止の解除及介入權の行使(二六四、一七五)

ハ、取締役及監査役の責任解除(二八一、二八四、一九〇、一九三)

ニ、利益及利息の配當(二八二5、二八三、一九〇5、一九二)

ホ、計算の承認(二八一4、二八三、一九〇4、一九二)

ヘ、新株募集手續の調査(三五一、二一三)

ト、清算の承認(四二七、二三〇)

チ、總會の延期又は續行(二四三)

總會の種類

第二　株主總會の種類

株主總會は定時總會と臨時總會の二つに分つことが出來る。

一、定時總會

一、定時總會

定時總會とは少くとも毎年一回一定の時期に於いて、又年二回以上利益の配當を示す會社にありては毎配當期毎に招集される總會を謂ふ。(二三四、一五七)

二、臨時總會

二、臨時總會

臨時の必要により不定期に招集される株主總會であつて、その招集の必要ありや否やは取締役、監査役又は清算人が善良なる管理者の注意を以つて之を決することを要す。(二三五、四三〇、一五九、一八二)

總會の招集

第三　株主總會の招集

一、招集權利者

一、招集權利者

イ、取締役　株主總會は原則として取締役が招集する(二三一、一五九)

取締役が臨時總會を招集するには其の過半數の決議あることを要す(二三六)之は新法に規定された新しい規定である。

ロ、清算人　清算中は清算人が總會を招集する(四三〇2、二三四)

ハ、監査役　監査役も必要と認むる時は臨時總會を招集する事が出來る(二三五2、一八二)

此の場合には監査役過半數の決議あることを要す(二三六)

二、招集の手續

二、少數株主　少數株主、卽ち資本の十分の一以上に當る株主は會議の目的たる事項及招集の理由を記載したる書面を取締役に提出して總會の招集を請求することを得。

前記の請求ありたる後二週間内に取締役が總會招集の手續を爲さゞるときは請求を爲したる株主は裁判所の許可を得て其の招集を爲すことを得。（二三七、一六〇）

二、招集の手續

總會を招集するには會日より二週間前に各株主に對して會議の目的たる事項を記載した招集狀を發して之をなす、又會社が無記名式の株券を發行したる場合に於ては會日より三週間前に總會を開くべき旨及會議の目的たる事項を公告することを要す。（二三二1、一五六）

右の手續は議決權なき株主に付ては之をする必要はない。（二三二2）

會議の目的事項とは議事項目を指し、招集狀には株主をして如何なる事項が決議の目的なるやを知り、總會に出席すべきや否やを決心するに必要なる程度の記載をしなければならぬ然し議事項目の列擧を以て足り、決議内容の記載を必要としない。抑々株主總會に於いては豫め通知せられたる事項に限り有效にその決議をなすことを得べく、通知事項中に包含せられざる事項は之を決議するも手續違反の決議として取消の訴の目的となる（二四七、一六三）

招集場所に關する新規定

總會延期又は繼行決議の場合の例外

四、決議方法

一、株主の議決權

會日より二週間の期間の計算は民法の規定に從ふべきものにして、會日を除き其日より遡りて二週間の滿了したる其前の日とすべきである。而して此の法定期間の存せざる總會招集の通知は手續違反によりて取消の訴の理由となる。

各株主とは株主名簿に氏名を記載されたる株主を指稱し、又招集は書面による事を要し、口頭による招集は當然無效なりと解すべきである。

總會の招集さるべき場所及時日は、定款に規定なき以上之を招集狀に記載し、又は公告すべきは勿論であるが、新會社法は招集場所に關し、定款に別段の定ある場合を除くの外本店の所在地又は之に隣接する地に之を招集することを要すとなした。（二三三）

總會に於ては延期又は續行の決議を爲すことを得るが、此の場合に於ては前述の招集手續を規定した第二百三十二條は適用されない。（二四三）

第四　決議方法

一、株主の議決權

議決權は株主のみ之を有し、株主に非ざるものは、如何なる資格に於いてもその決議に參與する事は出來ない。

議決權なき株式に關する新規定

各株主は一株に付一個の議決權を有してゐる。但し定款を以て十一株以上を有する株主の議決權を制限し又は株式の讓受を株主名簿に記載したる後六月を超えざる株主に議決權なきものとすることを得る。（二四一1、一六二）

尚、會社は其の有する自己の株式に付ては議決權を有しない。（二四一2）

會社が數種の株式を發行する場合に於ては、定款を以て其の或種類の株式に付、株主に議決權なきものとすることを得。此の場合に於ては定款を以て其の種類の株式を有する株主に所謂少數株主としての權利なきものとすることが出來る。（二四二1）此の場合の議決權なき株式の株金總額は資本の四分の一を超ゆることを得ない。（二四二2）

議決權の行使

無記名株の供託

株主がその議決權を行使するには記名株にありてはその名義の記載によりてその資格を證明するを得べく、又無記名株を有する者は會日より一週間前に株券を會社に供託することを要す。（二三九2、一六一2）

代理人による行使

株主は又自ら議決權を行使することを要せず、代理人を以て其の議決權を行使することを得。但し代理人は代理權を證明する書面を會社に差出すことを要す。（二三九3、一六一3）此の書面は通常委任狀による。

特別利害關係人に關する規定

總會の決議に付特別の利害關係を有する者は議決權を行使することを得ない。（二三九4、一六一4）此のため行使することを得ざる議決權の數は決議の數に之を算入しない。（二四〇）

二、決議の方法

二、決議の方法

決議の方法には通常決議と特別決議の二種がある。

イ、通常決議

イ、通常決議

株主總會の決議は出席したる株主の議決權の過半數を以て之を爲すのである。（二三九1、一六一1）

出席したる株主とは議決權を行使したる株主を指すのであつて、法律の規定によりて議決權の行使を禁ぜられたる株主又は出席したるも棄權したる株主の議決權は之を算入しない。

又通常決議にありては總會成立のための出席株主の定足數の制限なく幾人の株主にてもその決議をなすことが出來る。

ロ、特別決議

ロ、特別決議

特別決議とは總株主の過半數にして資本の半額以上に當る株主が出席し、其の議決權の過半數を以つてなす場合の決議であつて、⑴定款の變更（三四二）、⑵解散（四〇四2、四〇1）、

特別決議を要する新設項目

⑶合併（四〇五）、⑷社債の募集（二九六）、⑸營業の全部又は一部の讓渡（二四五）、⑹營業全部の賃貸、其の經營の委任、他人と營業上の損益全部を共通にする契約其の他之に準する契約の締結、變更又は解約（二四五）⑺他の會社の營業全部の讓受（二四五）、⑻取締役又は監査役の任務怠慢に基く會社に對する損害賠償責任の免除（二四五、二六六、二八〇）、⑼會社が其の成立後二年内に其の成立前より存在する財産にして營業の爲に繼續して使用すべきものを資本の二十分の一以上に當る對價を以つて取得する契約（二四六）の場合には必ず特別決議によることを要する。

議決權なき株式に關する規定

特別決議には議決權なき株主は之は總株主の員數に、其の有する株式の金額は、之を資本の額に算入されない。（三四四1）又總會の決議に付特別の利害關係を有する者は議決權を行使することを得ず、此の行使することを得ざる議決權の數は議決權の數に之を算入されない。（三四四3、二四〇）

無記名式株券を有する者は會日より一週間前に株券を會社に供託することを要し、株券を供託せざる者は之を總株主の員數に算入せず。（三四四2、二三九2）

定足數不足の場合の假決議

特別決議事項につき總會を招集したるに拘らず、定足數の株主が出席せざるときは、出席したる株主の議決權の過半數を以て假決議を爲すことを得、此の場合に於ては各株主に對して其の假決議の趣旨の通知を發し、且無記名式の株券を發行したるときは其の趣旨を公告し更に一月内に第二回の株主總會を招集することを要す。（三四三2、二〇九2）而して第二回の株主總會に於ては出席したる株主の議決權の過半數を以て假決議の認否を決することが出來る。（三四三3、二〇九3）此の第二回の總會に於いては前になしたる假決議を認むべきや否やを決するに止り、前の決議を修正變更する事は出來ない。

會社の目的たる事業の變更は假決議によることを得ず

定款の變更中會社の目的たる事業を變更する場合には假決議の方法によることを得ず、絶對的の特別決議に依ることを要す。（三四三4、二〇九4）

四、議事錄作成

四、議事錄の作成

總會の議事に付ては議事錄を作ることを要す。而して議事錄には議事の經過の要領及其の結果を記載し、議長並に出席したる取締役及監査役之に署名することを要す。（二四四）

決議取消の訴

舊法の「決議無效の訴」なる名

第五　決議取消の訴

從來、所謂「決議無效の訴」として舊會社法で取扱つて來たものが、新會社法に於いてその名稱が「決議の取消の訴」と變更された。蓋し舊法の所謂決議無效の訴は之に基いて決議

稱が「決議取消の訴」に變更された

取消事由に關する新規定

決議取消の訴を許す場合

を無效とする判決が言渡されそれが確定して始めて決議が當初より無效たりしものとなるのであつて、決議を無效とする判決の確定せざる限は決議は當然有效に存續するのである。從つて之れは決議の取消と云ふ方が勿論正確である。尙其の取消の事由として舊法は總會招集の手續又は其の決議の方法が法令か定款かに反したことを掲げて居るが、新會社法は更にその外に「著しく不公正なるとき」と云ふ新なる事由を加へた。

株主總會の決議が法令又は定款の規定に反する時、或は著しく不公正なるときは理論上はすべて無效であると云はねばならぬ。然るに些細なる手續上の瑕瑾あるに過ぎざる場合に於いてすべて之を無效とする事は實際の便宜に反するが故に、商法は一定の場合に於いては決議を無效とせず、特に之を取消す判決によりて初めて無效となり、取消の訴なき限り完全に之を有效なるものとした。

（イ）決議取消の訴を許す場合

決議取消の訴を許すは、總會招集の手續又は決議の方法が法令若は定款の規定に反し、又は著しく不公正なる時に限る。（二四七前段、一六三1）例へば總會招集狀に議事日程の記載を缺きたる場合、招集狀を發したる時が招集の日迄に二週間の期間を有せざりし場合、議決權の計算を誤りたる場合、特別の利害關係人をして議決權を行使せしめた場合、代理權を證する書面なきに拘らず代理人をして議決權の行使をなさしめた場合、法令又は定款に於ける定足數に充たざる總會に於いて決議をなしたる場合等である。特別決議によることを要するに拘らず通常決議をなしたる場合にも右の訴が提起出來る。（二四七後段）

右の場合に反し全然株主總會と認むべからざる場合、例へば招集なくして集合したる株主の集會、又は決議の實質が强行的規定に違反する場合等は初めより當然無效にして決議取消の訴を俟つ必要はない。

招集の手續又は決議の方法が法令又は定款の規定に違反する場合に於いても、その違法が決議成立に影響なき場合、例へば無效の投票を除算するも、尙決議が成立すべかりし場合に於いては、決議取消の訴は之を許さゞるものとする。

原告及被告

ロ、原告及被告

決議取消の訴を提起し得る者は、株主、取締役及監査役に限り、（二四七、一六三）其他の者はすべて此の訴を提起することを得ない。從つて第三者は絕對に此の訴を提起する場合あることとなし。

株主が原告となる場合の擔保の供與

株主が決議取消の訴を提起したるときは會社の請求に因り相當の擔保を供することを要する。但し其の株主が取締役又は監査役なるときは此の限に在らず。（二四九、一六三ノ三）

被告

被告たるものは會社である。何人が會社を代表すべきかは一般の規定に從ふ。

訴の手續

ハ、訴の手續

提起期間

決議取消の訴は本店の所在地を管轄する地方裁判所に專屬する（二四七2、八八）右の訴は決議の日より一月内に之を提起することを要す。（二四八1、一六三ノ二1）

口頭辯論

又、口頭辯論は前記の期間を經過したる後に非ざれば之を開始することを得ない。（二四八2、一六三ノ二2）數個の訴が、同時に繫屬するときは辯論及裁判は併合して之を爲すことを要す。（二四七2、一〇五3）

訴の提起の公告

訴の提起ありたるときは會社は遲滯なく其の旨を公告しなければならない。（二四七2、一〇五4）

判決の效力

ニ、判決の效力

一、訴の理由なしとの判決ありたる場合には決議の效力に何等の影響なきは勿論である。此の場合に於いて、敗訴したる原告が惡意又は重大なる過失ありたるときは會社に對し連帶

して損害賠償の責に任じねばならぬ。（二四七2、一〇九4）

登記事項の場合の登記

二、決議取消の判決確定したる時は、當事者に非ざる第三者に對してもその效力を生ず。

尚、決議事項が登記事項なる場合、決議取消の判決が確定したるときは本店及支店の所在地に於て其の登記を爲すことを要す。（二五〇、一六三ノ四）（二四七2、一〇九1）

裁判所による訴の棄却

三、裁判所による訴の棄却　新會社法は、決議取消の訴の提起せられたる場合に於て決議の內容、會社の現況其の他の一切の事情を斟酌して其の取消を不適當と認むるときは裁判所は原告の請求を棄却する旨の判決を言渡すことを得ると云ふ新規定を設けた。（二五一）即ち招集の手續又は其の決議の方法に付て決議を取消すべき瑕瑾があつた場合でも例へば其の決議の內容が妥當であり必要なことでもあつて其の決議の效力を持續せしめることが會社の存立上適當であると云つたやうなときには裁判所は原告敗訴の言渡を爲し得るのである。

新會社法に於ける特別規定

特別利害關係人の決議取消又は變更の訴

第六　特別利害關係人の決議取消又は變更の訴

總會の決議には、特別の利害關係を有する者は議決權を行使することを得ないが、此の場合に於て決議が著しく不當にして其の株主が議決權を行使したるときは之を防止することを

得べかりしものなる場合に於ては其の株主は訴を以て決議の取消又は變更を請求することが出來る。（二五三1）

右の場合の訴については、決議取消の訴の場合に於ける訴の手續（八八、一〇五3、4）、訴の提起期間及口頭辯論（二四八）、訴の提起株主の擔保提供義務（二四九）、判決確定が登記事項なる場合の登記（二五〇）及判決が第三者に效力を有すべき旨（一〇九）の規定が準用される。（二五三）

第七　決議無效確認の訴

舊會社法の所謂決議無效の場合ではなく、決議其のものゝ內容が法令又は定款に反するが爲に無效なる場合、換言すれば實質上當然に無效なることを主張する訴は確認の訴であるが此の點に關して舊會社法に規定を欠きしために不便少なかりしも、新會社法は此の決議無效確認の訴に關し明文を設けることにした。

即ち決議取消の訴の場合に於ける訴の手續（八八、一〇五3、4）、訴の提起株主の擔保義務（二四九）、判決が登記事項なる場合の登記（二五〇）、及び判決が第三者に效力を有すべき旨（一〇九）の諸規定か總會の決議の內容が法令又は定款に違反することを理由として決議の無

效の確認を請求する訴に準用されることになつた。（二五二）

第二款　取　締　役

選任

第一　取締役の選任

取締役は株主總會に於いて之を選任する。（二五四1）

取締役選任に關する新主義採用

舊會社法は取締役は株主總會に於いて株主中から選任され（一六四1）、定款には取締役が有すべき株數に關する規定をおくことを要すとなし（二〇5）、取締役はその株劵を監査役に供託することを要する旨（一六八）を規定してゐた。即ち一定數以上の株式を所有する株主たることが取締役の條件であつた。之は我國が佛蘭西主義に則つてゐたためであるが、此の主義の下では取締役即ち株主、從つて內々同志で重役が出來るので會社そのものに對する愛着の念は强いが、然し極端な場合を例へたら、株主がすべて愚者だつたら取締役に人物が一人もゐなくなることを意味する。然るに取締役は株主たるを要しないとする獨逸主義の下にありては會社重役として廣く適材を得ることが長所がある。

新會社法は從來の佛法主義を捨てゝ、新しく獨逸主義を採用し、取締役は株主たるを必要

取締役は株主たるを要せず

とじない事にした。從つて新會社法には取締役の條件にして株主たるを要する事に關聯する規定(一二〇5、一六八)が全部削除されてゐる。

取締役と會社との法律關係については委任に關する規定に從ふ(二五四2 一六四2)。故に單に株主總會の決議あるのみにては未だ取締役の選任とならず、その承諾あることを要す。

取締役の報酬

取締役が報酬を受くべき場合に於いて定款にその定なき時は、報酬額は株主總會に於いて之を定む。(二六九、一七九)

取締役の數

取締役の數は三人以上たることを要す。(二五五、一六五)

取締役の缺員

法律又は定款に定めたる取締役の員數を缺くに至りたる場合に於ては、任期の滿了又は辭任に因りて退任したる取締役は新に選任せられたる取締役の就職する迄仍取締役の權利義務を有す。右の場合に於て必要ありと認むるときは裁判所は監査役其の他利害關係人の請求に因り、一時取締役の職務を行ふべき者を選任することを得。此の場合に於ては本店及支店の所在地に於て其の登記を爲すことを要す(二五八、一六七ノ二)

取締役の選任決議の無效又は取消の訴の提起と假處分

取締役の選任決議の無效又は取消の訴の提起ありたる場合に於ては、本案の管轄裁判所は當事者の申立に因り假處分を以て取締役の職務の執行を停止し又は之を代行する者を選任す

ることを得。本案の繫屬前と雖も急迫なる事情あるとき亦同様である。（二七〇1）

裁判所は當事者の申立に因り右の假處分を變更し又は之を取消すことを得。（二七〇2）

右二つの處分ありたるときは本店及支店の所在地に於て其の登記を爲すことを要す。（二七〇2）

取締役の職務代行者

右の職務代行者は假處分命令に別段の定ある場合を除くの外、會社の常務に屬せざる行爲を爲すことを得ない。但し特に本案の管轄裁判所の許可を得たる場合は此の限に在らず。職務代行者が右の規定に違反したるときと雖も、會社は善意の第三者に對して其の責に任ず。（二七一）

第二　任　期

任期

取締役の任期は三年を超ゆることを得ない。但し定款を以て任期中の最終の決算期に關する定時總會の終結に至る迄其の任期を伸長することを妨げない。（二五六、一六六）舊法で配當期となつてゐたのが新法で決算期と改められた。尙再選はもとより差支へない。

解任

取締役は何時にても株主總會の決議を以て、之を解任することを得。但し任期の定ある場合に於て正當の事由なくして其の任期の滿了前に之を解任したるときは、其の取締役は會社

解任を目的とする臨時總會の招集と取締役の職務執行の停止は又職務代行者

に對し解任に因りて生じたる損害の賠償を請求することを得。（二五七、一六七）

取締役も亦何時にても辭任する事を得。（民六五一）

急迫なる事情あるとき、少數株主の請求に依りて取締役の解任を目的とする總會の招集を請求したる者は其の取締役の職務の執行の停止又は職務代行者の選任を裁判所に請求することを得。取締役の解任を目的とする總會を招集したる取締役又は監査役亦同じ。（二七二）

裁判所は當事者の申立に因り右の假處分を變更し又は之を取消すことを得。（二七二2、二七〇2）又右の處分ありたるときは本店及支店の所在地に於て其の登記を爲すことを要す。（二七二2、二七〇3）

前述の職務代行者は假處分に別段の定ある場合を除くの外會社の常務に屬せざる行爲を爲す爲すことを得。但し特に本案の管轄裁判所の許可を得たる場合は此の限に在らず。（二七二2、二七〇3）

職務代行者が右の規定に違反したるときと雖も、會社の善意の第三者に對して其の責に任ず。（二七二2、二七一2）

職務

第三　取締役の職務

一、業務の執行　取締役の決議

二、計算書類の總會への提出及公告

三、帳簿の備置

四、競業避止

一、業務の執行

取締役は會社百般の業務を執行するの任務を負ふものにして定款に別段の定なきときは取締役の過半數を以て之を決す。（二六〇、一六九）此れ卽ち所謂取締役の決議である。定款に別段の定ある時、例へば社長、專務、常務等の名を以つて職務の合掌を定めたる時はその定めに從ふ。

支配人の選任及解任についても取締役の決議による。

二、計算書類の總會への提出及貸借對照表の公告

取締役は會社の計算に關する書類を調製し、（二八一、二八二1、一九〇、一九一1）貸借對照表を公告しなければならぬ。（二八三2、一九一2）

三、諸帳簿の備置

定款及總會の議事錄を本店及支店に、株主名簿及社債原簿を本店に備置くことを要し、株主及會社の債權者は營業時間內何時にてもその閲覽を求め得る。（二六三、一七一）

四、競業避止の義務

取締役は株主總會の認許あるに非ざれば、自己若は第三者の爲に會社の營業の部類に屬す

る取引を爲し、又は同種の營業を目的とする他の會社の無限責任社員若は取締役と爲ることを得ない。（二六四1、一七五1）

他會社の取締役になるを得ず

新會社法に於いては取締役の競業避止の義務を擴張し、他の同種の會社に取締役になる場合にも株主總會の認許を要するものとした。

取締役が右の義務に違反して自己の爲に取引を爲したるときは株主總會は之を以て會社の爲に爲したるものと看做すことを得。（二六四2、一七五2）會社が行使する右の介入權は監査役の一人が取締役の取引を知りたる時より二月間之を行使せざるときは消滅し、取引の時より一年を經過したる時は消滅する。（二六四3、一七五3）

五、取引避止

五、取引避止の義務

取締役は監査役の承認を得たるときに限り自己又は第三者の爲に會社と取引を爲すことを得。所謂自己取引此れである。

自己取引の場合は民法百八條の規定により無效たるを免れざるものなれど、取締役の場合は監査役の承認さへあれば有效に之をなすことが出來るわけである。（二六五後段、一七六後段）

監査役の承認は各取引毎に之を與ふることを要す、但し承認は必ずしも事前たることを要せ

六、株券の供託

舊會社法の資本喪失報告義務及破産宣告の請求義務を削除す

代表權

ず事後たるも妨げなし。

六、株券供託義務

新會社法は取締役たるには株主であることを要件とせざるも、定款を以て取締役の有すべき株式の數を定めたる場合に於て別段の定なきときは取締役は其の員數の株券を監査役に供託することを要す。（二五九、一六八）

舊會社法は取締役に資本喪失報告の義務（一七四1）、及破産宣告請求の義務（一七四2）を課してゐたりしも、取締役は多く其の義務を怠り且時宜に適せざる場合に鑑み新會社法は右に關する規定を削除して了つた。

第四　會社の代表

取締役は各自會社を代表する。（二六一1、一七〇1）

然し定款若は株主總會の決議を以て會社を代表すべき取締役を定め、數人の取締役が共同し若は取締役が支配人と共同して會社を代表すべきことを定め又は定款の規定に基き取締役の互選を以つて會社を代表すべき取締役を定めた場合は其の者が會社を代表する。（二六一2、一七〇1）

代表取締役の互選

新會社法は定款の規定により代表取締役の互選を認めた。

會社代表者は合名會社の代表社員と同様に會社の營業に關する一切の裁判上又は裁判外の行爲を爲す權限を有してゐる。(二六一2、七八、一七〇2、六二)

取締役の代表權は定款又は株主總會に於いて之を制限し得るも、此等の代表權に關する制限は善意の第三者に對抗し得ざると共に、共同代表を定めたる場合も相手方は其一人に對して意思表示をなすを以つて足る。(二六一3、三九2、一七〇2、三〇ノ二2)

社長、副社長、專務、常務等の名稱を有する者の責任

舊會社法に於いては取締役なる觀念は認めてゐるが、社長、副社長、專務、常務等の名稱に關しては何等規定なく、之は會社が隨意に稱してゐるものである。此等の名稱は代表權を有するものと思推さるゝが常識となつてゐる。此の實情に鑑み新會社法は、社長、副社長、專務取締役、常務取締役其の他會社を代表する權限を有するものと認むべき名稱を附したる取締役の爲したる行爲に付ては、會社は其の者が代表權を有せざる場合と雖も善意の第三者に對して其の責に任ずとの規定を設けた。(二六二)

取締役の責任

第五　取締役の責任

舊會社法に於いては取締役が諸計算書類を作製し、之を定時總會に提出してその承認を求

め、總會に於いて此の承認の決議ありたる時は、取締役及監査役に不正の行爲なき限り、その責任を解除されたものと看做すことにした。(一九三)

取締役の責任解除に關する新規定

然るに元來、定時總會に於いて計算を承認する決議と責任を解除する決議とは全然別個の物にして、例へば取締役が輕率なる取引をなしたるがため會社に損害を生ぜしめたる場合に於いては會社の計算としては、存在せざる財産は存在せざるものとして承認するの外なしと雖も取締役の責任は必ず之を解除しなければならないものでない。舊會社法が、總會に於いて計算の承認をなしたる場合には取締役及監査役に對して責任を解除したるものと看做すべしとなした規定は何等の留保をなさずして承認を決議となしたる場合に關ずるものと解され從つて株主總會に於いて計算の承認をなすも取締役等に對する責任解除は之を留保することが出來るわけである。

定時總會に於ける計算書類の承認と取締役又は監査役に對する責任解除と元來別箇の觀念であるに拘らず、舊會社法が前者の當然の效果として後者を隨伴せしめた從來の主義は多くの場合取締役又は監査役に免責を許す結果となる實情に鑑み、會社法改正に當つて、右の免責規定を定むる舊會社法第百九十三條を全然削除し、別に責任免除を受くる爲めには總會の特別決議を要する旨規定する事になつゐた。然るにかくては特に責任免除の特別決議がなされざる限り長年月後に思はざる事由に因り問責を受けるが如き不安な狀態を惹起し得べき故に次に述ぶる如く新會社法は書類承認の決議後二年內に別段の決議なきときは特に不正の行爲なき限り、當然責任解除を生ずるものと規定した。（二八四）

損害賠償責任

一、取締役が其の任務を怠りたるときは其の取締役は會社に對し連帶して損害賠償の責に任じ、取締役が法令又は定款に違反せる行爲を爲したるときは株主總會の決議に依りたる場合と雖も其の取締役は第三者に對し連帶して損害賠償の責に任ず。（二六六、一七七）

取締役は株主總會の議決に從ふべきものなるが故に、その決議を執行するに過ぎざる場合は取締役は任務違反たる事なしと云はねばならぬ。たゞその決議が法令、又は定款に違反する場合に於いては取締役は違法の決議を執行する義務なきが故に、その決議に從ひたる場合には取締役の任務違反なりと云はねばならぬ。

責任の解除

二、定時總會に於て計算書類の承認を爲したる後二年內に別段の決議なきときは會社は取締役又は監査役に對して其の責任を解除したるものと看做す。但し取締役又は監査役に不正の行爲ありたるときは此の限に在らず。（二八四）

任務怠慢による損害賠償責任に關する新規定

前述の如く取締役任務怠慢による損害賠償責任の免除に關し、新會社法は新規定を設け、株主總會の特別決議によるにあらざれば免除しないことにした。（二四五４）

株主總會に於て右の決議をなしたる場合に於て、會日の三月前より引續き資本の十分の一以上に當る株式を有する株主が訴の提起を監査役に請求したるときは、會社は決議又は請求の日より一月內に之を提起することを要す。（二〇五２）

此の訴については次に述ぶる訴の提起の場合の手續を採ればよい。

取締役に對する訴

第六　取締役に對する訴

會社よりの訴の提起

株主總會に於いて取締役に對して訴を提起することを決議したるときは會社は決議の日より一月內に之を提起することを要す。（二六七１、一七八１）此の場合に於いてはその訴に就いては監査役が會社を代表する。

右の訴に付ては株主總會の決議に依るに非ざれば取下、和解又は請求の拋棄を爲すことを得ない。（二六七２）

少數株主による訴の提起

株主總會に於て取締役に對して訴を提起することを否決したる場合に於て會日の三月前より引續き資本の十分の一以上に當る株式を有する株主が訴の提起を監査役に請求したるとき

は會社は請求の日より一月内に之を提起することを要す。（二六八1、一七八2）
右の請求は總會終結の日より三月内に之を爲すことを要す（二六八2）
右の訴に付ては訴提起の請求を爲したる株主の議決權の過半數の同意あるに非ざれば取下和解又は請求の抛棄を爲すことを得ない。（二六八3）
右の請求を爲したる株主は監査役の請求に因り相當の擔保を供することを要す（二六八4、一七八2）
會社が敗訴したるときは、請求を爲したる株主は會社に對してのみ損害賠償の責に任ず。（二六八5、一七八3）

第三款　監　査　役

第一　監査役の選任及任期

選任

監査役は株主たるを要せず

一、選　任

監査役の選任は、取締役の場合と同じく株主總會に於いて之をなす。而して會社と監査役との間の關係は委任に關する規定に從ふ。（二八〇、二五四、一八九、一六四）

新會社法は取締役と同じく、監査役は株主たる事を要しないことにした。

人數

監査役の人數は一人を以つて足りる。

報酬

監査役が受くべき報酬は定款に其の額を定めざりしときは、株主總會の決議を以て之を定む。（二八〇、二六九、一八九、一七九）

任期

二、任　期

監査役の任期は二年を超ゆることを得ない。然し定款を以て任期の最終の決算期に關する定時總會の終結に至る迄其の任期を伸長することを妨げない。（二七三、二八〇、二五六但、一八〇、一八九、一六六但）

解任

監査役は何時にても株主總會の決議を以て之を解任することを得。但し任期の定ある場合に於て正當の事由なくして其の任期の滿了前に之を解任したるときは其の監査役は會社に對し解任に因りて生じたる損害の賠償を請求することを得。（二八〇、二五六、一八九、一六七）

法律又は定款に定めたる監査役の員數を缺くに至りたる場合に於ては任期の滿了又は辭任に因りて退任したる監査役は新に選任せられたる監査役の就職する迄仍監査役の權利義務を有す。右の場合に於て必要ありと認むるときは裁判所は監査役其の他利害關係人の請求に因り一時監査役の職務を行ふべき者を選任することを得。此の場合に於ては、本店及支店の所

在地に於て其の登記を爲すことを要す。（二八〇、二五八、一八九、一六七ノ二）

第二　監査役の職務

取締役の自己取引の承認

一、會社と取締役との取引につき與ふる承認

取締役が自己又は第三者の爲に會社と取引をなすに付き承認を與へる權。（二六五、一七六）

營業報告及會社業務財產狀況調査

二、取締役に對する營業報告及會社の業務及財產の狀況調査

何時にても取締役に對して營業の報告を求め會社の業務及財產の狀況を調査することを得る。（二七四、一八一）

書類の調査及總會への意見報告

三、書類の調査及總會への意見報告

監査役は取締役が株主總會に提出せんとする書類を調査し、株主總會に其の意見を報告することを要す。（二七五、一八三）

取締役供託株券の保管

四、取締役供託株券の保管

定款を以て取締役の有すべき株式の數を定めたる場合に於て別段の定なきときは取締役は其の員數の株券を監査役に供託すべく、監査役は之を保管すること。（二五九、一六八）

臨時總會の招集

五、臨時總會の招集

監査役は臨時總會を招集をすることを得。(二三六)

檢査役の選任

六、檢査役の選任

臨時總會に於いて會社の業務及財產の狀況を調査せしむるため特に檢査役を選任することが出來る。(二三六2)

會社と取締役間の訴訟に於ける代表權

七、會社代表

會社が取締役に對し又は取締役が會社に對し訴を提起する場合に於て其の訴に付ては監査役會社を代表す。然し此の場合株主總會は他人をして之を代表せしむることを得。(二七七1、一八五1)而して株主總會に於て取締役に對して訴を提起することを否決したる場合に於て少數株主が取締役に對して訴を提起することを請求したるときは特に代表者を指定することを得。(二七七2、二六八、一八五2)

取締役缺員ある場合一時取締役となる

八、取締役缺員ある場合一時取締役となる。

監査役は取締役又は支配人を兼ぬることを得ない。然し取締役中に缺員あるときは取締役及監査役の協議を以て、監査役中より一時取締役の職務を行ふべき者を定むることを得る。(二七六1、一八四1)

右に述べた取締役の職務を行ふ監査役は、財産目錄、貸借對照表、營業報告書、損益計算書、準備金及利益又は利息の配當に關する議案が株主總會の承認を得る迄は監査役の職務を行ふことを得ない。(二七六3、二八三1、一八四2、一九二1)

登記を要す

新會社法は監査役が一時取締役となりたる場合、其の定を爲したる日より本店の所在地に於ては二週間、支店の所在地に於ては三週間内に其の登記を爲すことを要す旨の規定を設けた。(二七六2)

監査役缺員の場合假監査役の權利義務

法律又は定款に定めたる監査役の員數を缺くに至りたる場合に於ては、任期の滿了又は辭任に因りて退任したる監査役は新に選任せられたる監査役の就職する迄仍監査役の權利義務を有す。右の場合に於て必要ありと認むるときは裁判所は監査役其の他利害關係人の請求に因り一時監査役の職務を行ふべき者を選任することを得。此の場合に於ては本店及支店の所在地に於て其の登記を爲すことを要す。(二八〇、二五八、一八九、一六七ノ二)

第三 監査役の責任

一、監査役の責任

監査役が其の任務を怠つた時は、其の監査役は會社に對し連帶して損害賠償の責任を負ふ

取締役との連帶債務

又、監査役が法令又は定款に違反する行爲を爲したるときは、株主總會の決議によりたる場合であつても、其の監査役は第三者に對して連帶して損害賠償の責に任ずる。（二八〇、二六六2、一八九、一七七2）

上述の責任は取締役の責任と變りない。而して監査役が會社又は第三者に對して損害賠償の責に任ずべき場合に於て、取締役も亦其の責に任ずべきときは其の監査役及取締役は之を連帶債務者とす。（二七八、一八六）

責任免除

特別決議を要す

二、責任の免除

監査役の任務怠慢による損害賠償責任の免除は、取締役の場合も同様、新會社法に於いて株主總會の特別決議を要することになした。（二四五4號）

定時總會に於て諸計算書類に關し、承認を爲したる後二年内に別段の決議なきときは會社は監査役に對して其の責任を解除したるものと看做す。但し監査役に不正の行爲ありたるときは此の限に在らず。（二八四、一九三）

此の外、會社より監査役に對し、其の責任を主張する訴に關しては取締役の場合と同様である。

第四款　檢　査　役

檢査役の選任

檢査役とは會社の計算の正否を調査する目的を以つて選任される臨時機關にして、其の選任は創立總會の決議、株主總會の決議及裁判所によつてなされる。

檢査役は株主たることを要しない。

一、裁判所に依りて選任さるゝ場合

イ、發起設立の場合（一七三1、一二四1）

ロ、少數株主の申請（二九四、一九八）

ハ、增資の場合（三五三）

二、創立總會が選任する場合

募集設立に於いて取締役及監査役が發起人中より選任されたる場合（一八四3、一三四1）

三、株主總會の選任する場合

計算書類調査のため（二三八、四三〇、一六〇ノ二、二三四）

檢査役の職務權限は選任されたる目的によりて相異なり、夫れ〴〵の項に於いて說明することにした。

第五節　會社の計算

第一款　計算書類

第一　計算の確定

計算の確定

株式會社は商人なるが故に一般の規定に從ひ、商業帳簿を作製し、殊に營業年度每に財產目錄及貸借對照表を作製してその計算を明かにしなければならない（三二、三三）、而して株式會社に於いて計算確定のためには法定の手續を經ることを要す。

會社の計算は定時總會に於いてのみ、之を確定するを要す。

而して計算の確定に關する決議は以下述ぶる如く、一定の手續に從ひ之を準備しなければならない。

第二　計算書類の內容

計算書類の內容

取締役は定時總會の會日より二週間前に左の書類を作り、之を監査役に提出することを要す。(二八一、一九〇)

1、財産目錄

2、貸借對照表

3、營業報告書

4、損益計算書

5、準備金及利益又は利息の配當に關する議案

次に取締役は定時總會の會日の一週間前より右の諸書類及監査役の報告書を本店に備置くことを要す。(二八二1、一九一1)

株主及會社の債權者は營業時間内何時にても右の諸書類の閲覽を求め又は會社の定めたる費用を支拂ひて其の謄本若は抄本の交付を求むることを得る。(二八二2、一九一2)

計算書類の樣式

銀行、信託會社又は保險會社等に付ては從來も各特別法(銀行法・無盡業法・有價證券割賦販賣業法・信託業法・保險業法等の各施行細則)に夫々計算書類の樣式に關する規定が存したが、一般の會社に付ては別段の規定が存しなかつた爲め、實際作成される計算書類の樣式は

甚だ區々なる上、明瞭性と公示の實とを害して居るものが尠少でなかつた。故に、財産目錄貸借對照表及び損益計算書に付其の作成樣式を法定することは絕對に緊要であるが、各會社の業態又は規模等に應じて格別に定め、而も之を實情に卽して隨時改正する必要があるから商法中に規定を設けるのは不都合である。依つて新法は施行法の規定に依り勅命を以てかゝる樣式を定むべきものと爲した。臨時產業合理局財務管理委員會作成の「財務諸表準則」(昭和九年九月)は右の勅命の制定につき資する處が多い。

計算書類の公示

第三　計算書類の公示

計算書類の提出期間及書類備付期間に關する改正

舊會社法に依れば計算書類は定時總會の會日より一週間前に監査役に提出され、而して定時總會の會日前に本店に備付けられて唯一日だけ株主及び會社債權者の閲覧に供されることになつてゐた。(一九〇、一九一)。然しこれでは株主及び債權者に對する公示の目的は到底充分に到達され得ないから、新法は定時總會の會日より二週間前に監査役に提出し、定時總會の會日の一週間前より本店に備へ置くべきものとした。

書類の謄本又は抄本の請求

財產評價

第四　財產評價

新會社法は株主及會社債權者は計算書類の謄本又は抄本の交付を請求し得る旨を定めた。

財產目錄・貸借對照表に揭ぐべき財產の評價に關して舊法は僅少の一般規定を置くのみであるが(二六2)、株式會社に關する多くの規定は完全な評價を前提として初めて意義があるもの故、評價の問題は株式會社に於て特に重要である。然るに評價の方法は解釋上往々疑問を免れ難いので、新會社法は特に規定を要する數項に付き次の如く定めた。

固定財產評價に關する新規定

一、固定財產評價

一般原則上は營業用の固定財產の評價に付ても時價に依ればよいから(三四1)、假令時價が取得又は製作價額以上に昇騰した場合にもなほ之に依り得るわけである。然し此の結果評價益を配當するときは、反對に時價が下落すれば損失を生ずる故、結局會社の財產狀態は營業以外の成績に依つて左右され堅實味を失ふに至る虞がある。故に新會社法は株式會社の營業用固定財產は取得價額又は製作價額を以て評價の最高限と定めた。(二八五前段)尙營業用固定財產は時價が減少して居ると否とを問はず取得價額又は製作價額より減損額を控除した價額を以て一般原則上評價を許される。(三四2)

取引所の相場ある有價證券評價に關する新規定

二、取引所の相場ある有價證券の評價

取引所の相場ある有價證券に付ては何等の規定なき舊會社法の解釋としては決算期當日又

は最も之に近い日の相場に依るべきであるが、之では其の日の相場さへ工作すれば評價額を高め得ることになるが、故に新會社法はかゝる有價證券の評價は決算期一箇月の平均價格を超ゆべからざるものと爲した。（二六五後段）

創業費の範圍に關する新規定

三、創業費の範圍

創業費を貸借對照表の資產の部に計上するのは普通の慣行であるが、之を違法とする解釋論も有力である。禁止論は設立當初から多額の缺損を生ぜしめ利益配當を不能ならしめる故實際上の便宜に反するが、無制限な承認論も會社の基礎を脆弱ならしむる故不當である。故に新法は創業費の範圍を會社の負擔に備すべき設立費用及發起人が受くべき報酬の額を定めた定款の規定に依り支出したる金額及設立登記の爲に支出したる税額に限定し、之を貸借對照表の資產の部に計上することを得せしめた。（二八六前段）此の場合に於ては會社成立の後、若し開業前に利息を配當すべきことを定めたるときは、其の配當を止めたる後五年內に每決算期に於て均等額以上の償却を爲すことを要す。（二八六後段）

社債償還額と社債募集手取額との差額

四、社債權者に償還すべき總額と社債募集手取額との差額

社債は多く額面以下で發行される故、之に費用の支出を加算すると、會社が償還を爲すべ

き社債總額は社債募集に因り得た手取額より可成り多額となるが、新會社法は從來の一般の慣行に從ひ、兩者の差額卽ち社債權者に償還すべき金額の總額が、社債の募集に依りて得たる實額を超ゆる額は、之を貸借對照表の資産の部に計上することを得る事とした。（二八七前段）此の場合に於ては、社債償還の期限內に每決算期に於て均等額以上の償却を爲すことを要す。（二八七後段）

第二款　株主總會の計算承認

計算承認の決議

第一　計算承認の決議

取締役は前述の諸書類を定時總會に提出して其の承認を求むることを要す。（二八三1、一九二1）

右の諸書類に基きてなす總會の決議は計算の承認、取締役及監査役に對する責任解除及利益又は利息の配當の三者を包含するものとす。

計算の承認決議は、財産目錄、貸借對照表、營業報告書、損益計算書に基き之をなすことを要す。承認とは、計算の確定にして、已に生じたる結果を承認するに止らず性質上新たなる確定に外ならざるものとす。故に總會に於いては取締役の提出したる書類に拘束せらるゝ事なく、自由に之を決定する事を得。

尚、計算承認の決議に就いては株主たる取締役及監査役も之に參加する事が出來る。

重役の責任の解除

第二　責任の解除

責任解除の決議は株主總會が一定の計算書類に基き取締役又は監査役の業務執行より生ずる會社の此等役員に對する損害賠償請求權の存在せざることを確認し、且或は存すべき請求權を放棄すべき決議を謂ふ。從つて取締役の責任の項で詳述せし如く、計算を承認する決議と責任を解除する決議とは全然別個のものであるが、舊會社法は總會が計算承認の決議をなしたる時は、取締役及監査役に不正行爲なき場合には、彼等の責任を解除したものと看做す旨の規定してゐた（一九三）。然し此の規定は何等の留保をなさずして承認決議をなしたる場合に關するものであつて、總會に於いて計算の承認をなすも取締役等に對する責任解除は之を留保する事も出來る。新會社法は、定時總會に於て前述の計算書類の承認を爲したる後二年內に別段の決議なきときは會社は取締役又は監査役に對して其の責任を解除したるものと看做す旨に規定を改正した。

貸借對照表の公告

官報又は日刊新聞に掲ぐることを要す

イ、法定準備金積立に關する新會社法の規定

取締役又は監査役に不正の行爲がありたる時は書類の承認ありたる場合でも免責責の效果を生ぜない。(二八四但)

第三　貸借對照表の公告

取締役は計算書類の承認を得たる後は遲滯なく、貸借對照表を公告しなければならない。(二八三2、一九二2)

公告の方法は、官報又は時事に關する事項を掲載する日刊新聞紙に掲げてなすことを要しその方法は定款に記載しなければならぬ。

第三款　法定準備金

イ、會社は其の資本の四分の一に達する迄は毎決算期の利益の二十分の一以上を準備金として積立つることを要す。舊會社法にある「利益を配當する毎に」が「配當期毎に」の意味であり、「其の利益」が「其決算期の利益」の意味なることを明かにした。卽ち舊會社法第百九十四條第一項の立言は一見配當を現實に爲す場合に配當金額の二十分の一以上を積立てば可の如く解されるが、其れは現實の配當如何と關係なく、配當期毎に其の

ロ、額面以上に株式發行する場合の新規定

ハ、法定準備金の用途に關する新規定

決算期の利益の二十分の一以上を積立つべき趣旨なること勿論である故、新會社法は之を闡明したわけである。

ロ、額面以上の價額を以て株式を發行したるときは其の額面を超ゆる金額より發行の爲に必要なる費用を控除したる金額は前述の額に達するまで之を準備金に組入るゝことを要す。（二八八、一九四）

舊會社法第百九十四條第二項に依ると額面超過額の全部の準備金組入が要求されるが、額面超過額より株式發行の爲支出した廣告料其の他の費用を控除した金額を準備金に組入れしめれば實際上充分故、新會社法は額面以上に株式を發行したる場合、額面超過額から發行のために必要なる費用を控除したる金額を積立つべき旨改正した。

ハ、舊會社法は法定準備金を取崩し得べき場合に付別段規定を置かないが、會社の純財產額が資本額及び法定準備額の和より小なるとき、卽ち資本の缺損あるときに之が塡補に充てる外、之を取崩し得ざることは性質上當然である。よつて新會社法は新規定を設け資本の缺損の塡補に充つる場合を除くの外之を使用することを得ずした。（二八九）

第四款　利益の配當

利益配當の手續

第一　利益配當の手續

株式會社に於いて利益の配當をなすには次の手續を要す。

イ、損失の塡補

イ、先づ損失を塡補すること。

損失とは會社の純財産額が資本額に不足する場合であつて、會社が損失を塡補せずして利益の配當を爲したる時は、會社の債權者は之を返還せしむる事を得。（二九〇、一九五）

ロ、法定準備金の控除

ロ、法定準備金を控除することを要す。

右の法定準備金を控除せずして配當をなしたる時は、會社の債權者は之を返還せしむる事が出來る。（二九〇2、一九六2）

配當標準に關する新規定

第二　配當の標準

舊會社法は利益の配當は拂込株金額に應じて之を爲し、其の例外として唯優先株の場合が存するのみであるが、新法は後配株をも認むるに至つた故、之に應じて舊規定を變更し、分配に付株式の種類に從ひ格別の定を爲すことを得るものとした。（二九三、一九七）

第五款　利息の配當

建設利息

第一　建設利息

會社は利益がなければ利益の配當をなすことが出來ず、何等の名義を以つてするも株主に對し株金の拂戻をなし得るものでない。然し此の原則に對して唯一の例外がある。所謂建設利息の場合が此れである。

建設利息配當の要件

第二　利息配當の要件

次の如き要件を具備する時に限り、建設利息の配當をなし得る。（一九六、二九一）

イ、全部の開業なきとき

イ、會社の目的たる事業の性質に依り會社の成立後二年以上其の營業全部の開業を爲すこと能はざるものなるとき。

茲に謂ふ開業とは一部の開業に非ずして全部の開業を意味する。從つて例へば鐵道事業に於いて一部の距離につき運送を開始するも全部の運送をなすに至るまで二ケ年間を經過するものなるときは利息の配當をなすことを得る。

ロ、定款の規定

ロ、定款に於いてその旨の定なをすこと。

舊規定の弊害

配當の最長期を定むることを得

ハ、利率五分以下

ニ、裁判所の認可

舊會社法に於いては全部開業する迄配當出來る事になつてゐた。此の趣旨は、一部開業位の程度では未だ利益なき故、本來利益配當に代るべきものとして許された建設利息は尚配當を續けしむる點にあつたが、此の觧釋を惡用するの弊害を見逃すことが出來ない。例へば東京及不關間を營業する鐵道會社が建設利息の定をなして建設利息として年五分の配當をしてゐるとする。然るに後會社の業績思はしからず、全部開通するとも利益配當は三分か四分に止ると云ふ場合には、故意に下關の手前三四哩手前まで工事を進めて、工事を中止し工事建設中にしておけば、建設利息のみを配當する事が出來る。此の弊害を防止するためには建設利息を配當し得べき最長期を定むべく、然る時は全部開業に至らずとも最長期が經過すれば配當を止めねばならぬ。此の趣旨の下に新會社法は定款に利息配當の期間を定むることが出來ることにした。(二九一)

ハ、利率が年五分を超えざること。

舊會社法は法定率を超ゆることを得ずとしてゐたが、新法は之を五分と明記した。

ニ、裁判所の認可を得ること。

第三　建設利息の償却

建設利息償却に關する新規定

新株發行の場合の建設利息に關する新規定

配當した建設利息の額は、爾後の利益配當を中斷せしめざる爲めに、貸借對照表の資産の部に計上することを認むべきであるが、而も其の永久的計上を許すことは不當であるから、新會社法は建設利息として配當したる金額は之を貸借對照表の資産の部に計上することを得とし、此の場合に於ては年六分を超ゆる利益を配當する毎に其の超過額と同額以上の金額を償却することを要すとなした。（二九一3）例へば年一割の配當を爲し得る利益あるときは、配當八分に止め、二分を償却に充てしめる趣旨である。

第四　新株に對する利息配當

現在建設利息を配當して居ない會社には増資の際、新に其の配當を許す必要はないが、現在利息の配當をして居る會社には増資に因る新株に對しても舊株同樣利息の配當を許容すべきである。然し此の點に規定なき舊會社法は疑問を免れぬので、新會社法は現在利息を配當する會社が、其の資本を增加する場合に於ては新株に對しても亦建設利息を配當することを要すと定めた。（二九二前段1）但し定款に別段の定あるときは此の限でない。（二九二1後段）尙新株に建設利息配當を爲す場合に於ては配當期間を伸長することが出來る。（二九二2）

新株に利息配當の場合も設立の場合と同樣の條件に服し、殊に裁判所の認可を要するもの

とした。（二九二3、二九一）

配當の標準

第五　配當の標準

利息の配當は定款に依りて拂込みたる株金額の割合に應じて之を爲すのであつて、旣に述べた利益の配當の場合とすべて同一である。從つて各種株式につき配當の割合に格別の定めをすることが出來る。（二九三、一九七）

第六款　少數株主の檢査役選任請求權

新會社法の新設規定

舊會社法は少數株主權の發動として會社の業務及び財產狀況を調査せしめる爲め裁判所に對し檢査役選任の請求を認めしが（一九八1）、此の權限は屢々濫用の虞ある故、新會社法は一方少數株主に付其の請求の三箇月前より引續き株主たりしことを要求すると共に、他方其の請求し得べき場合を會社の業務執行に關し不正行爲あるか又は法令・定款に對する重大な違反あることを疑ふべき事由ある場合に限定した。（二九四1）

檢査役は其の調査の結果を裁判所に報告することを要す。（二九四2、二九八2）

前記の場合に於て必要ありと認むるときは裁判所は監査役をして株主總會を招集せしむる

ことを得。此の場合に於て檢査役の報告書は之を總會に提出することを要し、取締役及監査役は此の報告書を調査し、總會に其の意見書を報告しなければならぬ。（二九四3、一八一2、一八四2）

第七款　雇傭關係上の債權の保護

新會社法の新設規定

舊會社法は株式會社使用人間の雇傭關係に基く債權に付ては雇人の給料の先取特權に關する一般規定の外特別規定を存しないが（民三〇六3、三〇九參照）、かゝる使用人は通常の債權者の如く會社より擔保を徴するの自由なき故、法定擔保權を付與して之を保護する必要がある。故に新法は身元保證金返還請求權・退職手當金請求權等會社に對し雇傭關係に基く債權を有する者は一般の先取權を有するものと爲した。（二九五1）而して此の取特權の順位は共益費用の先取權に次ぐものと爲し優遇した。（二九五2）

第六節　社　　債

第一款　總　　則

第一項　社債の發行

社債の性質

會社が營業上の資金を必要とするとき資本の增加によつて之を得るの見込なく、或は之を會社の不利益とする場合少なからず、而も之を個人より借入るゝに妨げある場合に於いては廣く之を公衆に求むるの外なし。此れ即ち社債の募集である。社債は會社の債務にして公衆より募集する目的のために多數に分割せらるゝをその特色とする。

發行の方法

社債は種々なる方法に於いて之を發行する事を得。

個人的取引による場合

一、個人的取引による場合

イ、特定の個人が社債の全部又は一部を引受けたる後、その者が時期を見て之を公衆に發賣する場合であつて、會社法三百二十條前段（二〇三ノ二）「前條ノ規定ハ契約ニ依リ社債ノ總額ヲ引受クル場合ニハ之ヲ適用セズ」との此の場合の規定である。

ロ、會社が時期を見てその社債を個別的に發行する場合であつて、此の方法は勸業債券、貯蓄債券等に就いて法律は認めてゐるが、株式會社の社債發行には之を認めない。

募集の場合

二、一般的に公衆に對して之を發行する場合

此れ所謂「募集」である。社債募集を株式會社の自由に放任する時は公衆の利益を害する恐れあるを以つて、法律は株式會社の社債募集に關し、特別の規定を設けて公衆を保護してゐる。

イ、會社が直接に募集する場合

金融の狀況又は社債發行に關する技術的知識を有する金融業者の手を經るを便とするが故に、會社が銀行を自己の代理人として募集の行爲をなさしむる事あり、此の場合の募集行爲は同じく會社につき效力を生ずる。

ロ、委　託　募　集

之は會社が銀行團に委託して募集行爲をなさしむる場合であつて、此の場合にありては、受託者は自己の名を以つて會社の計算に於いて募集行爲をなすものにして（三〇四、二〇四ノ二）而も社債は會社となり、受託者は社債債務者となるものに非ず。

第二項　社債に關する制限

社債の發行に關しては次の制限がある。

社債總額に對する制限

一、社債總額に對する制限

社債の總額は拂込みたる株金額を超ゆることを得ない。又最終の貸借對照表に依り會社に現存する純財産額が拂込みたる株金額に滿たざるときは社債の總額は其の財産額を超ゆることを得ざるものとす。（二九七１２、二〇〇１２）

新會社法は右の制限に關し新しい規定を加へ、舊社債償還の爲にする社債の募集に付ては其の舊社債の額は社債の總額中に之を算入せずとし、此の場合に於ては拂込の期日、若し數回に分ちて拂込を爲さしむときは第一回拂込の期日より六月内に社債を償還することを要すと定めた。（二九七３）

社債募集に關する制限

二、社債募集に關する制限

社債は數回之を募集することを得るも、然し前に募集したる社債總額の拂込を爲さしめたる後に非ざれば更に社債を募集することを得ない。（二九八、二〇〇ノ二）

各社債の金額に關する制限

三、各社債の金額に關する制限

各社債の金額は二十圓を下ることを得ない。（二九九1、二〇一）然し社債は株式と異なり各社債の金額は均一なることを要せず、殊に一回に發行する社債中に於ても金額を異にする數種の社債あることを得るも此點に關し新會社法は明文を以て同一種類の社債に在りては各社債の金額は均一なるか又は最低額を以て整除し得べきものなることを要すとした。（二九九2）

第三項　募集手續

株主總會の特別決議

第一　株主總會の決議

社債の募集は重大なる事項なるが故に、之が募集をなすには、特別決議によつて之を決することを要す。（二九六、三四三、一九九）

募集

第二　募集

社債の募集に應ぜんとする者は社債申込證二通に其の引受くべき社債の數及住所を記載し之に署名することを要す。（三〇一1、二〇三1）

社債申込證記載事項

社債申込者は取締役之を作り、之に左の事項を記載することを要す。（三〇一2、二〇三2）

一　會社の商號

二　社債の總額

三　各社債の金額
四　社債の利率
五　社債償還の方法及期限
六　利息支拂の方法及期限
七　數回に分ちて社債の拂込を爲さしむるときは其の拂込の金額及時期
八　社債發行の價額又は最低價額
九　債券を記名式又は無記名式に限りたるときは其の旨
十　會社の資本及拂込みたる株金の總額
十一　最終の貸借對照表に依り會社に現存する純財産額
十二　舊社債の償還の爲第二百九十七條第一項及第二項に定めた發行制限を超えて社債を募集するときは其の旨
十三　前に社債を募集したるときは其の償還を了へざる總額
十四　社債募集の委託を受けたる會社あるときは其の商號
十五　社債の應募額が總額に達せざる場合に於て前號の會社が其の殘額を引受くべきこと

を約したるときは其の旨

社債發行の最低價額を定めたる場合に於ては社債應募者は社債申込證に應募價額を記載することを要す。（三〇一3、二〇三3）

社債申込證を要せざる場合

斯の如く社債申込證に依らしむるは、一般公衆が社債の性質を知らざることより一般公衆を保護せんとするものなるが故に、特定人が社債の總額又その一部を一括して引受ける場合には社債申込證を用ひるを要しない。（三〇二、二〇三ノ二）

代理又は委託募集

社債募集の手續は會社自ら之をなすを要せず、既述の如く或は他人をして代理せしめ、又は委託募集の方法による事が出來る。（三〇四、二〇四ノ二）

社債の拂込

第三　社債の拂込

社債の募集が完了したるときは、取締役は遲滯なく各社債に付其の全額又は第一回の拂込を爲さしむることを要す。（三〇三、二〇四）

社債應募者に對する通知又は催告は其者が會社又は社債の委託を受けたる者に通知したる住所へ宛つるを以つて足り、其通知又は催告は通常到達すべかりし時に到達したるものと看做さる。（三一八、二二四1 2、二〇七ノ二、一七二ノ二）

社債拂込の登記

登記事項

變更の登記

第四　社債拂込の登記

會社は、各社債に付其全額又は第一回の拂込ありたる日より本店の所在地に於ては二週間支店の所在地に於ては三週間内に社債の登記を爲すことを要す。（三〇五1、二〇四ノ三1）

右の登記に在りては左の事項を登記することを要す。

一　社債の總額
二　各社債の金額
三　社債の利率
四　社債償還の方法及期限
五　利息支拂の方法及期限
六　社債募集の委託を受けたる會社あるときは其の商號
七　各社債に付拂込みたる金額

右の登記事項中に變更を生じたるときは、本店の所在地に於ては二週間、支店の所在地に於ては三週間内に變更の登記を爲すことを要す。（三〇五3、六七、二〇四ノ三2、五三）

外國に於て社債を募集したる場合に於て登記すべき事項が外國に於て生じたるときは登記

の期間は其の通知の到達したる時より之を起算す。（三〇五4、二〇四ノ三3）

第四項　社債券

社債券の發行

第一　社債券の發行

債券は社債全額の拂込ありたる後に非ざれば之を發行することを得ない。（三〇六1、二〇五1）

此れ未拂込の社債券を發行する時は、社債券が讓渡さるゝ事によりて持主を變更し以つて拂込の確實を害する恐れあるべきを以つてゞある。

社債券記載事項

第二　社債券記載事項

債券は社債を表彰する要式的有價證券にして、之には次の事項並に番號を記載し、取締役が署名することを要す。（三〇六2、二〇五2）

一　會社の商號
二　社債の總額
三　各社債の金額
四　社債の利率

五　社債償還の方法及期限
六　利息支拂の方法及期限
七　債券を記名式又は無記名式に限りたるときは其の旨
八　社債募集の委託を受けたる會社あるときは其の商號

記名社債と無記名社債

第三　記名社債と無記名社債

社債券には記名社債と無記名社債の二種がある。社債權者は。何時にても其の記名式の債券を無記名式と爲し、又は其の無記名式の債券を記名式と爲すことを請求することを得。但し債券を記名式又は無記名式に限る旨の定あるときは此の限に在らず。（三〇八、一五五）

移轉方法

無記名社債は動産と看做さるゝが故に動産移轉の方法に從ひ移轉する事を得べく、記名社債にありては、その移轉は、取得者の氏名及住所を社債原簿に記載し、且其の氏名を債券に記載するに非ざれば、之を以つて會社其の他の第三者に對抗することを得ない。（三〇七、二〇六）

第五項　社債の償還

社債の償還時期及方法は其の募集條件に定められてゐる故に、之に從つて償還されなければならぬ。

新會社法は社債の償還に關する受託會社の規定を明文を以つて示す外、新規定を多く設けた。

新會社法による新規定

受託會社の權限

第一　受託會社の權限

社債募集の委託を受けたる會社は社債權者の爲に社債の償還を受くるに必要なる一切の裁判上又は裁判外の行爲を爲す權限を有す。而して受託會社が社債の償還を受けたるときは遲滯なく其の旨を公告し、且知れたる社債權者には各別に之を通知することを要す。（三〇九ノ12）

右の場合に於て社債權者は債券と引換に償還額の支拂を請求することを得る。（三〇九ノ3）

社債募集の委託を受けたる會社二以上あるときは其の權限に屬する行爲は共同して之を爲すことを要す。（三一〇）

又、社債募集の委託を受けたる會社二以上あるときは社債權者に對し連帶して償還額の支拂を爲す義務を負ふ（三一一）

第二　受託會社の辭任及解任

受託會社の辭任及解任

社債募集の委託を受けたる會社は、社債を發行したる會社及社債權者總會の同意を得て辭任することを得。已むことを得ざる事由ある場合に於て裁判所の許可を得たるときも亦辭任出來る。（三一二）

社債募集の委託を受けたる會社が其の事務を處理するに不適任なるとき其の他正當の事由あるときは裁判所は社債を發行したる會社又は社債權者總會の請求に因り之を解任することを得。（三一三）

辭任又は解任により、社債募集の受託會社なきに至れるときは、社債を發行したる會社及社債權者總會の一致を以て其の事務の承繼者を定むることを得。而して已むことを得ざる事由あるときは利害關係人は事務承繼者の選任を裁判所に請求することを得。（三一四１２）

劵面額を超えて償還する定ある場合

第三　劵面額を超えてなす償還

社債は額面以下にて發行するを妨げざるのみならず、之を償還する金額も必ずしも劵面額に依らず、之を超ゆる金額を償還すべき事を得る。

かく社債權者に償還すべき金額が劵面額を超ゆべきことを定めたるときは、其の超過額は各社債に付同率なることを要す。（三〇〇、二〇二）

欠缺せる利札ある無記名社債の償還

社債償還請求權の時效

社債原簿記載事項

第四　欠缺せる利札ある無記名社債の償還

無記名社債を償還する場合に於て欠缺せる利札あるときは之に相當する金額を償還額より控除す。但し既に支拂期の到來したる利札に付ては此の限に在らず。（三一五1）

右の利札の所持人は何時にても之と引換に控除金額の支拂を請求することを得。（三一五2）

第五　社債償還請求權の時效

社債の償還請求權は十年を經過したるときは時效に因りて消滅す。（三一六1）

會社より償還を受けたる受託會社に對し社債權者が債券と引換に有する償還請求權も亦十年を經過したる時は時效で消滅する。（三一六2）

利息及無記名社債利札の請求權は五年を經過したるときは時效に因りて消滅す。（三一六3）

第六項　社債原簿

社債原簿は會社と社債權者との間の社債關係を明瞭ならしむる目的を以つて、會社本店に備置かるゝ帳簿にして、取締役之を作成し次の事項を記載することを要す。（三一七、一七三）

一　社債權者の氏名及住所

二　債券の番號

三　社債の總額
四　各社債の金額
五　社債の利率
六　社債償還の方法及期限
七　利息支拂の方法及期限
八　數回に分ちて社債の拂込を爲さしむるときは其の拂込の金額及時期
九　社債募集の委託を受けたる會社ある時は其の商號
一〇　各社債に付拂込みたる金額及拂込の年月日
一一　債券發行の年月日
一二　各社債の取得の年月日
一三　無記名式の債券を發行したるときは其の數、番號及發行の年月日

社債原簿の效力

社債原簿は單に事實關係のみを明示するに止らず、法律關係の變動につきても意義を有してゐる。卽ち記名社債の移轉については社債原簿の記載を以つて法律上の對抗要件の一となし(三〇七)、社債權者に對する通知又は催告は社債原簿に記載したる社債權者の住所又はそ

無擔保社債に對しても社債權者集會制度を認めた新規定

その者が會社に通知したる住所に宛つるを以つて足りる旨規定されてゐる。（三一八、二二四1、二〇七2、一七二2）

第二款　社債權者集會

社債權者集會は社債權者團體の總意を決定する機關であつて、從來擔保付社債信託法に於いて擔保付社債については此の制度を認めてゐたが、會社法に於ける社債即無擔保社債については此の制度を認めてゐなかつた。

然るに、個々の債權者が多數一團となつて債權を構成してゐる所謂團體債權については、團體的構成を認めてその權利を主張する組織の存在の必要は云ふまでもなく、又反對に社債權者も亦債權者なるが故に會社合併又は會社資本減少の場合個々に異議の申立をなすに於いては往々目的の遂行を困難ならしむるに至る。よつて社債權者としても又會社としても社債權者の團體的構成の必要は否む事が出來ない。

玆に於いて新會社法は無擔保社債に對し社債權者集會の制度を認め、之に關する規定を設けた。

招集者

一般招集者

特別招集者

招集手續

第一　社債權者集會の招集者

招集者は之を一般招集者と特別招集者に分つことが出來る。

（イ）　一般招集者　社債權者集會は社債を發行したる會社又は社債募集の委託を受けたる會社之を招集す。（三二〇1）即ち社債の發行會社と受託會社は何時にても招集することが出來る。從來の社債權者集會の一般招集者は受託會社と社債總額引受の第三者であつた。從來は發行會社は特別招集者であつた。

（ロ）　特別招集者　社債總額の十分の一以上に當る社債權者は會議の目的たる事項及招集の理由を記載したる書面を（イ）の會社に提出して社債權者集會の招集を請求することを得。（三二〇2）

此の請求を受けたるものが請求後二週間內に招集の手續をなさゞる時は請求をなしたる者は裁判所の許可を得てその招集をなすことが出來る。（二三七3）此の場合擔保付社債信託法では主務官廳の許可の下に招集をなすとしてゐる。

第二　招　集　の　手　續

社債權者集會の招集手續は大體に於いて株主總會招集手續を準用することになつてゐる。

社債權者集會を招集するには會日より二週間前に各社債權者に對して其の通知を發することを要す。

此の通知には會議の目的たる事項を記載することを要す。

無記名社債權者に對しては會日より三週間前に集會を開くべき旨及會議の目的たる事項を公告することを要す。（三三九、二三二）

會社が數種の社債を發行したる場合に於ては、社債權者集會は其の各種類の社債に付、之を招集することを要す。（三三八）

社債權者集會は會社法に別段の定ある場合を除くの外、裁判所の許可を得て社債權者の利害に重大なる關係を有する事項に付決議を爲すことを得。（三一九）

第三　議決權

議決權

各社債權者は社債の最低額毎に一個の議決權を有す。（三二一1）

例へば社債の劵面額が百圓、五百圓、千圓、五千圓及一萬圓の五種あるとすれば最低額一百圓に付一個の割合となる。

決議方法　特別決議を原則とする

無記名式の債券を有する者は會日より一週間前に債券を供託するに非ざれば其の議決權を行使することを得ない。（三二一2）

尙、會社は其の有する自己の社債に付ては議決權を有せず。（三三九、二四一2）

第四　決　議　方　法

一、特別決議を原則とする。

社債權者集會に於ける決議方法は、株主總會の特別決議方法が準用される。即ち社債權者集會の決議は總社債權者の半數以上にして社債の半額以上に當る社債權者出席し其の議決權の過半數を以て之を爲す。

右に定むる員數の社債權者が出席せざるときは出席したる社債權者の議決權の過半數を以て假決議を爲すことを得。此の場合に於ては各社債權者に對して其の假決議の趣旨の通知を發し且無記名式の社債を發行したるときは其の趣旨を公告し更に一月內に第二回の社債權者集會を招集することを要す。

第二回の社債權者集會に於ては出席したる社債權者の議決權の過半數を以て假決議の認否を決する。

委任狀による讓渡

社債權者は代理人を以て其の議決權を行使することを得。但し代理人は代理權を證する書面、即ち普通行はれてゐる委任狀を招集者に差出さねばならない。（三二四1、三四四2 3）

特別利害關係人

總會の決議に付特別の利害關係を有する者は議決權を行使する事が出來ない。此の場合の議決權の數は議決權の數に算入されない。（三三九、二三九4、二四〇）

普通決議による場合

二、普通決議を以つて決し得る場合。（三二四2）

社債募集の委託を受けたる會社辭任に對する社債權者集會の同意を與へる場合。（三一二）

社債募集の委託を受けたる會社其の事務を處理するに不適任なるとき其の他の正當の事由あるときは受託會社に對して社債權者集會は解任の請求をすることを得。（三一三）

辭任又は解任の場合に於て社債募集の委託を受けたる會社なきに至れるとき、社債權者集會の一致を以て其の事務の承繼者を定むる場合。（三一四）

發行會社及受託會社の參加

三、發行會社及受託會社の參加。

社債發行會社又は社債募集の受託會社は其の代表者を社債權者集會に出席せしめ又は書面を以て意見を述ぶることを得。

社債權者集會の招集は一般の招集手續と同樣の方法を以つて前記の諸會社に之を通知する

ことを要す。（三二二、三三九2）

社債權者集會又は其の招集者は、必要ありと認むるときは、社債發行會社に對し、其の代表者の出席を求むることを得。（三二三）

延期及續行の決議

四、延期及續行の決議

社債權者集會に於ては延會又は續行の決議を爲すことを得。此の場合に於ては一般の招集手續に關する規定を適用せず。（三三九、二三四）

議事錄の作成

五、議事錄の作成

株主總會の場合と同樣、集會の議事に付ては議事錄を作ることを要し、議事錄には議事の經過の要領及其の結果を記載し議長並に出席したる取締役及監査役之に署名することを要すとの規定が準用される。（三三九、二四四）

代表者の選任

六、社債權者集會代表者の選任

社債權者集會は社債總額の五百分の一以上を有する社債權者の中より一人又は數人の代表者を選任し其の決議すべき事項の決定を之に委任することを得。（三二九1）

代表者數人あるときは右の決定は其の過半數を以て之を爲す。

代表者二人以上あるときは其の權限に屬する行爲は共同して之を爲すことを要す。（三三一、三一〇）

社債權者集會は何時にても代表者を解任し又は委任したる事項を變更する事を得。（三三三）

第五、決議の效力

決議の效力

一、決議の認可

決議の認可

社債權者集會の招集者は決議の日より一週間内に決議の認可を裁判所に請求することを要す。（三二五）

認可の請求

裁判所は左の場合に於ては社債權者集會の決議を認可することを得ない。（三二六）

不認可の要件

（一）社債權者集會招集の手續又は其の決議の方法が法令又は社債募集の目論見書の記載に違反するとき。

（二）決議が不法の方法に依りて成立するに至りたるとき。

（三）決議が著しく不公正なるとき。

（四）決議が社債權者の一般の利益に反するとき。

然し右のうち（一）及（二）の場合に於ては裁判所は決議の內容其の他一切の事情を斟酌して

決議を認可することを妨げない。（三二六2）

認可又は認可の公告

社債権者集会の決議に對し認可又は不認可の決定ありたるときは社債を發行したる會社は遲滞なく其の旨を公告することを要す。

効力

二、決議効力

社債権者集會の決議は裁判所の認可に因りて其の效力を生ず。社債權者集會の決議は總社債權者に對して其の效力を有す。（三二七）

第六　決議の執行

決議の執行者

社債權者集會は決議を以て決議の執行者を定めることが出來るが之を定めなかつたら社債募集の受託會社が之を執行する。若し受託會社なきときは社債權者集會の選任した代表者之を執行す。（三三〇）

執行者二人以上あるときは其の權限に属する行爲は共同して之を爲すことを要す。（三三一、三一〇）

執行者の權限

社債償還決議を執行する場合に執行者は次の權限を有す。

社債權者の爲に社債の償還を受くるに必要なる一切の裁判上又は裁判外の行爲なすことを

要す。（三三二、三〇九）

執行者二人以上あるときは連帶して義務を負ふ。（三三二、三一一）

償還請求權は十ケ年を經過したる時は時效によりて消滅する。（三三二、三一六2）

執行者の解任

社債權者集會は何時にても執行者を解任し又は委任したる事項を變更することが出來る。（三三三）

利拂、社債一部不履行と社債權者集會の決議

第七　利拂又は社債一部償還不履行と社債權者集會の決議

會社が社債の利息の支拂を怠りたるとき、又は定期に社債の一部を償還すべき場合に於て其の償還を怠りたるときは、社債權者集會の決議に依り會社に對し二月を下らざる一定の期間内に其の辨濟を爲すべき旨及其の期間内に之を爲さゞるときは社債の總額に付期限の利益を失ふべき旨を通知することを得。（三三四1）

右の通知は書面に依りて之を爲すことを要すべく、（三三四2）又會社が右の期間内に辨濟を爲さゞるときは社債の總額に付期限の利益を失ふ。（三三四3）會社が期限の利益を失ひたるときは、決議の執行者は遲滯なく其の旨を公告し且知れたる社債權者には各別に之を通知することを要す。（三三五）

集會の費用

招集に關する費用

受託者、代表者、執行者に關する費用

第八　社債權者集會の費用

一、招集に關する費用

社債權者集會に關する費用は社債を發したる會社の負擔とす。（三三七1）

少數社債權者卽ち社債總額の十分の一に上る社債權者の請求に依り又は裁判所の許可を得て自ら招集したる場合には招集・費用は招集を請求したる社債權者の負擔とする。（三三七2、三三七3、三二〇2、3）

裁判所に對する決議認可の請求に關する費用は會社の負擔とす。但し裁判所は利害關係人の申立に因り、又は職權を以て其の全部又は一部に付別に負擔者を定むることを得。（三三七3）

二、受託者、代表者、執行者に關する費用

社債募集の委託を受けたる會社、代表者又は執行者に對して與ふべき報酬及其の事務處理の爲に要する費用は、社債を發行したる會社との契約に其の定ある場合を除くの外、裁判所の許可を得て會社をして之を負擔せしむることを得。（三三六1）

社債募集の委託を受けたる會社、代表者又は、執行者は、償還を受けたる金額より社債權

者に先ちて右の報酬及費用の辨濟を受くることを得。（三三六2）

發行會社の不公正行爲に對する訴

第九　發行會社の不公正行爲に對する訴

會社が或社債權者に對して爲したる辨濟、和解其の他の行爲が著しく不公正なるときは、社債募集の受託會社は、訴を以て其の行爲の取消を請求することを得。（三四〇1）

右の訴は社債募集の受託會社が取消の原因たる事實を知りたる時より六月、行爲の時より一年内に之を提起することを要す。（三四〇2）

社債權者集會の決議あるときは、代表者又は執行者も前記受託會社と同樣の訴を提起することを得。但し行爲の時より一年內に限る。（三四一）

右の訴は本店所在地の地方裁判所の管轄に屬し、又民法第四百二十四條第一項但書、第四百二十五條の規定が準用される。（三四〇3）

第七節　定款の變更

定款の變更とは既に存在する規定を變更するのみならず、新たなる規定を設くる場合をも含み、又規定の實質のみならず、字句の修正をも含む。

第一款　定款變更の手續

變更の手續

定款の變更を爲すには株主總會の決議あることを要し、（三四二1、二〇八1）定款の變更に關する議案の要領は株主總會招集に當つてその通知及公告に之を記載することを要す。（三四二2、二〇八2）

特別決議

株主總會に於ける定款變更の決議は特別決議の方法に依らねばならない。卽ち總株主の半數以上にして資本の半額以上に當る株主出席し、其の議決權の過半數を以て之を爲さねばならない。（三四三1、二〇九1）

假決議

右に定むる員數の株主が出席せざるときは、出席したる株主の議決權の過半數を以て假決議を爲すことを得。此の場合に於ては、各株主に對して、其の假決議の趣旨の通知を發し、且無記名式の株券を發行したるときは其の趣旨を公告し、更に一月內に第二回の株主總會を招集することを要す。（三四三2、二〇九2）

而して第二回の株主總會に於ては、出席したる株主の議決權の過半數を以て假決議の認否を決す。（三四三3、二〇九3）

然し會社の目的たる事業を變更する場合には假決議の方法は適用されない。（三四三4、二〇九4）

定足數算定に關する新規定

特別決議の法定定足數の計算につき、舊會社法はたゞ株劵を供給せざる無記名株主の員數を顧慮するに止つてゐたが、新會社法は、會社が自己株式につき議決權なきものとした外、定款を以つて名義書換後六ヶ月を超えざる株主の議決權を奪ふことを許し且議決權なき株式を認めた爲め、（二四一、二四二）之と關聯して議決權なき株主は總株主の員數に、又其の有する株式の金額は資本の額に算入せぬものとした（三四四）。尙議決權はあるが唯之を行使し得ざる株主（二三九4）は以上の議決權なき株主と異る故、決議自體の基礎たる出席株主の議決權數より、かゝる株主の議決權數が除外されること勿論であるが（三四四3）、定足數の基礎たる資本總額又は總株主員數よりかゝる株主の株金額又は員數が除外さるべきや否やは別問題である。

各種株主の場合に關する新規定

舊會社法は定款變更が優先株主に損害を及ぼすべき場合に付き株主總會の決議ある外に別に優先株主總會の決議を要求するが（二一二）、新會社法は先づ之を擴張して一種の株主に損害を及すぼべき場合に於ける其の種の株主の總會に關する一般的規定と爲した（三四五）。蓋し定款變更が普通株主又は後配株主に損害を及ぼすべき場合にも何等異別に取扱ふ理由なき故である。尙新法に依れば增資・減資又は合倂の際には異種の株式又は拂込株金額を異にする株式は格別に待遇されるが、此の場合にも右と同樣の取扱が認められることになつた。（三四六、三四七）。

次に或種類の株主の總會の決議は其の種類の半數以上にして株金總額の半額以上に當る株主出席し其の議決權の三分の二以上の多數を以て之を爲す。（三四五２）即ち各種株主の總會の決議は舊會社法に依れば特別決議を以て足るべきだが、新法は之を加重して定足數の要件の外、出席株主の議決權の三分の二以上の同意を要するものと爲したわけである。此れ株主の既得權を保護する精神に基くものである。

株主總會に關する規定は、議決權なき種類の株式に關するものを除くの外右に述べた場合の總會にも準用される。（三四五３）

第二款　資本の增加

資本增加の意

資本なるものは定款上一定するものなるが故にその種類を增加する時は即ち定款の變更で

ある。資本增加は、定款上の數字を變更するの決議のみならず、その變更せらたる數額に對する株式の引受あることを要す。而して此の株式の引受は新株の發行にならない。

新會社法の新設規定

舊會社法は、資本增加は、株金全額拂込の後に非れば許さざる規定（二一〇）を設けてゐた。然るに此の制限は所謂變態增資の方法によつて容易に潛脫され得るが故に、新會社法は此の制限規定を削除した。

舊會社法は優先株の發行を增資の時に限つて許せしも（二一一）、新會社法は增資以外の場合にも之が發行を認めてゐる故に、優先株に關する規定は他に移された。

資本增加の手續

第一　資本增加の手續

イ、資本增加の決議

決議

舊會社法は現物出資に關する事項は資本增加の決議と同時に決議すべきものとなしたが、（二一二ノ二）新會社法は右の外增資決議に於いて決議すべき事項を追加した。卽ち左の事項は定款に定なきときと雖も資本增加の決議に於て之を定むることを得。（三四八）

決議事項

一、新株の額面以上の發行。

二、現物出資を爲す者の氏名、出資の目的たる財產、其の價格及之に對して與ふる株式の種類及數。

三、資本の增加後に讓受くることを約したる財產、其の價格及讓渡人の氏名。

四、新株の引受權を與ふべき者及其の權利の內容。

新株引受權

舊會社法は新株引受權に付何等の規定をも置かざりしも、新會社法は原則上何人も、從つて株主も新株引受權を有せざる事を前提として次の如く規定した。即ち先づ資本增加に於ける新株引受權を特定の者に與ふるには、例へば從來の株式二株に對し新株一株の引受を與ふる如き場合に、前述の如く其の者及引受權の內容を資本增加の決議に於いて決議することを要すると共に、將來の資本增加に於ける新株引受權を特定の者に與ふべき旨の契約を締結するには總會の特別決議に依らねばならない。（三四九）

現物出資及財產引受に關する新規定

新會社法に依る現物出資及び財產引受は前述の如く資本增加の決議と共に決議することを要するが（三四八２３）、更に會社の成立後二年內に資本增加の決議を爲し又は資本を倍額以上に增加する場合に於て現物出資又は財產引受を定めたときは、裁判所の選任する檢査役に依りて當否の調査を受け、不當なる場合には相當の處分を受くべきものとされた。（二五三、三五五）。此れかゝる事項は設立の場合には常に裁判所の選任せる檢査役の調査を受くべきも

新株の募集
新株の申込
株式申込證

のなる爲め（一七三、一八一）、設立後資本增加の方法に依りて此の檢査を潛脱せんとするものに對し防止策を講じたものである。而して右と關聯し所謂後設立（二四六）に對すると同樣の對策的規定が資本增加の場合にも必要とされた。（三七五）尚現物出資の給付時期に付ては設立の際と同樣な規定が新設された。（三七〇、一七七3）

第二　新株の募集

新株募集の場合にも、會社設立の場合と同じく、株式申込は株式申込證によつて之をなす。增資の場合に別段の定めのある外すべて設立の場合の株式申込證に關する規定が準用される。（二七〇1、一七五1 3 4）

株式申込證は、取締役之を作り、之に左の事項を記載することを要す。（三五〇、二一二ノ三）

イ、會社の商號。
ロ、增加すべき資本の額。
ハ、資本增加決議の年月日。
ニ、第一回拂込の金額。
ホ、株式の讓渡の禁止若は制限、株券の裏書の禁止又は株主の議決權の制限を定めたるときは其の規定。

へ、株金の拂込を取扱ふべき銀行又は信託會社及其の取扱の場所。

ト、新株の額面以上の發行。

チ、現物出資を爲す者の氏名、出資の目的たる財產、其の價格及之に對して與ふる株式の種類及數。

リ、資本の增加後に讓受くることを約したる財產、其の價格及讓渡人の氏名。

ヌ、數種の株式あるとき又は異種類の株式を發行するときは新に發行する株式の內容及數。

ル、一定の時期迄に報告總會が終結せざるときは、株式の申込を取消すことを得べきこと。

株式申込證の記載事項は新會社法に於て追加を見たが、其れは大部分設立の際の株式申込證に關する改正と照應するものである。(一七五)即ち「株式讓渡の禁止制限(二〇四)、株券裏書の禁止(二〇五)又は議決權の制限(二四一)に關する事項」及び「財產引受(三四八ノ二)に關する事項」を加へ、又「從來優先株若くは後配株が發行されて居るとき又は新株として優先株若くは後配株を發行するときは新株の內容及び數」を掲ぐべきものとした。又舊會社法「資本增加の登記」を取消時期の標準とするが、之は「報告總會の終結」と改めた。加之株金拂込取扱の銀行又は信託會社を定めて之を株式申込證に記載せしめた。（一七五6）

第一回拂込

第三　第一回拂込

株式總額引受後の第一回拂込及現物出資の給付に關しては設立の場合と同樣である。（三七〇1、一七六ー一七九、一八七、一九〇、一九一1、一九二）

報告總會招集

第四　報告總會

各新株に付第一回の拂込及現物出資の給付ありたるときは、取締役は遲滯なく株主總會を招集して、之に新株の募集に關する事項を報告することを要す。（三五一1、二一三）

後に說明する如く、新株の引受人は右の報告總會に於て株主と同一の權利を有し、（三五一1）又新株の引受人は、株金の拂込期日より利益又は利息の配當に付株主と同一の權利を有す。（三五二）

檢査役の選任

會社の成立後二年內に其の資本を增加する決議を爲し又は資本を倍額以上に增加する場合に於て現物出資及財產引受に關する事項を定めたるときは、取締役は之に關する調査を爲さしむる爲、檢査役の選任を裁判所に請求することを要す。檢査役の報告は、報告總會に提出しなければならない。（三九三2、一八一1）

右の現物出資及財産引受の場合に於ては、報告總會の決議は特別決議に依るに非ざれば之を爲すことを得ず。（三五五1）

監査役の調査報告

總會に於いて不當と認めたるときは、之を變更することが出來る。右の變更に服せざる者は其の株式の引受を取消すことを得べく、株式の引受を取消したる者なきときは定款變更せられたるものと看做す。（三五五2、一八五）

監査役は左の事項を調査し、之を株主總會に報告することを要す。（三五四1、二一四1）

一、新株總數の引受ありたるや否や。

二、第一回の拂込及現物出資の給付ありたるや否や。

監査役は檢査役の報告書を調査し、株主總會に其の意見を報告することを要す。（二五四2）

株主總會は右に掲げた二項の調査及報告を爲さしむる爲特に檢査役を選任することを得。（三五四3）

引受なき株式、又は第一回拂込の未濟なる株式あるとき、或は株式の申込が取消されたる

ときは、取締役は連帶して其の株式の引受又は拂込を爲す義務を負ふ。（三五六、二一六）

資本增加の登記

第五　資本增加の登記

報告總會終結の日、又は變更の手續終了の日より本店の所在地に於ては二週間、支店の所在地に於ては三週間内に資本增加の登記を爲すことを要す。（三五七1、二一七1）

前項の登記に在りては左の事項を登記することを要す。（三五七2）

一、增加したる資本の額。

二、資本增加の決議の年月日。

三、各新株に付拂込みたる株金額。

四、數種の株式あるとき又は異種類の株式を發行するには新に發行する株式の内容及數。

右の登記事項中に變更を生じたるときは本店の所在地に於ては二週間、支店の所在地に於ては三週間内に變更の登記を爲すことを要す。（二五七3、六七、二一七2、五三）

增資の效力

第六　增資の效力

資本の增加は本店の所在地に於て增資の登記を爲すに因りて其の效力を生ずべく、又資本增加の年月日は之を新株券に記載することを要す。（三五八、二一八）

新株引受人は株主と同一の權利を有す

舊會社法下の解釋としては、資本增加の效力發生は新株總額の引受ありし時と見るが通說であつたが、設立の登記により會社が成立するとなす新會社法の主義と步調を合はせ、增資登記により資本增加の效力を生ずるものとしたわけである。此の結果として、新株引受人は增資登記迄は未だ株主とならざる故に、報告總會には參加し得ず、又株金の拂込をなすも、直ちに利益配當を受け得ざる筈であるが、此れは妥當を缺く故に、新會社法は特別の規定を以つて、新株引受人は一方報告總會に行つて株主と同樣の權利を行使し得ると共に（三五一ノ2）、他方株金拂込の期日より利益には利息の配當を受け得るものとした。（三五二）

權利株の讓渡

舊會社法は登記前の株式、卽ち權利株の讓渡を絕對に無效としたが、新會社法はかゝる絕對無效は取締役又は監査役が引受けた株式のみに限り、一般にはたゞ讓渡を會社に對抗し得ざるものとした。（三七〇、一九一）

增資無效の訴

第七　資本增加の無效の訴

舊會社法は資本增加の無效に付き何等の規定を置かなかつたが、新法は大體設立無效の訴に倣ひ增資無效の訴なる制度を新設した。

資本增加の無效は資本增加及轉換社債の規定に依り本店の所在地に於て登記を爲したる日

より六月内に訴を以てのみ之を主張することを得。此の訴は株主、取締役又は監査役に限り之を提起することを得。（三七一ノ2）

管轄裁判所（八八）、口頭辯論及訴の提起公告（一〇五2 3 4）、裁判所の請求棄却（一〇七）、第三者に對する效力及原告敗訴の場合の損害賠償義務（一〇九）、判決確定の登記（一三七）、起訴者の擔保の提供（二四九）に關する規定は右の訴に之を準用す。（三七二）

判決確定の效力

資本の增加を無效とする判決が確定したるときは資本の增加に因りて發行したる新株は將來に向つて其の效力を失ふ。此の場合に於ては會社は遲滯なく其の旨及一定の期間内に株券を會社に提出すべき旨を公告し、且株主及株主名簿に記載ある質權者には各別に之を通知することを要す。但し其の期間は三月を下ることを得ず。（三七三ノ2）

無效判決確定の場合は會社は新株の株主に對し其の拂込みたる株金に相當する金額の支拂を爲すことを要す。右の金額が無效判決確定の時に於ける會社財産の狀況に照し著しく不相當なるときは、裁判所は會社又は右の株主の請求に因り前記の金額の增減又は未拂込株金額の拂込を命ずることを得。（三七四ノ2）

「株式の消却、併合又は轉換ありたるときは從前の株式を目的とする質權は消却、併合又は轉換に因りて株主が受くべき金錢又は株式の上に存在す」となす第二百八條第一項及「記名株式を以て質權の目的と爲したる場合に於て會社が質權設定者の請求に因り質權者の氏名及住所を株主名簿に記載し且其の氏名を株劵に記載したるときは質權者は會社より利益若は利息の配當、殘餘財產の分配又は前條の金錢の支拂を受け他の債權者に先ちて自己の債權の辨濟に充つることを得、民法第三百六十七條第三項の規定は前項の場合に之を準用す」となす第二百九條第一項第二項の規定は前述の會社が新株の株主に對し其の拂込みたる株金に相當する金額の支拂を爲すことを要する場合に準用される。（三七四３）

會社が營業の全部又は一部の讓渡、營業全部の賃貸、其の經營の委任、他人と營業上の損益全部を共通にする契約其の他之に準ずる契約の締結、變更又は解約、他の會社の營業全部の讓受、第二百六十六條又は第二百八十條の規定に依る取締役又は監査役の責任の免除の行爲をなすには特別決議を要すとなす第二百四十五條第一項の規定は、會社が資本の增加後二年內に其の增加前より存在する財產にして營業の爲に繼續して使用すべきものを增加資本の二十分の一以上に當る對價を以て取得する契約を爲す場合之を準用す。（三七五）

第三款　轉換株式

新會社法に於ける轉換株式制度の採用

轉換株式とは他の種類に轉換し得べき權利を認められた株式を云ひ、會社の株式募集を容易ならしむる制度に屬する。蓋し會社の業績が良好となれば非參加的優先株主は普通株主たらんと欲し、不良となれば普通株主は優先株主たらんと欲すべき故、かゝる轉換權を認めらるればそれ丈け有利且安全だからである。新會社法は英米に於て普及せる此の制度を輸入し、資本增加の際に於てのみ發行し得べきものと爲した。此の規定が優先株等と異り資本增加の個所に置かれたのは此の爲めである。

轉換株式の發行

轉換株式を發行するには資本增加の決議に於て新株に轉換權を附與することの外、轉換を請求し得べき期間及轉換に因りて受くべき株式の內容を定むることを要す。(三五九)

右の場合に於て株式申込證、株券及株主名簿に左の事項を記載することを要す(三六〇1)

一、株式を他の種類の株式に轉換することを得べきこと。

二　轉換に因りて發行すべき株式の內容。

三、轉換の請求を爲すことを得べき期間。

資本增加の登記にも右に揭ぐる事項を登記することを要す。(三六〇2)

轉換請求方式

轉換を請求する者は、請求書二通に株券を添附して、之を會社に提出することを要し、此

の請求書には轉換せんとする株式の數及請求の年月日を記載し之に署名することを要す。（三六一）

轉換は其の請求を爲したる時の屬する營業年度に於て、其の效力を生ず。（三六二）

轉換の效力

初め會社法の改正要綱に依れば右の請求に對し直ちに株券の引換を行ひ轉換の效力が生ずるとしたが之では營業年度の中途に於て個々的に轉換が效力を生ずる結果、利息配當其の他に付き頗る煩雜となるので、新法は營業年度の終りに效力を生ずるものと改めた。

登記

轉換に因りて生じたる各種類の株式の數の增減は、毎營業年度の終より一月内に本店の所在地に於て之を登記することを要す。（三六三１）此の登記を爲したる後二週間内に支店の所在地に於て右の事項を登記することを要す。（三六三２、六四２）

此の轉換權は株主たる資格に屬する權利であるが、或る種類の株主に屬する特權故、之を侵害するには株主總會の決議の外轉換株主のみの總會の決議をも必要とする。（三四五）

第四款　轉換社債

新會社法に於

轉換社債とは株式に轉換し得べき權利を認められた社債を云ひ、社債募集を容易ならしめ

ける轉換社債制度の採用

る爲めの制度である。即ち轉換社債權者は會社の業績が不況でも社債權者としての安全な權益を保有し得る上に、若し良好となれば株式に轉換して利益を收め得る故、通常の社債より不利な條件でもかゝる社債には應募する事になる。英米に於て盛んに行はれる制度であるが、新會社法は之を採用し、次の如く定めた。先づ轉換社債に付ては其の社債權の行使に對し確實に株式を提供し得ることを要するが、其の方法として我が國には、英米法の公稱資本authorized capital の如き制度がない爲め、條件附資本增加即ち豫め爲された資本增加の決議を基礎として轉換權の行使された部分に付き確定的資本增加を生ぜしむる制度を採用する。此れ此の制度が資本增加の個所に置かれる所以である。

轉換社債を發行するには先づ社債發行の決議に於て轉換權の附與と條件附資本增加とを決議すべく(三六四1)此の決議に於ては轉換の條件、轉換に因りて發行すべき株式の內容及轉換請求し得べき期間を定むることを要す。(三六四2)

轉換に因りて發行すべき株式は全額拂込濟のものとし、又轉換に因りて發行すべき株式の金額は轉換すべき社債の發行價額を超ゆることを得ない。(三六五1 2)

額面以上の價額を以て株式を發したるときは其の額面を超ゆる金額より發行の爲に必要な

る費用を控除したる金額は法定限度に達する迄之を準備金に組入ることを要す。（三六五2、二八八2）

轉換社債に付ては社債申込證、債券及社債原簿に左の事項を記載することを要す。（三六六1）

一、社債を株式に轉換することを得べきこと。

二、轉換の條件。

三、轉換に因りて發行すべき株式の內容。

四、轉換の請求を爲すことを得べき期間。

社債の登記に在りては前記の事項を登記することを要す。

轉換の請求

轉換を請求する者は請求書二通に債券を添附して之を會社に提出することを要し、此の請求書には轉換せんとする社債を表示し請求の年月日を記載して之に署名することを要す。（三六七1 2）

轉換社債の效力

轉換は其の請求を爲したる時の屬する營業年度の終に於て其の效力を生ず。（三六八、三六二）

「株式の消却、併合又は轉換ありたるときは從前の株式を目的とする質權は消却、併合又は轉換に因りて株主が受くべき金錢又は株式の上に存す」となす第二百八條の規定が轉換社債の場合でも準用される。

登記

轉換に因りて生じたる資本の增加及社債の減少は每營業年度の終より一月內に本店の所在地に於て之を登記することを要す。（三六九1）

此の登記を爲したる後二週間內に支店の所在地に於て右の事項を登記することを要す。（三六九2、六四2）

第五款　資本の減少

資本減少の手續

第一　資本減少の手續

資本の減少も資本の增加と同じく、定款の變更の一つの場合である。從つて特別決議を以つて之を決せねばならない。

決議

資本減少の決議に於いては減少すべき額の外その方法をも決議しおく事を要す、（三七六1、二二〇1）例へば、株金額の切捨によるか、株式の併合による又は株式の消却によるか、その消却による場合に於いても任意消却によるか又强制消却によるか等を定めておくが如し。

會社が資本減少の決議を爲したるときは、其の決議の日より二週間内に財産目錄及貸借對照表を作ることを要す。（三七六2、九九）

債權者保護の手續

舊法に依れば、債權者に對する手續は單なる對抗要件に過ぎぬ爲め（二二〇2）頗る錯雜した關係を生ずるので、新法は之を效力要件にまで高めた。（三七六2）故に其の違反は當然減資の無效を惹起すべきである。但し此の點に付ては減資無效の訴に於ける請求棄却を許す規定（三八〇、一〇七）が救濟的に作用するであらう。

會社は前記期間内に其の債權者に對し減資に異議あらば一定の時間内に之を述ぶべき旨を公告し、且知れたる債權者には各別に之を催告することを要す。但し其の期間は二月を下ることを得ない。而して債權者が前記の期間内に異議を述べざりしときは減資を承認したるものと看做し、又債權者が異議を述べたるときは、會社は辨濟を爲し若は相當の擔保を供し又は債權者に辨濟を受けしむることを目的として信託會社に相當の財産を信託することを要す。（三七六2、一〇〇）舊法に依れば異議を述べたる債權者には辨濟を爲し又は相當の擔保を供せねばならぬが、其の不利又は不能なる場合あることを顧慮し、新法は之を受託者として信託會社に財産を信託し得べき便法を認めた次第である。

社債權者が異議を述ぶるには、社債權者集會の決議に依ることを要す。此の場合に於ては裁判所は利害關係人の請求に因り社債權者の爲に異議の期間を伸長することを得。(三七六3)

減資の實行方法

第二　減資の實行方法

株金額の減少

イ、株金額の減少

例へば百圓株の株金額を減少して五十圓株となすが如し。資金過多の場合に於ては或は株金の拂戻をなすか又は未拂込額の全部又は一部の拂込を免除する事によつて之をなす必要を生ずと雖も、營業不振のために之をなす場合に於いては單に株金額を切下ぐる事によつて之をなす。然し何れの場合にしても株金額は之を五十圓以下に低下する事を得ない。

株式の數の減少

ロ、株式の數の減少

この方法には次の二つがある。

(1)　株式の消却

(2)　株式の併合

旣に述べし如く、異種類の株式又は拂込金額の異る株式間に於ては株主總會並に各種株

主總會の複合的決議を以て株式併合又は消却の割合を異別に定め得べき旨の規定が新設されてゐる。（二二二2）

株式併合の手續

第三　株式併合の手續

新法に於ける改正點

先づ株主に對し株券提出を促す方法は從來通知のみであつたが、（二二〇ノ二）新會社法は無記名株の存在を顧慮して公告をも加へ、（三七七1）次に株券を提供せざる株主及び併合に適せざる端株は從來は當然失權となつたが、（二二〇ノ三）新法は失權の制度を廢し、（二一三以下）株券提出期間及び債權者保護手續が共に終つたとき併合の效果が全株式に付き當然生じ（三七七2）、唯舊株券を提供せざれば新株券、端株及び株券不提供の無記名株に付ては新株を競賣して得た代金、（三七九）の交付を受け得ざるものとなし、而して舊株券を提出し得ざる者の爲め公示催告手續に代る簡單な方法を新設した。（三七八）

舊法第二百二十條ノ四は削除され、同二百二十條の五は新法二百八條に一般化された。

併合手續

株式の併合を爲さんとするときは、會社は其の旨及一定の期間內に株券を會社に提出すべき旨を公告し、且株主及株主名簿に記載ある質權者には各別に之を通知することを要す。但し其の期間は三月を下ることを得ない。（三七七1）

株式の併合は右の期間滿了の時、若し債權者に對する公告及催告の手續が未だ終了せざるときは其の終了の時に於て其の效力を生ず。(三七七2、二二〇ノ二)

株式の併合ありたる場合に於て舊株劵を提出すること能はざる者あるときは、會社は其の者の請求に因り、利害關係人に對し異議あらば一定の期間內に之を述ぶべき旨を公告し、其の期間經過後に於て新株劵を交付することを得。但し其の期間は三月を下ることを得ない。而して此の公告の費用は之を請求者の負擔とする。(三七八)

併合に適せざる數の株式あるときは、其の併合に適せざる部分に付新に發行したる株式を競賣し且株數に應じて其の代金を從前の株主に交付することを要す。(三七九1)但し裁判所の許可を得て他の方法に依り之を賣却することを妨げず。(三七九2、二一四ー但)

「株式の併合ありたる場合に於て舊株劵を提出すること能はざる者あるときは會社は其の者の請求に因り利害關係人に對し異議あらば一定の期間內に之を述ぶべき旨を公告し其の期間經過後に於て新株劵を交付することを得但し其の期間は三月を下ることを得ず、その公告の費用は之を請求者の負擔とする」第二百七十八條の規定は右の場合に之を準用す。(三七九2、三七八)

資本減少の無效

此等の規定は無記名式の株券にして第三百七十七條第一項の規定に依る提出なかりしものに之を準用す。（三七九3）

第四　資本減少の無效

舊會社法は資本減少の無效に付き何等規定を置かないが、新法は資本增加の無效に付き特別の訴を設けた如く、之に付ても特別の訴を新設した。

資本減少の無效は本店の所在地に於て資本減少の登記を爲したる日より六月內に訴を以てのみ之を主張することを得。（三八〇1）

此の訴は株主、取締役、監査役又は資本の減少を承認せざる債權者に限り之を提起することを得。（三八〇2）

管轄裁判所（八八）、口頭辯論及訴の提起の公告（一〇五234）、起訴者の擔保提供（一〇六、二四九）、裁判所の請求棄却（一〇七）、判決の效力及敗訴原告の損害賠償責任（一〇九）、判決確立の登記（一三七）、に關する規定は、右の訴に準用される。（三八〇3）

第八節　會社の整理

新会社法に新設された規定

本節は新會社法に於いて初めて新設された一節である。從來の方法は營業不振の結果或は失業の結果債權よりも債務が多くなつて、破綻に陷る場合、その淸算を瀕死の會社自身の手で行はしてゐた。此の不合理を除き、會社破綻前に、之を豫防すると云ふ事の必要は言を俟たない。此の趣旨の下に設けられたのが、「會社の整理」である。

第一款　整理開始の申立

整理の事由

一、整理の事由（三八一）

イ、會社の現況其の他の事情に依り支拂不能又は債務超過に陷るの虞ありと認むるとき。

ロ、會社に支拂不能又は債務超過の疑ありと認むるとき。

申立申請者

二、整理開始申立申請者

整理の事由ある時は裁判所は左の者の申立に因り會社に對し整理の開始を命ずることが出來る。（三八一ー1）

1、取締役。

2、監査役。

3、三月前より引續き資本の十分の一以上に當る株式を有する株主。

4、拂込株金額の十分の一以上に當る債權者。

申立の却下

三、申立の却下

整理開始の申立が權利の濫用其の他不當の目的に出づるものと認むるときは裁判所は其の申立を却下することを得。（三八一3）

整理開始の通告

四、整理開始の通告

會社の業務を監督する官廳は、會社に整理の事由ありと認むるときは、裁判所に其の旨を通告することが出來る。此の場合に於ては、裁判所は職權を以て整理の開始を命ずることを得。（三一八2）

開始の申立及通告の場合の破産及和議手續の中止

五、破産手續及和議手續の中止

整理開始の申立、又は通告ありたる場合に於て、必要ありと認むるときは、裁判所は破産手續及和議手續の中止を命ずることを得。（三八三1）

第二款　整理の開始

整理開始の登記

破產、和議申立、强制執行、假差押、假處分との關係

競賣手續の中止

時效との關係

一、整理開始の登記

裁判所が整理の開始を命じたるときは、直に會社の本店及支店の所在地の登記所に、整理開始の登記を囑託することを要す。（三八二）

二、破產、和議申立、强制執行、假差押、假處分との關係

整理開始の命令ありたるときは、破產若は和議の申立又は會社財產に對する强制執行、假差押若は假處分を爲すことを得ない。破產手續、和議手續並に既に爲したる强制執行、假差押及假處分は之を中止す。（三八三2）

整理開始の命令が確定したるときは、整理の開始命令によりて中止したる手續は整理の關係に於ては其の效力を失ふ。（三八三3）

三、競賣手續の中止

整理開始の命令ありたる場合に於て、債權者の一般の利益に適應し、且競賣申立人に不當の損害を及ぼすの虞なきものと認むるときは、裁判所は、相當の期間を定め、競賣法に依る競賣手續の中止を命ずることを得る。（三四八）

四、時效との關係

裁判所の處分事項

整理開始の命令ありたるときは、會社の債權者の債權に付ては整理開始の取消の登記又は整理終結の登記の日より、二月內は時效完成せず。(三八五)

五、裁判所の處分事項

整理開始の命令ありたる場合に於て必要ありと認むるときは裁判所は左の處分を爲すことを得。(三八六)

(一) 會社の業務の制限其の他會社財產の保全處分。

(二) 株主の名義書換の禁止。

(三) 會社の業務及財產に對する檢査の命令。

(四) 整理又は和議に關する立案及實行の命令。

(五) 取締役又は監査役の解任。

(六) 發起人、取締役又は監査役の責任の免除の禁止。

(七) 發起人、取締役又は監査役の責任の免除の取消。但し整理の開始より一年前に爲したる免除に付ては不正の目的に出でたるものに限る。

(八) 發起人、取締役又は監査役の責任に基く損害賠償請求權の査定。

（九）　前號の損害賠償請求權に付發起人、取締役又は監査役の財產に對して爲す保全處分。

（十）　會社の業務及財產に關する監督の命令。

（十一）　會社の業務及財產に關する管理の命令。

整理開始の申立又は通告ありたるときは、裁判所は、其の開始前と雖も申立者の申立に因り、又は職權を以て前示事項中（一）乃至（三）（九）又は（十）の處分を爲すことを得。（三八六2）

登記

裁判所は、前記（五）（十）又は（十一）の處分を爲したるとき、及び（一）の業務の制限の處分を爲したるときは直に會社の本店及び支店の所在地の登記所に、其の登記を囑託することを要す。（三八七1）

前記（一）又は（九）の處分にして登記又は登錄を爲すべき財產に關するものに付ては、裁判所は直に其の登記又は登錄を囑託することを要す。（三八七2）

第三款　整理の機關

檢査役選任

一、檢　査　役

裁判所のなし得る處分命令事項中、會社の業務及財産に對する檢査は、會社の業務及財産の狀況其の他會社の整理に必要なる事項に付、裁判所の選任したる檢査役之を爲す。（三八八）

檢査役は、會社の業績が不良と爲りたる事情及發起人、取締役又は監査役に不正又は懈怠なかりしや否やをも調査することを要す。（三八八2）

調査報告

檢査役は調査の結果、殊に左の事項を裁判所に報告することを要す。（三八九）

（一）整理の見込あるや否や。

（二）發起人、取締役又は監査役に引受なき株式又は第一回拂込未濟株式に對する引受及拂込義務（第百八十六條、第三百五十六條）任務怠慢による損害賠償責任（第百九十三條、第二百六十六條、第二百八十條）の事實あるや否や。

（三）會社の業務及財産に付監督又は管理を爲す必要あるや否や。

（四）會社財産の保全處分を爲す必要あるや否や。

（五）會社の損害賠償請求權に付發起人、取締役又は監査役の財産に對し保全處分を爲す必要あるや否や。

権限

検査役は、發起人、取締役、監査役及支配人其の他の使用人に對し會社の業務及財産の状況に付報告を求め、會社の帳簿、書類、金錢其の他の物件を檢査することを得。(三九〇1)又検査役は其の調査を爲すに當り裁判所の許可を得て執達吏又は警察官吏の援助を求むることを得。(三九〇2)

破産管財人に關する規定の準用

破産管財人に關する破産法の規定、卽ち破産法第百六十三條(破産管財人數人あるときは共同して其の職務を行ふ、但し裁判所の許可を得て職務を分掌することを得。破産管財人數人あるときは第三者の意思表示は其の一人に對して之を爲すを以て足る)第百六十四條(破産管財人は善良なる管理者の注意を以て其の職務を行ふことを要す。破産管財人が前項の注意を怠りたるときは其の破産管財人は利害關係人に對し連帶して損害賠償の責に任ず)。第百六十五條(破産管財人は臨時故障ある場合に於て其の職務を行はしむる爲自己の責任を以て豫め代理人を選任することを得。前項の代理人の選任は裁判所の認可を得ることを要す)。第百六十六條(破産管財人は費用の前拂及報酬を受くることを得、其の額は裁判所之を定む)の規定が検査後に準用される。(四〇三2)

二、整理委員

整理委員

監督員

裁判所の處分命令事項中、整理又は和議に關する立案及實行を爲したる場合に於て、必要ありと認むるときは、裁判所は、整理委員を選任することを得。（三九一1）

整理委員は、整理又は和議に關する立案の任に當り、且取締役が其の實行を爲すに付之と協力する。（三九一2）

整理委員は發起人、取締役、監査役及支配人其の他の使用人に對し會社の業務及財産の狀況に付報告を求め會社の帳簿、書類、金錢其の他の物件を檢査する事を得。（三九一3、三九〇1）

檢査役の場合と同じく、破産管財人に關する規定が準用される。（四〇三2）

三、監督員

裁判所の處分中、會社の業務及財産に關する監督は、裁判所の選任したる監督員之を爲す。（三九七1）

取締役が裁判所の指定したる行爲を爲すには監督員の同意を得ることを要す。（三九七2）

監督員は檢査役と同樣に、發起人、取締役、監査役及支配人各地の使用人に對し會社の業務及財産に付報告を求め、會社の帳簿、書類、金錢其他の物件を檢査する事が出來る。

監査役の場合と同じく、破産管財人に關する規定が監査員にも準用される。（四〇三2）

管理人

四、管　理　人

裁判所の處分事項中、會社の業務及財産に關する管理は裁判所の選任したる管理人之を爲す。（三九八1）

會社の代表、業務の執行並に財産の管理及處分を爲す權利は管理人に專屬す。（三九八2）第二百四十七條、第三百七十一條、第三百八十條、第四百十五條及第四百二十八條の規定に依る取締役の權利亦同じ。（三九八3）

管理人は發起人、取締役、監査役及支配人其他の使用人に對し、會社の業務及業務及財産に付報告を求め、會社の帳簿、書類、金錢其他の物件を檢査する事が出來る。（三九九4、三九〇1）

檢査役の場合と同じく、破産管財人に關する規定が管理人にも準用される。（四〇三2）

第四款　株　金　拂　込

催告

一、株主に對する催告

整理の實行上、又は和議の爲、株金の拂込を爲さしむる必要ありと認むるときは、取締役は、各株主に對し其の有する株式の數及未拂込株金額を通知し、異議あらば、一月を下らざる一定の期間内に之を述ぶべき旨を催告することを得。（三九二1）

株主が前記の期間内に異議を述べざりしときは通知したる事項を承認したるものと看做す。（三九二2）

異議ある株主に對する手續

二、異議を述べたる株主に對する手續

株主が異議を述べたるときは、取締役は其の確定を裁判所に請求することを要す。（三九二3）

取締役は拂込承認又は異議の確定ありたる事項に基き株主表を作ることを要す（三九三1）

取締役、株金の拂込を爲さしめんとするときは其の拂込金額に付裁判所の認可を得ることを要す。（三九三2）

會社は株主に對し右の認可の記載ある株主表の抄本に基きて強制執行を爲すことを得。（三九三3）

第五款　發起人、取締役、監査役に對する損害賠償請求權の査定異議の訴

發起人、取締役、監査役に對する損害賠償請求權の査定異議の訴

發起人、取締役又は監査役の責任に基く損害賠償請求權の査定に不服ある者は、査定の告知を受けたる日より一月内に、異議の訴を提起することを得。（三九四1）

此の期間内に訴の提起なきときは、査定は給付を命ずる確定判決と同一の效力を有す。訴が却下せられたるとき亦同じ。（三九五）

査定を認可し又は之を變更したる判決は强制執行に關しては給付を命ずる判決と同一の效力を有す。（三九四2）

第八十八條及第百五條第二項第三項の規定は前記の訴に之を準用す。（三九四3）

査定の申立は、時效の中斷に關しては之を裁判上の請求と看做す。職權に依る査定手續の開始亦同じ。（三九六）

第六款　整理終結の決定

整理終結の決定

整理が結了し、又は整理の必要なきに至りたるときは裁判所は整理申立申請者、検査役、整理委員、監督員又は管理人の申立に因り整理終結の決定を為すことを得。（三九九）

登記に關する第三百八十二條及第三百八十七條の規定は整理終結の決定又は整理開始の命令を取消す決定が確定したる場合に準用す。（四〇〇）

會社債權の相殺

第七款　會社債權の相殺

破産法第百四條の規定（左の場合に於ては相殺を爲すことを得ず。一、破産債權者が破産宣告の後破産財團に對して債務を負擔したるとき。二、破産者の債務者が破産宣告の後他人の破産債權を取得したるとき。三、破産者の債權者が支拂の停止又は破産の申立ありたることを知りて破産債權を取得したるとき但し其の取得が法定の原因に基くとき、債務者が支拂の停止若は破産の申立ありたることを知りたる時より前に生じたる原因に基くとき又は破産宣告の時より一年前に生じたる原因に基くときは此の限に在らず）が整理の場合にも準用される。（四〇三1）

和議又は破産手續をなす場合

解散の事由

第八款　和議又は破産手續をなす場合

整理開始の命令ありたる場合に於て債權者の一般の利益の爲必要ありと認むるときは、裁判所は和議の申立を爲することを得。（四〇一ノ1）

裁判所が右の認可を爲したるときは和議法に從ひ和議手續を爲すことを要す。（四〇一ノ2）

整理開始の命令ありたる場合に於て整理の見込なきときは裁判所は職權を以て破產法に從ひ、破產の宣告を爲すことを要す。（四〇二）

第九節　解　散

第一款　總　說

第一　解散の事由

會社は左の事由に因りて解散す。（四〇四）

一、存立時期滿了其の他定款に定めたる事由の發生。

會社が存立時期の滿了其の他の定款に定めたる事由の發生に因りて解散したる場合に於ては特別決議に依りて會社を繼續することを得。(四〇六)

二、會社の合併。

三、會社の破産。

四、解散を命ずる裁判。

五、株主總會の決議。

解散の決議は特別決議の方法に依るに非ざれば之を爲すことを得ず。(四〇五)總會の決議によりて解散したる場合に於いては特別決議によりて會社を繼續することが出來る。

六、營業全部の讓渡。

新法の新規定

舊會社法では、解散の事由として、「會社の目的たる事業の成功又は其成功の不能」及び「株主が七人未滿に減じたること」をあげしも此の二項を新會社法は削除し、新らしく會社が其の營業全部の讓渡をなしたる場合は解散するものとした。

解散の通知及公告

第二、解散の通告及公告

會社が解散したるときは、破産の場合を除くの外取締役は遲滯なく株主に對して其の旨の通知を發し、且無記名式株券を發行したる場合に於ては之を公告することを要す。（四〇七）

解散登記

第三、解散の登記

會社が解散したるときは、合併及破産の場合を除くの外、本店の所在地に於ては二週間、支店の所在地に於ては三週間内に登記を爲すことを要す。（四一六、九六）

繼續登記

會社は本店の所在地に於て解散の登記を爲したる後と雖も會社の繼續をなした場合に於ては本店の所在地に於ては二週間、支店の所在地に於ては三週間内に繼續の登記を爲すことを要す。（四一六、九七）

第二款　合併手續

合併に關しての新會社法の採つた新設規定其他については合名會社の章に於いて詳述したから、本款では之を略述するに止む。

合併契約書の作成

第一　合併契約書の作成

舊會社法は株式會社の合併契約につき何等の規定をおかざゝりしが、新會社法は合併契約

異種會社間の合併契約書

合併契約書の內容

併呑合併の場合

は合併契約書による要式行爲となし、之に基きて株主總會の合併決議が行はるゝ事を要するものとした。

會社が合併を爲すには合併契約書を作り株主總會の承認を得ることを要す。（四〇八1）

右の決議は特別決議の方法に依るに非ざれば之を爲すことを得ない。（四〇八3）

合併契約書の要領は株主總會招集の通知及公告に之を記載することを要す。（四〇八2）

合併後存續する會社又は合併に因りて設立する會社が株式會社なる場合に於て合併を爲す會社の一方又は雙方が合名會社又は合資會社なるときは總社員の同意を得て合併契約書を作ることを要す。（四一一）

第二　合併契約書の內容

（イ）　併呑合併の場合

合併を爲す會社の一方が合併後存續する場合に於ては合併契約書に左の事項を記載することを要す。（四〇九）

一、存續する會社の增加すべき資本の額。

二、存續する會社の發行すべき新株の種類、數及拂込金額並に合併に因りて消滅する會社の株主に對する新株の割當に關する事項。

三、合併に因りて消滅する會社の株主に支拂を爲すべき金額を定めたるときは其の規定。

四、各會社に於て合併の決議を爲すべき株主總會の期日。

五、合併を爲すべき時期を定めたるときは其の規定。

新設合併の場合

（ロ）　新設合併の場合

合併に因りて會社を設立する場合に於ては合併契約書に左の事項を記載することを要す。

（四一〇）

一、合併に因りて設立する會社の目的、商號、資本の總額、一株の金額及本店の所在地。

二、合併に因りて設立する會社の發行すべき株式の種類、數及拂込金額並に各會社の株主に對する株式の割當に關する事項。

三、各會社の株主に支拂を爲すべき金額を定めたるときは其の規定。

四、各會社に於て合併の決議を爲すべき株主總會の期日。

五、合併を爲すべき時期を定めたるときは其の規定。

合併の決議

第三　合併の決議

書類の作成

債權者に對する手續

合併をなすには合併契約書に基き合併當事者たる會社が特別決議の方法によりて合併の決議をしなければならない。（四〇五、二二二）

第四　財產目錄及貸借對照表の作成

會社が合併の決議を爲したるときは其の決議の日より二週間內に財產目錄及貸借對照表を作ることを要す。（四〇五、九九）

解散後の會社は存立中の會社を存續する會社とする場合に限り合併を爲すことを得。（四一六、九八ノ2）

第五　債權者に對する手續

會社は決議の日より二週間內に其の債權者に對し、合併に異議あらば二月を下らざる一定の期間內に之を述ぶべき旨を公告し、且知れたる債權者には各別に之を催告することを要す。（四一六、一〇〇1）

債權者が前記の期間內に異議を述べざりしときは合併を承認したるものと看做し、債權者が異議を述べたるときは會社は辨濟を爲し若は相當の擔保を供し又は債權者に辨濟を受けしむることを目的として信託會社に相當の財產を信託することを要す。（四一六、一〇〇ノ2 3）

社債權者が異議を述ぶるには社債權者集會の決議に依ることを要す。此の場合に於ては裁判所は利害關係人の請求に因り社債權者の爲に異議の期間を伸長することを得。（四一 2、三七六3）

創立總會

第六　新設合併の創立總會

合併に因りて會社を設立する場合に於ては、設立委員は債權者に對する手續の終了後、合併に因る株式の併合ありたるときは、其の效力を生じたる後、併合に適せざる株式ありたるときは其の併合に適せざる部分に付、新に發行したる株式を競賣し且株數に應じて其の代金を從前の株主に交付することを要し、此の處分を爲したる後遲滯なく創立總會を招集することを要す。（四一三1）

創立總會に於ては定款變更の決議をも爲すことを得。但し合併契約の趣旨に反することを得ず。（四一三2）

創立總會に關する一般の規定が大體に於いて右の場合の創立總會に準用される。（四一三2、一八〇23、一八二、一八三、一八八2）

合併登記

第七　合併の登記

會社が合併を爲したるときは第四百十二條の株主總會又は新設合併の創立總會の終結の日より、本店の所在地に於ては二週間、支店の所在地に於ては三週間内に、合併存續する會社に付ては變更の登記を、合併に因りて消滅する會社に付ては解散の登記を、合併に因りて設立したる會社に付ては設立登記を爲すことを要す。（四一四1）

併合後存續する會社又は合併に因りて設立したる會社が併合に因りて社債を承繼したるときは前記の登記と同時に社債の登記を爲すことを要す。（四一四2）

合併の效力

第八　合併の效力

合併は合併後存續する會社又は合併に因りて設立したる會社が其の本店の所在地に於て合併に關する夫れ〴〵の登記を爲すに因りて其の效力を生ず。（四一六、一〇二）

合併後存續する會社又は新設會社は合併に因りて消滅したる會社の權利義務を承繼す。（四一六、一〇三）

株式の併合

第九　株式の併合

合併により株式の併合を爲さんとするときは、會社は其の旨及一定の期間内に株券を會社に提出すべき旨を公告し、且株主及株主名簿に記載ある質權者には各別に之を通知することを要す。但し其の期間は三月を下ることを得ず。株式の併合は前記の期間滿了の時、若し債權者に對する手續が未だ終了せざるときは其の終了の時に於て其の效力を生ず。（四一六3、三七七）

株式の併合ありたる場合に於て舊株券を提出すること能はざる者あるときは、會社は其の請求に因り利害關係人に對し、異議あらば一定の期間內に之を述ぶべき旨を公告し、其の期間經過後に於て新株券を交付することを得。但し其の期間は三月を下ることを得ず。又、前記の公告の費用は之を請求者の負擔とす。（四一六3、三七八）

併合に適せざる數の株式あるときは其の併合に適せざる部分に付新に發行したる株式を競賣し、且株數に應じて其の代金を從前の株主に交付することを要す。（四一六3、三七九）此の場合、裁判所の許可を得て他の方法により賣却するを妨げず、又舊株券を提出すること能はざる者あるときは、會社は其の者の請求に因り利害關係人に對し、異議あらば一定の期間內に之を述ぶべき旨を公告し、其の期間經過後に於て新株券を交付することを得。但し其の期間は三月を下ることを得ず。（四一六3、三七九2）

右は無記名式の株券にして第三百七十七條第一項に定むる會社の公告又は通知ありしに拘

らず提出なかりしものに之を準用す。

併呑合併に於ける存續會社の取締役は債權者に對する手續の終了後、合併に因る株式の併合ありたるときは、其の效力を生じたる後、併合に適せざる株式ありたるときは合併後の存續會社に於て併合に適せざる部分に付新に發行したる株式を競賣し且株數に應じて其の代金を從前の株主に交附し、此の處分を爲したる後遲滯なく株主總會を招集して之に合併に關する事項を報告することを要す。（四一二1）

新株の引受人は報告總會に於いて株主と同一の權利を有すとなす第三百五十一條第二項の規定は右の株主總會に關し之を準用す。（四一二2）

合併無效の訴

訴の提起者

第一〇　合併無效の訴

會社の合併の無效は訴を以てのみ主張することを得。（四一六、一〇四1）

合併の無效の訴は各會社の株主、取締役、監査役、清算人、破産管財人又は合併を承認せざる債權者に限り之を提起することを得。（四一五）

右の訴は本店所在地の地方裁判所の管轄に屬す。（四一六、一〇四3）

右の訴は合併の日より六月內に之を提起することを要すべく、口頭辯論は此の期間を經過したる後に非ざれば之を開始することを得ない。（四一六、一〇五）又數個の訴が同時に繫屬するときは辯論及裁判は併合して之を爲すことを要す。

公告

訴の提起ありたるときは會社は遲滯なく其の旨を公告することを要す。（四一六、一〇五2）

債權者が合併無效の訴を提起したるときは會社の請求に因り相當の擔保を供することを要す。（四一六、一〇六）

合併無效の訴の提起ありたる場合に於て合併の無效の原因たる瑕疵が補完せられたるとき又は會社の現況其の他一切の事情を斟酌して合併を無效とすることを不適當と認むるときは裁判所は請求を棄却することを得。（四一六、一〇七）

判決確定の登記

合併を無效とする判決が確定したるときは本店及支店の所在地に於て合併後存續する會社に付ては變更の登記、合併に因りて設立したる會社に付ては解散の登記、合併に因りて消滅したる會社に付ては回復の登記を爲すことを要す。（四一六、一〇八）

合併無效判決の效力

合併を無效とする判決は第三者に對しても其の效力を有す。（四一六、一〇九1）

原告が敗訴したる場合に於て惡意又は重大なる過失ありたるときは會社に對し連帶して損害賠償の責に任ず。（四一六、一〇九2）

合併を無效とする判決が確定したるときは合併を爲したる會社は合併後存續する會社又は合併に因りて設立したる會社が合併後負擔したる債務に付連帶して辨濟の責に任ず。（四一六、一一一1）

合併後存續する會社又は合併に因りて設立したる會社が合併後取得したる財産は合併を爲したる會社の共有に屬す。（四一六、一一一2）

右二つの場合に於ては各會社の負擔部分又は持分は其の協議を以て之を定む。協議調はざるときは裁判所は請求に因り合併の時に於ける各會社の財産の額其の他一切の事情を斟酌して之を定む。（四一六、一一一3）

第十節　清　　算

第一款　總　　則

會社が解散したるときは合併及破産の場合を除き清算の手續をとる。清算に關しては既に合名會社の章に於いて說明せる所なるを以つて、本節に於いては主として株式會社に特別なる規定につきて說明せん。

第一　淸算人の選任

一、法定淸算人

株式會社にありては原則として取締役が淸算人となる。(四一七1、二二六1)

二、定款の規定による淸算人

會社の定款に豫め淸算人たるべきことの定めある場合は其者が淸算人となる。

三、株主總會の選任する淸算人

株主總會は他人を淸算人に選任することが出來る。

四、裁判所の選任する淸算人

右述べし(一)(二)(三)三種の淸算人たる者なきときは、裁判所は利害關係人の請求に因り淸算人を選任す。(四一七2、二二六2)

會社が解散命令に因りて解散したるときは、裁判所は利害關係人若は檢事の請求に因り又は職權を以て淸算人を選任す。(四二〇1、一二二)

淸算人は其の就職の日より二週間內に左の事項を裁判所に屆出づることを要す。(四一八)

淸算人の選任

就職の屆出

一、解散の事由及其の年月日。
二、清算人の氏名及住所。

清算人の登記

第二　清算人の登記

取締役が清算人と爲りたるときは、解散の日より本店の所在地に於ては三週間、支店の所在地に於ては四週間內に左の事項を登記することを要す。（一二三）
一、清算人の氏名及住所。
二、清算人にして會社を代表せざる者あるときは會社を代表すべき者の氏名。
三、數人の清算人が共同して會社を代表すべき定あるときは其の規定。

清算人の選任ありたるときは其の清算人は本店の所在地に於ては二週間、支店の所在地に於ては三週間內に右に掲ぐる事項を登記することを要す。（一二三2）

右の登記事項中に變更を生じたるときは、本店の所在地に於ては二週間、支店の所在地に於ては三週間內に變更の登記を爲すことを要す。（一二三3、六七）

解任

第三　解任

清算人は裁判所の選任したるものを除くの外、何時にても株主總會の決議を以て之を解任

することを得。（四二六1）

重要なる事由あるときは裁判所は監査役又は三月前より引續き資本の十分の一以上に當る株式を有する株主の請求に因り淸算人を解任することを得。（四二六2）

第四　淸算人の職務

職務

一般的職務

淸算人の職務は合名會社の場合と同じく左の如くである。

（一）　現務の結了。

（二）　債權の取立及債務の辨濟。

（三）　殘餘財産の分配。

會社を代表すべき淸算人は右の職務に關する一切の裁判上又は裁判外の行爲を爲す權限を有す。（四三〇1、一二四）

而して株式會社の淸算人は、次に述べる如き特別の職務を規定されてゐる。

書類の提出

淸算人は、就職の後遲滯なく會社財産の現況を調査し、財産目錄及貸借對照表を作り、之を株主總會に提出して其の承認を求むることを要し（四一九1、二二七）、淸算人は前記の承認を得たる後遲滯なく財産目錄及貸借對照表を裁判所に提出することを要す。（四一九2）

又、清算人は財産目錄、貸借對照表及事務報告書を作り定時總會日より二週間前に之を監査役に提出することを要す。（四二〇、二二七ノ二）

債權者に對する催告

淸算人は、其の就職の日より二月内に、少くとも三回の公告を以て債權者に對し二月を下らざる一定の期間内に其の債權を申出づべき旨を催告することを要す。（四二一1）

右の公告には債權者が期間内に申出を爲さゞるときは淸算より除斥せらるべき旨を附記することを要す。（四二一2）

淸算人は知れたる債權者には各別に其の債權の申出を催告することを要す。知れたる債權者は之を淸算より除斥することを得ない。（四二二）

淸算人は前述の債權申出の期間内は債權者に對して辨濟を爲すことを得ず。但し會社は之が爲に遲延に因る損害賠償の責任を免るゝこととなし。（四二三1）

殘餘財産の分配

淸算人は、右の規定に拘らず裁判所の許可を得て、少額の債權及擔保ある債權其の他之を辨濟するも、他の債權者を害する虞なき債權に付辨濟を爲すことを得。（四二三2）

淸算より除斥せられたる債權者は、未だ分配せざる殘餘財産に對してのみ辨濟を請求することを得。（四二四1）

一部の株主に對し既に分配を爲したる場合に於ては、他の株主に對し、之と同一の割合を以て分配を爲すに要する財産は、之を右の殘餘財産より控除す。（四二四2）

殘餘財産は定款に依りて拂込みたる株金額の割合に應じて、之を株主に分配することを要す。（四二五）

然し會社が數種の株式を發行する場合に殘餘財産の分配に付株式の種類に從ひ格別の定を爲した場合はその定に從はねばならない。（四二五但、二二二1）

清算人は會社の債務を辨濟したる後に非ざれば會社財産を株主に分配することを得ないことは云ふまでもない。但し爭ある債務に付其の辨濟に必要と認むる財産を留保して殘餘の財産を分配することを妨げず。（四三〇、一三一）

清算事務の終了

第五　清算事務の終了

清算事務が終りたるときは、清算人は遲滯なく決算報告書を作り、之を株主總會に提出して其の承認を求むることを要す。（四二七1）

右の承認ありたるときは、會社は清算人に對して其の責任を解除したるものと看做す。但し清算人に不正の行爲ありたる場合は此の限りでない。（四二七2）

結了登記

合名會社に關する規定の準用

第六　清算結了登記

清算が結了したるときは清算人は右の承認ありたる後、本店の所在地に於ては二週間、支店の所在地に於ては三週間內に清算結了の登記を爲すことを要す。（四三〇1、一三四）

第七　合名會社に關する規定の準用

合名會社の清算に關する規定のうち第百十六條、第百二十二條乃至第百二十六條、第百二十八條、第百二十九條第二項第三項、第百三十一條及第百三十四條は株式會社に準用されてゐる。（四三〇1）

又、第二百三十一條、第二百三十六條乃至第二百三十八條、第二百四十四條第二項、第二百四十五條第一項第四號第二項、第二百四十七條、第二百四十九條、第二百五十四條第二項第二百五十八條、第二百六十一條、第二百六十三條、第二百六十五條乃至第二百七十二條、第二百七十四條乃至第二百七十九條及第二百八十二條乃至第二百八十四條の規定は清算人に之を準用す。（四三〇2）

第二款　特別清算

新會社法に於ける特別清算制度採用の理由

舊會社法に於ては會社が解散したる場合に於いては清算手續をなすことを要するも、單に會社が債務超過に陷るの虞れあるとき又は債務超過の疑あるときに於いては會社に解散なき限り清算手續を開始し得ざると共に、清算手續は清算の遂行著しき困難あるとも會社財産を以つて債務を完濟する能はざることが明かとならざる限り破産宣告をなし得ざる實情にあつた。

かくては、會社債權者を保護すること能はざるのみならず、會社及株主に損害を與ふるの危險あるは明白なるを以つて、新會社法は此の不備を補ふため、特別清算なる制度を設けて會社・株主及會社債權者に對し公平に其の利益の保護をなさしむる事にした。

事由

第一　特別清算の事由（四三一1）

一、清算の遂行に著しき支障を來すべき事情ありと認むるとき。

二、會社に債務超過の疑ありと認むるとき。

特別清算の開始

申請者

第二　特別清算開始

一、申請に依る場合

特別清算の事由ある時は裁判所は債權者、清算人、監査役若は株主の申立に因り會社に對

し特別清算の開始を命ずることを得。（四三一1）

會社に算務超過の疑あるときは清算人は右の申立を爲すことを要す。（四三一2）

整理開始の申立が權利の濫用其の他不當の目的に出づるものと認むるときは裁判所は其の申立を却下することを得。（四三一3、三八一3）

裁判所の命令

二、裁判所の職權を以つてする場合

特別清算の事由ある時は裁判所は職權を以つて會社に對し特別清算の開始を命ずることが出來る。（四三一1）

通告

三、通告に基く場合

會社の業務を監督する官廳は、會社に前に掲ぐる事由ありと認むるときは、裁判所に其の旨を通知することを得。此の場合に於ては裁判所は職權を以て整理の開始を命ずることを得。（四三一3、三八一2）

清算開始の登記

裁判所が整理の開始を命じたるときは直に會社の本店及支店の所在地の登記所に清算開始の登記を囑託することを要す。（四三三、三八二）

開始の效力

第三　清算開始の效力

（一）　破產及和議手續の中止

清算開始の申立又は通告ありたる場合に於て必要ありと認むるときは裁判所は破產手續及和議手續の中止を命ずることを得。（四三三、三八三1）

（二）　破產及和議申立、強制執行、假差押、假處分の中止

清算開始の命令ありたるときは破產若は和議の申立又は會社財產に對する強制執行、假差押若は假處分を爲すことを得ず。破產手續、和議手續並に既に爲したる強制執行、假差押及假處分は之を中止す。（四三三、三八三2）

清算開始の命令が確定したるときは、（一）及（二）の中止したる手續は清算の關係に於ては其の效力を失ふ。（四三三、三八三3）

（三）　競賣の中止

清算開始の命令ありたる場合に於て債權者の一般の利益に適應し且競賣申立人に不當の損害を及ぼすの虞なきものと認むるときは裁判所は相當の期間を定め競賣法に依る競賣手續の中止を命ずることを得。（四三三、三八四）

（四）　時效との關係

清算開始の命令ありたるときは會社の債權者の債權に付ては清算開始の取消の登記又は清算終結の登記の日より二月內は時效完成せず。（四三三、三八五）

第四、清算人の權能

清算人の權能一般的義務

一、一般的義務

特別清算の場合に於ては清算人は會社、株主及債權者に對し公平且誠實に清算事務を處理する義務を負ふ。（四三四）

會社債務の辨濟

二、會社債務の辨濟

會社の債務は其の債權額の割合に應じて之を辨濟することを要す。（四三八1）

清算人は右の規定に拘らず裁判所の許可を得て少額の債權及擔保ある債權其の他之を辨濟するも他の債權者を害するの虞なき債權に付辨濟を爲すことを得。（四三八2、四二三2）

株金の拂込徴收

三、株金の拂込徴收（四五六、三九二、三九三）

特別清算の爲株金の拂込を爲さしむる必要ありと認むるときは清算人は各株主に對し其の有する株式の數及未拂込株金額を通知し、異議あらば一定の期間內に之を述ぶべき旨を催告することを得、但し其の期間は一月を下ることを得ず。

株主が右の期間内に異議を述べざりしときは通知したる事項を承認したるものと看做す。

株主が異議を述べたるときは取締役は其の確定を裁判所に請求することを要す。

清算人は前記の承認又は確定ありたる事項に基き株主表を作ることを要す。

取締役株金の拂込を爲さしめんとするときは其の拂込金額に付裁判所の認可を得ることを要す。

會社は株主に對し前記の認可の記載ある株主表の抄本に基きて强制執行を爲すことが出來る。

第五　裁判所の職權

裁判所は何時にても清算事務及財産の状況の報告を命じ、其の他清算の監督上必要なる調査を爲すことを得。（四三六）
清算の監督上必要ありと認むるときは裁判所は次の處分をなすことを得。（四三七）
一、會社財産の保全處分。
二、株式の名義書換の禁止。
三、發起人、取締役、監査役又は清算人の責任に基く損害賠償請求權に付發起人、取締役監査役又は清算人の財産に對して爲す保全處分。

債權者集會

招集者

第六 債權者集會

一、招 集 者

（イ） 一般招集者

清算の實行上必要ありと認むるときは清算人は債權者集會を招集することを得。（四三九1）

（ロ） 特別招集者

申出を爲したる債權者其の他會社に知れたる債權者の總債權の十分の一以上に當る債權を有する者は會議の目的たる事項及招集の理由を記載したる書面を清算人にして提出して債權者集會の招集を請求することを得、（四三九2）

右の請求ありたる後二週間內に清算人が集會招集の手續をなさゞる時は請求をなしたる者は裁判所の許可を得てこの招集をなすことが出來る。（四三九3、三三七2）

招集手續

二、招 集 手 續

招集手續は株主總會の場合と同じであつて、會日より二週間前に各債權者に對しその通知

を發することを要し、此の通知には會議の目的たる事項を記載しなければならぬ。（四四二、二三二1・2）

三、議　決　權

議決權

債權者集會に於て議決權を行使せしむべきや否や及如何なる金額に付之を行使せしむべきやは各債權に付清算人之を定む。（四四一1）

右の定に付異議あるときは裁判所之を定む。（四四一2）

債權者は代理權を證する書面卽ち委任狀を差出して代理人をして議決權を行使さすことが出來る。（四四二、二三九3）

集會に於いては延期又は續行の決議をなすことが出來る。（四四二、二四三）

四、監査委員の選任

監査委員選任及解任

債權者集會は監査委員を選任することを得、又監査委員は何時にても債權者集會の決議を以て之を解任することを得。（四四四1・2）

右の選任及解任の決議は裁判所の認可を得ることを要す。（四四四3）

員數

監督委員は三人以上たることを要す。（四四四4、二五五）

權限

監査委員は發起人、取締役、監査役及支配人其の他の使用人に對し會社の業務及財産の狀況に付報告を求め會社の帳簿、書類、金錢其の他の物件を檢査することを得（四四四4、三九〇1）

會社整理に於ける檢査役と同じく、破産後に於ける破産管財人に關する破産法第百六十三條乃至第百六十六條の規定が準用される。

清算人の職務

五、清算人の職務

調査及計算書類の提出及意見具陳

イ、調査及計算書類の提出及意見の具陳

清算人は、會社の業務及財産の狀況の調査書、財産目錄並に貸借對照表を債權者集會に提出し且清算の實行の方針及見込に關し意見を述ぶることを要す。（四四三）

會社財産の處分、借財、訴の提起、和解及仲裁契約、權利の拋棄

ロ、會社財産の處分、借財、訴の提起、和解及仲裁契約、權利の拋棄

清算人は監査委員の同意、若し監査委員なきときは債權者集會の決議の下に左の行爲をなすことが出來る。三千圓以上の價額を有するものに關せざるときは右の同意又は決議あることを要しない。（四四五1）

（一）會社財産の處分。

（二）借財。

(三)　訴の提起。
(四)　和解及仲裁契約。
(五)　權利の拋棄。
債權者集會の決議を要する場合に於て急迫なる事情あるときは清算人は裁判所の許可を得て右に揭ぐる行爲を爲すことを得。(四四五2)
清算人が右の規定に違反したるときと雖も會社は善意の第三者に對して其の責に任ず。(四四五3)
第二百四十五條の規定は特別清算の場合には之を適用されない。(四四五4)

競賣による財産の換價

ハ、競賣による財産の換價
清算人は競賣に依りて財産を換價することを得。此の場合に於ては監査委員又は債權者集會の決議あることを要しない。(四四六)

協定案作成

ニ、協定案の作成

協定の申出

清算人は監査委員の意見を聽き債權者集會に對して協定の申出を爲すことを得。(四四七)

協定条件

協定の條件は各債權者の間に平等なることを要す。但し少額の債權に付別段の定を爲し其の他債權者間に差等を設くるも衡平を害せざる場合は此の限に在らず。又一般の先取特權其の他一般の優先權は右の條件を定むるに付之を斟酌することを要す。（四四八）

協定案の決議

協定案の作成に當り必要ありと認むるときは淸算人は破產の場合に於て別除權を行使し得べき債權者の參加を求むることを得。（四四九）

協定を可決するには、議決權を行使することを得べき出席債權者の過半數にして議決權を行使することを得べき債權者の總債權の四分の三以上に當る債權を有するものゝ同意あることを要す。（四五〇1）

裁判所の認可

右の決議は裁判所の認可を得ることを要す。（四五〇2）

協定の效力

協定は認可の決定の確定によりて效力を生ず。（四五〇3、破產法三二一）

協定は債權者の全員のため、且その全員に對して效力を有す。協定は債權者が會社の保證人其の他會社と共に債務を負擔する者に對して有する權利及債權者の爲に供したる擔保に影響を及ぼさない。（四五〇3、破產法三二六）

協定條件の變更

協定の實行上必要あるときは協定の條件を變更することを得。此の場合に於ては初に歸り協定申立よりの手續を履むことを要す。（四五一）

第七　檢　査　役

檢査役選任

會社財産の狀況に依り必要　りと認むるときは裁判所は淸算人、監査役、監査委員、三月前より引續き資本の十分の一以上に當る株式を有する株主若は申出を爲したる債權者其の他會社に知れたる債權者の總債權の十分の一以上に當る債權を有する者の申立に因り、又は職權を以て會社の業務及財産の檢査を命ずることを得。此の檢査は裁判所の選任する檢査役が行ふ。（四五二）

檢査役の報告

檢査役は調査の結果殊に左の事項を裁判所に報告することを要す。（四五三）

一、發起人、取締役、監査役又は淸算人に引受なき株式又は第一回拂込未濟株式に對する引受又は拂込義務、或は業務怠慢による損害賠償責任（第百八十六條、第百九十三條、第二百六十六條、第二百八十條、第三百五十六條又は第四百三十條第二項）の事實あるや否や。

二、會社財産の保全處分を爲す必要あるや否や。

検査役の報告に基く裁判所の處分

三、會社の損害賠償請求權に付發起人、取締役、監査役又は淸算人の財産に對し保全處分を爲す必要あるや否や。

右の報告を受けたる場合に於て必要ありと認むるときは裁判所は左の處分を爲すことを得。（四五三）

一、會社財産の保全處分。

二、株主の名義書換の禁止。

三、發起人、取締役、監査役又は淸算人の責任の免除の禁止。

四、發起人、取締役、監査役又は淸算人の責任の免除の取消。但し特別淸算の開始より一年前に爲したる免除に付ては不正の目的に出でたるものに限る。

五、發起人、取締役、監査役又は淸算人の責任に基く損害賠償請求權の査定。

六、前號の損害賠償請求權に付發起人、取締役、監査役又は淸算人の財産に對して爲す保全處分。

右のうち（一）又は（六）の處分にして登記又は登錄を爲すべき財産に關するものに付ては裁判所は直に其の登記又は登錄を囑託することを要す。（四五四2、三八七2）

尙、(五)の査定に不服ある者は査定の告知を受けたる日より一月内に異議の訴を提起することを得。

右の場合は「會社の整理」の節に於ける第三百九十四條乃至第三百九十六條の規定が準用される。(四五四3、三五四―三九六)

別除權者に對する規定

第八　破產の場合に於ける別除權行使債權者に對する規定

破產の場合に於て別除權を行使することを得べき債權者が其の行使に依りて辨濟を受くることを得べき債權額は前述の總債權の十分の一以上に當る債權額に之を算入せず。(四三九3)

破產の場合に於いて別除權を行使し得べき債權者は、別除權の行使に依りて辨濟を受くることを得べき債權額に付ては、債權者集會に於て議決權を行使することを得ない。(四四〇1)

債權者集會の招集は右の債權者に之を通知することを要す。(四四〇2)

債權者集會又は其の招集者は別除權を行使し得べき債權者の出席を求めて、其の意見を徵することを得。(四四〇3)

破產法第二百三條(破產管財人は民事訴訟法に依り別除權の目的たる財產の換價を爲すことを得此の場合に於ては別除權者は之を拒むことを得ず、前項の場合に於て別除權者の受くべき金額が未だ確定せざるときは破産管財人は代金を別に寄託することを要す此の場合に於ては別除權は代金の上に存す）及び第二百四條（別除權者が法律に定めたる方法に依らずして別除權の目的を處分する權利を有するときは裁判所は破産管財人の申立に因り別除權者が其の處分を爲すべき期間を定む。別除權者が前項の期間內に處分を爲さゞるときは前項の權利を失ふ）の規定は特別清算の場合に準用される。（四五六）

清算協定の見込なき場合

第九　特別清算協定の見込なき場合（四五六）

特別清算開始の命令ありたる場合に於て協定の見込なきときは裁判所は職權を以て破産法に從ひ破産の宣告を爲すことを要す。協定の實行の見込なきとき亦同じ。（四五五）

清算の終了

第一〇　清算の結了又は不必要となりたる場合（四五六、三九九、四〇〇）

特別清算が結了し又は特別清算の必要なきに至りたるときは裁判所は清算申立申請者、檢査役又は監査委員の申立に因り清算終結の決定を爲すことを得。

清算終結の決定又は清算開始の命令を取消す決定が確定したる場合には、直に會社の本店及支店の所在地の登記所にその登記を囑託することを要す。

破産管財人に關する規定の準用

第一一　破産管財人に關する規定の準用

「會社の整理」の節に述べしと同様、相殺に關する破産法第百四條の規定が特別淸算に準用される外、破産管財人に關する破産法第百六十五條及第百六十六條の規定が淸算人に準用される。

第五章　株式合資會社

株式合資會社の特質

定款の作成

第一節　總　　說

株式合資會社とは無限責任社員と株主とを以て之を組織される會社である。（四五七、二三五）株式合資會社の無限責任社員は合名會社の社員及び合資會社の無限責任社員と同樣にして、從つて、左の事項に付ては合資會社に關する規定を準用する。（四五八、二三六1）

一　無限責任社員相互間の關係

二　無限責任社員と會社、株主及第三者との關係

三　無限責任社員の退社

株式合資會社の株主は合資會社の有限責任社員とは異なり、寧ろ株式會社の株主に近きが故に、本章に別段の定ある場合を除くの外株式會社に關する說定が規用される。（四五八2、二三六2）

第二節　設　　立

第一　定款の作成

無限責任社員は、發起人と爲りて定款を作り、之に左の事項を記載して署名することを要す。（四五九、二三七）

一　目　的
二　商　號
三　一株の金額
四　會社が公告を爲す方法
五　株金の總額
六　無限責任社員の氏名及住所
七　無限責任社員の株金以外の出資の目的及其の價格又は評價の標準

第二　株　式　募　集

無限責任社員は株主を募集することを要す。（四六〇、二三八）

株式申込證には左の事項を記載することを要す。

一　第百六十八條第一項、第百七十五條第二項第一號第四號乃至第七號及定款事項。
二　無限責任社員が株式を引受けたるときは其の各自が引受けたる株式の種類及數。

株式募集

株式の申込、株式割當、第一回拂込の後創立總會招集を要する事は株式會社の場合と同樣である。

創立總會

第三　創立總會

創立總會につき株式會社と異なる點は、卽ち無限責任社員は創立總會に出席して、其意見を述ぶることを得るが然し株式を引受けたる時と雖も議決權を有せず。(四六二1、二四〇1)

右の規定は株主總會に準用される。(四六二2、二四〇3)

創立總會に於ては監査役を選任することを要するも、無限責任社員は監査役と爲ることを得ない。(四六一、二三九)

監査役は第百八十四條第一項及第四百五十九條第四號に掲ぐる事項並に第百八十一條第二項の報告書を調査し之を創立總會に報告することを要す。(四六三、二四一)

設立廢止に關する新規定

創立總會が定款の變更を決議したる場合に於て其の決議の日より一週間內に無限責任社員の一致なきときは設立の廢止を決議したるものと看做す。(四六四)

設立登記

第四　設立登記

株式合資會社の設立の登記に在りては左の事項を登記することを要す。(四六五、二四二)

一　第百六十六條第一項第一號第二號第四號第六號及第百八十九條第二項第二號乃至第八號に揭ぐる事項
二　株金の總額
三　無限責任社員の氏名及住所
四　監査役の氏名及住所
五　無限責任社員の株金以外の出資の目的、財産を目的とする出資に付ては其の價格及履行を爲したる部分
六　無限責任社員にして會社を代表せざる者あるときは會社を代表すべき者の氏名
七　數人の無限責任社員が共同し又は無限責任社員が支配人と共同して會社を代表すべきことを定めたるときは其の規定

第三節　會社の機關

第一　無限責任社員

無限責任社員

株式合資會社にありては無限責任社員が會社に關する一切の業務を執行し且つ會社を代表

するの權限を有す。從つて會社を代表すべき無限責任社員には株式會社の取締役に關する規定を準用す。但し第二百五十四條乃至第二百五十九條、第二百六十四條及第二百六十九條乃至第二百七十二條の規定は此の限に在らず。(四六六、二四三)

株主總會

第二　株主總會

株式合資會社の株主地位は略々合資會社に於ける有限責任社員と同じく、從つて株式會社に於ける株主總會が、會社の最高機關たると大いにその性質を異にし、實質に於いて合資會社の有限責任社員全體の有する權限を有するに過ぎない。

株式會社に於て特別決議を要する事項又は合資會社に於て總社員の同意を要する事項に付ては株主總會の決議の外無限責任社員の一致あることを要す。(四六七1、二四四1)特別決議の場合の規定は右項の決議に之を準用す。(四六七2、二四四)

監査役

第三　監査役

監査役は、監査機關たるの外、無限責任社員をして株主總會の決議を執行せしむる責に任ず。(四六八、二四五)

解散事由

第四節　解散

株式合資會社は合資會社と同一の事由の外、營業全部の讓渡ありたるとき解散す。（四六九、二四六）

第百十二條の規定は株式合資會社には之を適用せず。（四六九1、二四六但）

第五節　清算

清算人

會社が解散したるときは合併、破産又は裁判所の命令に因りて解散したる場合を除くの外清算は業務執行社員の全員又は無限責任社員の選任したる者及株主總會に於て選任したる者之を爲す。但し定款に別段の定あるときは此の限に在らず。（四七二1、二四八1）

無限責任社員が、清算人を選任するときは、其の過半數を以て之を決す。（四七二2）

株主總會に於て選任する清算人は、業務執行社員の全員又は無限責任社員の選任する者と同數なることを要す。（四七二3、二四八3）

無限責任社員は何時にても其の選任したる清算人を解任することを得。（四七三1、二四九1）

第四百七十二條第二項の規定は淸算人の解任に之を準用す。（四七三2、二四九2）

第百四十四條の規定は株式合資會社の無限責任社員に之を準用す。（四七四、二五〇）

淸算人は第四百十九條、第四百二十條及第四百二十七條に定むる計算に付、株主總會の承認の外無限責任社員全員の承認を得ることを要す。（四七五、二五一）

第六節 組織の變更

繼續による變更

一、繼續による變更

（イ）無限責任社員の全員が退社したる場合に於ては、株主は決議に依り、株式會社として會社を繼續することを得。此の場合に於ては株式會社の組織に必要なる事項を決議することを要す。（四七〇1、二四七1）

第百十四條の規定は前記の場合に之を準用す。（四七〇2、二四七2）

合名會社として繼續する

（ロ）無限責任社員が、株式全部を取得したる場合に於ては、其の一致を以て合名會社として會社を繼續することを得。株式全部の消却ありたる場合亦同じ。（四七一1）

第百十四條の規定は右の場合に之を準用する。（四七一2）

定款變更による變更

「會社の整理」及「特別清算」の規定は適用されない

二、定款變更に依る變更

株式合資會社は定款を變更して其の組織を變更して之を株式會社と爲すことを得。（四七六、二五二）

右の場合に於いては、株主總會は直に株式會社の組織に必要なる事項を決議することを要す。此の總會に於ては無限責任社員も亦其の引受くべき株式の數に應じて議決權を行使することを得。（四七七1、二五三1）

第百十四條及第百十五條の規定は右の場合に之を準用す（四七七2、二五三2）

株式會社の章に於ける第七節「會社の整理」及び第九節第二款「特別清算」の規定は株式合資會社には適用されない。（四七八）

第六章　外國會社

外國會社の意義

支店設置の登記

代表者の登記

第一　外國會社の意義

國際私法上會社の國籍を定むる標準に就いては種々なる學說ありと雖も、本店の所在地によりて之を定むべしと云ふを最も有力とす。たゞ我が會社法上は、外國會社とは本店の所在地が我國に存在するのみならず、我が會社法の規定に從ひ設立せられたるものに非ざるものを云ふとせざるべからず。換言すれば、我國內に本店を有し且つ我會社法の規定に從ひ設立せられたるもののみが內國會社にして、然らざるものは假令、その本店が我國內に存する時と雖も、社員の全員が日本人なる時と雖も又その營業範圍が日本國內を限るとするものなる時と雖もすべてみな外國會社である。

第二　外國會社の支店設置の登記

外國會社が日本に支店を設けたるときは、日本に成立する同種のもの又は最も之に類似するものと同一の登記及公告を爲すことを要す。（四七九1、二五五1）

右の外國會社は其の日本に於ける代表者を定め、且支店設置の登記と同時に其の氏名及住所を登記することを要す。（四七九2、二五五2）

會社を代表すべき社員は會社の營業に關する一切の裁判上又は裁判外の行爲を爲す權限を

有す。（四七九3、二五五3）

支店設置及代表者に關し登記すべき事項が、外國に於て生じたるときは登記の期間は其の通知の到達したる時より之を起算す。（四八〇、二五六）

外國會社が始めて日本に支店を設けたるときは其の支店の所在地に於て登記を爲す迄は、第三者は其の會社の成立を否認することを得。（四八一、二五七）

準內國會社

第三　準內國會社

日本に本店を設け、又は日本に於て營業を爲すを以て主たる目的とする會社は、外國に於て設立する會社と同一の規定に從ふことを要す。（四八二、二五八）

外國會社の株券又は社債券

第四　外國會社の株券又は債券

日本に於てする外國會社の株券又は債券の發行及其の株式の移轉若は質入又は社債の移轉にはすべて我が會社法の規定を準用する。（四八三、二五九）即ち第二百四條乃至第二百七條、第二百九條第一項、第二百二十六條、第二百二十七條第一項、第三百六條第一項、第三百七條、第三百八條及第三百七十條第三項の規定が準用される。此の場合に於ては始めて日本に設けたる支店を以て本店と看做す。

外國會社の閉鎖

閉鎖事由に關する新規定

第五　外國會社の閉鎖

次の場合に於いて、裁判所は利害關係人若は檢事の請求に因り又は職權を以て其の支店の閉鎖を命ずることを得。（四八四1）

（イ）外國會社が、日本に支店を設けたる場合に於て、正當の事由なくして支店設置の登記を爲したる後一年内に營業を開始せず、若は一年以上營業を休止したるとき又は支拂を停止したるとき。

（ロ）外國會社の代表者其の他支店に於て業務を執行する者が法令又は公の秩序若は善良の風俗に反する行爲を爲したるとき。

右二つの場合に於て、裁判所は閉鎖命令前と雖も利害關係人若は檢事の請求に因り又は職權を以て管理人の選任其の地會社財産の保全に必要なる處分を爲すことを得。（四八四2、五八3）

利害關係人が、閉鎖請求を爲したるときは會社の請求に因り相當の擔保を供することを要す。（四八四2、五九）

利害關係人の爲したる閉鎖の請求が却下せられたる場合に於て、其の者に惡意又は重大な

閉鎖會社の清算

新設規定

る過失ありたるときは會社に對して連帶して損害賠償の責に任ず。（四八四2、六〇）

第六　閉鎖會社の清算

外國會社が閉鎖命令を受けた場合に於ては裁判所は利害關係人の申立に因り又は職權を以て日本に在る會社財産の全部に付清算の開始を命ずることを得。此の場合に於ては清算人は裁判所之を選任す。（四八五1）

第四百二十一條乃至第四百二十四條及第四百三十條乃至第四百五十六條の規定は其の性質の許さるものを除くの外前記の清算に之を準用す。（四八五2）

清算に關する右の規定は外國會社が其の支店を閉鎖したる場合に之を準用す。（四八六3）

第七章　罰則

新會社法に於いて精密且嚴重となつた

會社法の改正に當つて、罰則に關しては根本的の改正を施し、舊會社法に於けるより精密且つ嚴重となつてゐる。卽ち、會社の業務執行員、代表者、淸算人或は監督者又は社債權者集會の代表者の任務違反行爲につきては刑罰を科し、又舊會社法に於ける罰則に對しても刑罰を重くし、過科の額を多くし、更に會社の規定又は社債發行に際して人を欺罔するが如き行爲ありたる場合にも刑罰を定め、株金拂込若くは會社財産の狀況を假裝するがためになす所謂預合をなしたる者に刑罰を課し、會社の業務執行員、代表者、監督者、淸算人、支配人等の背任的行爲、所謂會社ゴロの行爲を防止するがために刑罰を課し、更にかゝる行爲によりて得たる利益の沒取をなさんとすると共に、株金拂込を免るために株式の假裝引受をなしたる者についても刑罰を課することになつた。

罰則に關しては、一般刑法との關係をも審査する必要あり、ために新會社法の成案は起草されたが、たゞ罰則のみは未だ成案を見てゐない。然し大體に於いて改正要項に示されたものが成案となるのである。

罰則に關しては詳しく解說する必要なかるべく、附錄の新舊對照條文に讓る。

新舊對照 會社法條文

改正

新會社法

目次

舊會社法

目次

商法　第二編　會　社

第一章　總　則

第五十二條　本法ニ於テ會社トハ商行爲ヲ爲スヲ業トスル目的ヲ以テ設立シタル社團ヲ謂フ
營利ヲ目的トスル社團ニシテ本編ノ規定ニ依リ設立シタルモノハ商行爲ヲ爲スヲ業トセザルモ之ヲ會社

商法　第二編　會　社

第一章　總　則

第四十二條　本法ニ於テ會社トハ商行爲ヲ爲スヲ業トスル目的ヲ以テ設立シタル社團ヲ謂フ
營利ヲ目的トスル社團ニシテ本編ノ規定ニ依リ設立シタルモノハ商行爲ヲ爲スヲ業トセサルモ之ヲ會社

ト看做ス

第五十三條　會社ハ合名會社、合資會社、株式會社及株式合資會社ノ四種トス

第五十四條　會社ハ之ヲ法人トス會社ノ住所ハ其ノ本店ノ所在地ニ在ルモノトス

第五十五條　會社ハ他ノ會社ノ無限責任社員ト爲ルコトヲ得ズ

第五十六條　會社ハ合併ヲ爲スコトヲ得

合併ヲ爲ス會社ノ一方又ハ雙方ガ株式會社又ハ株式合資會社ナルトキハ合併後存續スル會社又ハ合併ニ因リテ設立スル會社ハ株式會社又ハ株式合資會社ナルコトヲ要ス

合併ニ因リテ會社ヲ設立スル場合ニ於テハ定款ノ作成其ノ他設立ニ關スル行爲ハ各會社ニ於テ選任シタル設立委員共同シテ之ヲ爲スコトヲ要ス

第九十八條第一項、第三百四十三條及第四百六十七條ノ規定ハ前項ノ選任ニ之ヲ準用ス

第五十七條　會社ハ本店ノ所在地ニ於テ設立ノ登記ヲ爲スニ因リテ成立ス

ト看做ス

第四十三條　會社ハ合名會社、合資會社、株式會社及ビ株式合資會社ノ四種トス

第四十四條　會社ハ之ヲ法人トス

會社ノ住所ハ其本店ノ所在地ニ在ルモノトス

第四十四條ノ二　會社ハ他ノ會社ノ無限責任社員ト爲ルコトヲ得ズ

第四十四條ノ三　會社ハ合併ヲ爲スコトヲ得

合併ニ因リテ會社ヲ設立スル場合ニ於テハ定款ノ作成其他設立ニ關スル行爲ハ各會社ニ於テ選任シタル者共同シテ之ヲ爲スコトヲ要ス

第七十七條、第二百九條及ビ第二百四十四條ノ規定ハ前項ノ選任ニ之ヲ準用ス

第四十五條　會社ノ設立ハ其本店ノ所在地ニ於テ登記ヲ爲スニ非ザレバ之ヲ以テ第三者ニ對抗スルコトヲ得ズ

第四十六條　會社ハ其本店ノ所在地ニ於テ登記ヲ爲スニ非ザレバ開業ノ準備ニ著手スルコトヲ得ズ

第五十八條　會社ガ正當ノ事由ナクシテ其成立後一年内ニ開業ヲ爲サズ又ハ一年以上營業ヲ休止シタルトキハ裁判所ハ利害關係人若ハ檢事ノ請求ニ因リ又ハ職權ヲ以テ其ノ解散ヲ命ズルコトヲ得

會社ノ業務ヲ執行スル社員、取締役又ハ監査役ガ法令又ハ公ノ秩序若ハ善良ノ風俗ニ反スル行爲ヲ爲シタル場合ニ於テ會社ノ存立ヲ許スベカラザル事由アルトキ亦前項ニ同ジ

前二項ノ場合ニ於テハ裁判所ハ解散ノ命令前ト雖モ利害關係人若ハ檢事ノ請求ニ因リ又ハ職權ヲ以テ管理人ノ選任其ノ他會社財産ノ保全ニ必要ナル處分ヲ爲スコトヲ得

第五十九條　利害關係人ガ前條第一項又ハ第二項ノ請求ヲ爲シタルトキハ會社ノ請求ニ因リ相當ノ擔保ヲ供スルコトヲ要ス

第六十條　利害關係人ノ爲シタル第五十八條第一項又ハ第二項ノ請求ガ却下セラレタル場合ニ於テ其ノ者ニ惡意又ハ重大ナル過失アリタルトキハ會社ニ對シ連帶シテ損害賠償ノ責ニ任ズ

第六十一條　本編ノ規定ニ依リ登記スベキ事項ニシテ官廳ノ許可ヲ要スルモノハ其ノ許可書ノ到達シタル時ヨリ登記ノ期間ヲ起算ス

第四十七條　會社ガ本店ノ所在地ニ於テ登記ヲ爲シタル後六ケ月内ニ開業ヲ爲サザルトキハ裁判所ハ檢事ノ請求ニ因リ又ハ職權ヲ以テ其解散ヲ命スルコトヲ得但正當ノ事由アルトキハ其會社ノ請求ニ因リ此期間ヲ伸長スルコトヲ得

第四十八條　會社ガ公ノ秩序又ハ善良ノ風俗ニ反スル行爲ヲ爲シタルトキハ裁判所ハ檢事ノ請求ニ因リ又ハ職權ヲ以テ其解散ヲ命ズルコトヲ得

第四十八條ノ二　本編ノ規定ニ依リ登記スベキ事項ニシテ官廳ノ許可ヲ要スルモノハ其許可書ノ到達シタル時ヨリ登記ノ期間ヲ起算ス

第二章　合名會社

第一節　設　立

第六十二條　合名會社ヲ設立スルニハ定款ヲ作ルコトヲ要ス

第六十三條　合名會社ノ定款ニハ左ノ事項ヲ記載シ各社員之ニ署名スルコトヲ要ス

一　目　的
二　商　號
三　社員ノ氏名及住所
四　本店及支店ノ所在地
五　社員ノ出資ノ目的及其ノ價格又ハ評價ノ標準

第六十四條　合名會社ノ設立ノ登記ニ在リテハ左ノ事項ヲ登記スルコトヲ要ス

一　前條第一號乃至第三號ニ掲グル事項
二　本店及支店
三　存立時期又ハ解散ノ事由ヲ定メタルトキハ其ノ時期又ハ事由
四　社員ノ出資ノ目的、財産ヲ目的トスル出資ニ付テハ其ノ價格及履行ヲ爲シタル部分
五　社員ニシテ會社ヲ代表セザルモノアルトキハ會社ヲ代表スベキモノノ氏名

第二章　合名會社

第一節　設　立

第四十九條　合名會社ヲ設立スルニハ定款ヲ作ルコトヲ要ス

第五十條　合名會社ノ定款ニハ左ノ事項ヲ記載シ各社員之ニ署名スルコトヲ要ス

一　目　的
二　商　號
三　社員ノ氏名、住所
四　本店及ビ支店ノ所在地
五　社員ノ出資ノ種類及ビ價格又ハ評價ノ標準

第五十一條　會社ハ定款ヲ作リタル日ヨリ二週間内ニ其本店及ビ支店ノ所在地ニ於テ左ノ事項ヲ登記スルコトヲ要ス

一　前條第一號乃至第三號ニ掲ゲタル事項
二　本店及ビ支店
三　設立ノ年月日
四　存立時期又ハ解散ノ事由ヲ定メタルトキハ其ノ時期又ハ事由
五　社員ノ出資ノ種類及ビ財産ヲ目的トスル出資ノ價格

六　數人ノ社員ガ共同シ又ハ社員ガ支配人ト共同シテ會社ヲ代表スベキコトヲ定メタルトキハ其ノ規定

會社ハ設立ノ登記ヲ爲シタル後二週間內ニ支店ノ所在地ニ於テ前項ニ揭グル事項ヲ登記スルコトヲ要ス

第六十五條　會社ノ成立後支店ヲ設ケタルトキハ本店ノ所在地ニ於テハ二週間內ニ支店ヲ設ケタルコトヲ登記シ其ノ支店ノ所在地ニ於テハ三週間內ニ前條第一項ニ揭グル事項ヲ登記シ他ノ支店ノ所在地ニ於テハ同期間內ニ其ノ支店ヲ設ケタルコトヲ登記スルコトヲ要ス

本店又ハ支店ノ所在地ヲ管轄スル登記所ノ管轄區域內ニ於テ新ニ支店ヲ設ケタルトキハ其ノ支店ヲ設ケタルコトヲ登記スルヲ以テ足ル

第六十六條　會社ガ其ノ本店ヲ移轉シタルトキハ舊所在地ニ於テハ二週間內ニ移轉ノ登記ヲ爲シ新所在地ニ於テハ三週間內ニ第六十四條第一項ニ揭グル事項ヲ登記シ其ノ支店ヲ移轉シタルトキハ舊所在地ニ於テハ三週間內ニ移轉ノ登記ヲ爲シ新所在地ニ於テハ四週間內ニ第六十四條第一項ニ揭グル事項ヲ登記スルコトヲ要ス

同一ノ登記所ノ管轄區域內ニ於テ本店又ハ支店ヲ移

六　會社ヲ代表スベキ社員ヲ定メタルトキハ其氏名

七　數人ノ社員ガ共同シ又ハ社員ガ支配人ト共同シテ會社ヲ代表スベキコトヲ定メタルトキハ其代表ニ關スル規定

會社設立ノ後支店ヲ設ケタルトキハ其支店ノ所在地ニ於テハ二週間內ニ前項ニ定メタル登記ヲ爲シ本店及ビ他ノ支店ノ所在地ニ於テハ同期間內ニ其支店ヲ設ケタルコトヲ登記スルコトヲ要ス

本店又ハ支店ノ所在地ヲ管轄スル登記所ノ管轄區域內ニ於テ新ニ支店ヲ設ケタルトキハ其支店ヲ設ケタルコトヲ登記スルヲ以テ足ル

第五十二條　會社ガ其本店又ハ支店ヲ移轉シタルトキハ舊所在地ニ於テハ二週間內ニ移轉ノ登記ヲ爲シ新所在地ニ於テハ同期間內ニ前條第一項ニ定メタル登記ヲ爲スコトヲ要ス

同一ノ登記所ノ管轄區域內ニ於テ本店又ハ支店ヲ移

轉シタルトキハ其ノ移轉ノ登記ヲ爲スヲ以テ足ル

第六十七條　第六十四條第一項ニ掲グル事項中ニ變更ヲ生ジタルトキハ本店ノ所在地ニ於テハ二週間、支店ノ所在地ニ於テハ三週間內ニ變更ノ登記ヲ爲スコトヲ要ス

第二節　會社ノ內部ノ關係

第六十八條　會社ノ內部ノ關係ニ付テハ定款又ハ本法ニ別段ノ定ナキトキハ組合ニ關スル民法ノ規定ヲ準用ス

第六十九條　社員ガ債權ヲ以テ出資ノ目的ト爲シタル場合ニ於テ債務者ガ辨濟期ニ辨濟ヲ爲サザリシトキハ社員ハ其ノ辨濟ノ責ニ任ズ此ノ場合ニ於テハ其ノ利息ヲ支拂フ外尙損害ノ賠償ヲ爲スコトヲ要ス

第七十條　各社員ハ定款ニ別段ノ定ナキトキハ會社ノ業務ヲ執行スル權利ヲ有シ義務ヲ負フ

第七十一條　支配人ノ選任及解任ハ特ニ業務執行社員ヲ定メタルトキト雖モ社員ノ過半數ヲ以テ之ヲ決ス

第七十二條　定款ノ變更其ノ他會社ノ目的ノ範圍內ニ在ラザル行爲ヲ爲スニハ總社員ノ同意アルコトヲ要ス

轉シタルトキハ其移轉ノミノ登記ヲ爲スコトヲ要ス

第五十三條　第五十一條第一項ニ掲ゲタル事項中ニ變更ヲ生ジタルトキハ二週間內ニ本店及ビ支店ノ所在地ニ於テ其登記ヲ爲スコトヲ要ス

第二節　會社ノ內部ノ關係

第五十四條　會社ノ內部ノ關係ニ付テハ定款又ハ本法ニ別段ノ定ナキトキハ組合ニ關スル民法ノ規定ヲ準用ス

第五十五條　社員ガ債權ヲ以テ出資ノ目的ト爲シタル場合ニ於テ債務者ガ辨濟期ニ辨濟ヲ爲サザリシトキハ社員ハ其辨濟ノ責ニ任ズ此場合ニ於テハ其利息ヲ拂フ外尙ホ損害ノ賠償ヲ爲スコトラ要ス

第五十六條　各社員ハ定款ニ別段ノ定ナキトキハ會社ノ業務ヲ執行スル權利ヲ有シ義務ヲ負フ

第五十七條　支配人ノ選任及ビ解任ハ特ニ業務執行社員ヲ定メタルトキト雖モ社員ノ過半數ヲ以テ之ヲ決ス

第五十八條　定款ノ變更其他會社ノ目的ノ範圍內ニ在ラサル行爲ヲ爲スニハ總社員ノ同意アルコトヲ要ス

第五十九條　社員ガ他ノ社員ノ承諾ヲ得スシテ其持分

第七十三條　社員ハ他ノ社員ノ承諾アルニ非ザレバ其ノ持分ノ全部又ハ一部ヲ他人ニ讓渡スコトヲ得ズ

第七十四條　社員ハ他ノ社員ノ承諾アルニ非ザレバ自已若ハ第三者ノ爲ニ會社ノ營業ノ部類ニ屬スル取引ヲ爲シ又ハ同種ノ營業ヲ目的トスル他ノ會社ノ無限責任社員若ハ取締役ト爲ルコトヲ得ズ

社員ガ前項ノ規定ニ違反シテ自已ノ爲ニ取引ヲ爲シタルトキハ他ノ社員ハ過半數ノ決議ニ依リ之ヲ以テ會社ノ爲ニ爲シタルモノト看做スコトヲ得

前項ニ定ムル權利ハ他ノ社員ノ一人ガ其ノ取引ヲ知リタル時ヨリ二週間之ヲ行使セザルトキハ消滅ス取引ノ時ヨリ一年ヲ經過シタルトキ亦同ジ

第七十五條　社員ハ他ノ社員ノ過半數ノ決議アリタルトキニ限リ自已又ハ第三者ノ爲ニ會社ト取引ヲ爲スコトヲ得此ノ場合ニ於テハ民法第百八條ノ規定ヲ適用セズ

第三節　會社ノ外部ノ關係

第七十六條　業務ヲ執行スル社員ハ各自會社ヲ代表ス但シ定款又ハ總社員ノ同意ヲ以テ業務執行社員中特ニ會社ヲ代表スベキ者ヲ定ムルコトヲ妨ゲズ

第七十七條　會社ハ定款又ハ總社員ノ同意ヲ以テ數人

ノ全部又ハ一部ヲ他人ニ讓渡シタルトキハ其讓渡ハ之ヲ以テ會社ニ對抗スルコトヲ得ズ

第六十條　社員ハ他ノ社員ノ承諾アルニ非ザレハ自已又ハ第三者ノ爲メニ會社ノ營業ノ部類ニ屬スル商行爲ヲ爲シ又ハ同種ノ營業ヲ目的トスル他ノ會社ノ無限責任社員ト爲ルコトヲ得ズ

社員ガ前項ノ規定ニ反シテ自已ノ爲メニ商行爲ヲ爲シタルトキハ他ノ社員ハ過半數ノ決議ニ依リ之ヲ以テ會社ノ爲メニ爲シタルモノト看做スコトヲ得

前項ニ定メタル權利ハ他ノ社員ノ一人ガ其行爲ヲ知リタル時ヨリ二週間之ヲ行ハザルトキハ消滅ス行爲ノ時ヨリ一年ヲ經過シタルトキ亦同ジ

第三節　會社ノ外部ノ關係

第六十一條　定款又ハ總社員ノ同意ヲ以テ特ニ會社ヲ代表スベキ社員ヲ定メタルトキハ各社員會社ヲ代表ス

第六十一ノ二　會社ハ定款又ハ總社員ノ同意ヲ以テ數

ノ社員ガ共同シ又ハ社員ガ支配人ト共同シテ會社ヲ代表スベキ旨ヲ定ムルコトヲ得

第三十九條第二項ノ規定ハ前項ノ場合ニ之ヲ準用ス

第七十八條　會社ヲ代表スベキ社員ハ會社ノ營業ニ關スル一切ノ裁判上又ハ裁判外ノ行爲ヲ爲ス權限ヲ有ス

民法第四十四條第一項及第五十四條ノ規定ハ合名會社ニ之ヲ準用ス

第七十九條　會社ガ社員ニ對シ又ハ社員ガ會社ニ對シ訴ヲ提起スル場合ニ於テ其ノ訴ニ付會社ヲ代表スベキ社員ナキトキハ他ノ社員ノ過半數ノ決議ヲ以テ之ヲ定ムルコトヲ要ス

第八十條　會社財産ヲ以テ會社ノ債務ヲ完濟スルコト能ハザルトキハ各社員連帶シテ其ノ辨濟ノ責ニ任ズ

會社財産ニ對スル强制執行ガ其ノ效ヲ奏セザルトキ亦前項ニ同ジ

前項ノ規定ハ社員ガ會社ニ辨濟ノ資力アリ且執行ノ容易ナルコトヲ證明シタルトキハ之ヲ適用セズ

第八十一條　社員ハ會社ニ屬スル抗辯ヲ以テ會社ノ債權者ニ對抗スルコトヲ得

會社ガ其ノ債權者ニ對シ相殺權、取消權又ハ解除權ヲ有スル場合ニ於テハ社員ハ其ノ者ニ對シ債務ノ履

人ノ社員ガ共同シ又ハ社員ガ支配人ト共同シテ會社ヲ代表スベキ旨ヲ定ムルコトヲ得

第三十條ノ二第二項ノ規定ハ前項ノ場合ニ之ヲ準用ス

第六十二條　會社ヲ代表スベキ社員ハ會社ノ營業ニ關スル一切ノ裁判上又ハ裁判外ノ行爲ヲ爲ス權限ヲ有ス

民法第四十四條第一項及ビ第五十四條ノ規定ハ合名會社ニ之ヲ準用ス

第六十三條　會社財産ヲ以テ會社ノ債務ヲ完濟スルコト能ハザルトキハ各社員連帶シテ其辨濟ノ責ニ任ズ

行ヲ拒ムコトヲ得

第八十二條　會社ノ成立後加入シタル社員ハ其ノ加入前ニ生ジタル會社ノ債務ニ付テモ亦責任ヲ負フ

第八十三條　社員ニ非ザル者ニ自己ヲ社員ナリト誤認セシムベキ行爲アリタルトキハ其ノ者ハ誤認ニ基キテ會社ト取引ヲ爲シタル者ニ對シ社員ト同一ノ責任ヲ負フ

第四節　社員ノ退社

第八十四條　定款ヲ以テ會社ノ存立時期ヲ定メザリシトキ又ハ或社員ノ終身間會社ノ存續スベキコトヲ定メタルトキハ各社員ハ營業年度ノ終ニ於テ退社ヲ爲スコトヲ得但シ六月前ニ其ノ豫告ヲ爲スコトヲ要ス

會社ノ存立時期ヲ定メタルト否トヲ問ハズ已ムコトヲ得ザル事由アルトキハ各社員ハ何時ニテモ退社ヲ

第六十四條　設立ノ後會社ニ加入シタル社員ハ其加入前ニ生ジタル會社ノ債務ニ付テモ亦責任ヲ負フ

第六十五條　社員ニ非ザル者ニ自己ヲ社員ナリト信ゼシムベキ行爲アリタルトキハ其者ハ善意ノ第三者ニ對シテ社員ト同一ノ責任ヲ負フ

第六十六條　社員ノ出資ノ減少ハ之ヲ以テ會社ノ債權者ニ對抗スルコトヲ得ズ但本店ノ所在地ニ於テ其登記ヲ爲シタル後二年間債權者ガ之ニ對シテ異議ヲ述ベザリシトキハ此限ニ在ラズ

第六十七條　會社ハ損失ヲ塡補シタル後ニ非ザレバ利益ノ配當ヲ爲スコトヲ得ズ

前項ノ規定ニ違反シテ配當ヲ爲シタルトキハ會社ノ債權者ハ之ヲ返還セシムルコトヲ得

第四節　社員ノ退社

第六十八條　定款ヲ以テ會社ノ存立時期ヲ定メザリシトキ又ハ或社員ノ終身間會社ノ存續スベキコトヲ定メタルトキハ各社員ハ營業年度ノ終ニ於テ退社ヲ爲スコトヲ得但六ケ月前ニ其豫告ヲ爲スコトヲ要ス

會社ノ存立時期ヲ定メタルト否トヲ問ハズ已ムコトヲ得ザル事由アルトキハ各社員ハ何時ニテモ退社ヲ

爲スコトヲ得
第八十五條　前條及第九十一條第一項ニ掲グル場合ノ外社員ハ左ノ事由ニ因リテ退社ス
一　定款ニ定メタル事由ノ發生
二　總社員ノ同意
三　死亡
四　破産
五　禁治産
六　除名
第八十六條　社員ニ付左ノ事由アルトキハ會社ハ他ノ社員ノ過半數ノ決議ヲ以テ其ノ社員ノ除名又ハ業務執行權若ハ代表權ノ喪失ノ宣告ヲ裁判所ニ請求スルコトヲ得
一　出資ノ義務ヲ履行セザルコト
二　第七十四條第一項ノ規定ニ違反シタルコト
三　業務ヲ執行スルニ當リ不正ノ行爲ヲ爲シ又權利ナクシテ業務ノ執行ニ干與シタルコト
四　會社ヲ代表スルニ當リ不正ノ行爲ヲ爲シ又ハ權利ナクシテ會社ヲ代表シタルコト
五　其ノ他重要ナル義務ヲ盡サザルコト
社員ガ業務ヲ執行シ又ハ會社ヲ代表スルニ著シク不適任ナルトキハ會社ハ前項ノ規定ニ從ヒ其ノ社員ノ

爲スコトヲ得
第六十九條　前條ニ掲ゲタル場合ノ外社員ハ左ノ事由ニ因リテ退社ス
一　定款ニ定メタル事由ノ發生
二　總社員ノ同意
三　死亡
四　破産
五　禁治産
六　除名
第七十條　社員ノ除名ハ左ノ場合ニ限リ他ノ社員ノ一致ヲ以テ之ヲ爲スコトヲ得但除名シタル社員ニ其旨ヲ通知スルニ非ザレバ之ヲ以テ其社員ニ對抗スルコトヲ得ズ
一　社員ガ出資ヲ爲スコト能ハザルトキ又ハ催告ヲ受ケタル後相當ノ期間内ニ出資ヲ爲サザルトキ
二　社員ガ第六十條第一項ノ規定ニ違反シタルトキ
三　社員ガ會社ノ業務ヲ執行シ又ハ會社ヲ代表スルニ當タリ會社ニ對シテ不正ノ行爲ヲ爲シタルトキ
四　社員ガ會社ノ業務ヲ執行スル權利ヲ有セザル場合ニ於テ其業務ノ執行ニ干與シタルトキ
五　其他社員ガ重要ナル義務ヲ盡サザルトキ

業務執行權又ハ代表權ノ喪失ノ宣告ヲ請求スルコトヲ得
社員ノ除名又ハ業務執行權若ハ代表權ノ喪失ノ判決確定シタルトキハ本店及支店ノ所在地ニ於テ其ノ登記ヲ爲スコトヲ要ス
第八十七條　除名セラレタル社員ト會社トノ間ノ計算ハ除名ノ訴ヲ提起シタル時ニ於ケル會社財産ノ狀況ニ從ヒテ之ヲ爲シ且其其ノ時ヨリ法定利息ヲ附スルコトヲ要ス
第八十八條　第八十六條ノ訴ハ本店ノ所在地ノ地方裁判所ノ管轄ニ專屬ス
第八十九條　退社員ハ勞務又ハ信用ヲ以テ出資ノ目的ト爲シタルトキト雖モ其ノ持分ノ拂戾ヲ受クルコトヲ得但シ定款ニ別段ノ定アルトキハ此ノ限ニ在ラズ
第九十條　社員ノ持分ノ差押ハ社員ガ將來利益ノ配當及持分ノ拂戾ヲ請求スル權利ニ對シテモ亦其ノ效力ヲ有ス
第九十一條　社員ノ持分ヲ差押ヘタル債權者ハ營業年度ノ終ニ於テ其ノ社員ヲ退社セシムルコトヲ得但シ會社及其ノ社員ニ對シ六月前ニ其ノ豫告ヲ爲スコトヲ要ス
前項但書ノ豫告ハ社員ガ辨濟ヲ爲シ又ハ相當ノ擔保

第七十一條　退社員ハ勞務又ハ信用ヲ以テ出資ノ目的ト爲シタルトキト雖モ其持分ノ拂戾ヲ受クルコトヲ得但定款ニ別段ノ定アルトキハ此限ニ在ラズ

ヲ供シタルトキハ其ノ效力ヲ失フ
第九十二條　會社ノ商號中ニ退社員ノ氏又ハ氏名ヲ用ヒタルトキハ退社員ハ其ノ氏又ハ氏名ノ使用ヲ止ムベキコトヲ請求スルコトヲ得
第九十三條　退社員ハ本店ノ所在地ニ於テ退社ノ登記ヲ爲ス前ニ生ジタル會社ノ債務ニ付責任ヲ負フ
前項ノ責任ハ前項ノ登記後二年内ニ請求又ハ請求ノ豫告ヲ爲サザル會社ノ債權者ニ對シテハ登記後二年ヲ經過シタルトキ消滅ス
前二項ノ規定ハ持分ヲ讓渡シタル社員ニ之ヲ準用ス

第五節　解　散

第九十四條　會社ハ左ノ事由ニ因リテ解散ス
一　存立時期ノ滿了其ノ他定款ニ定メタル事由ノ發生
二　總社員ノ同意
三　會社ノ合併
四　社員ガ一人ト爲リタルコト
五　會社ノ破産
六　解散ヲ命ズル裁判
第九十五條　前條第一號又ハ第二號ノ場合ニ於テハ社

第七十二條　會社ノ商號中ニ退社員ノ氏又ハ氏名ヲ用ヒタルトキ退社員ハ其氏又ハ氏名ノ使用ヲ止ムヘキコトヲ請求スルコトヲ得
第七十三條　退社員ハ本店ノ所在地ニ於テ退社ノ登記ヲ爲ス前ニ生ジタル會社ノ債務ニ付キ責任ヲ負フ此責任ハ其登記後二年ヲ經過シタルトキハ消滅ス
前項ノ規定ハ他ノ社員ノ承諾ヲ得テ持分ヲ讓渡シタル社員ニ之ヲ準用ス

第五節　解　散

第七十四條　會社ハ左ノ事由ニ因リテ解散ス
一　存立時期ノ滿了其ノ他定款ニ定メタル事由ノ發生
二　會社ノ目的タル事業ノ成功又ハ其成功ノ不能
三　總社員ノ同意
四　會社ノ合併
五　社員ガ一人ト爲リタルコト
六　會社ノ破産
七　裁判所ノ命令
第七十五條　前條第一號ノ場合ニ於テハ社員ノ全部

員ノ全部又ハ一部ノ同意ヲ以テ會社ヲ繼續スルコトヲ得但シ同意ヲ爲サザリシ社員ハ退社シタルモノト看做ス

前條第四號ノ場合ニ於テハ新ニ社員ヲ加入セシメテ會社ヲ繼續スルコトヲ得

第九十六條　會社ガ解散シタルトキハ合併及破産ノ場合ヲ除クノ外本店ノ所在地ニ於テハ二週間、支店ノ所在地ニ於テハ三週間内ニ解散ノ登記ヲ爲スコトヲ要ス

第九十七條　會社ハ本店ノ所在地ニ於テ解散ノ登記ヲ爲シタル後ト雖モ第九十五條ノ規定ニ從ヒテ會社ヲ繼續スルコトヲ妨ゲズ此ノ場合ニ於テハ本店ノ所在地ニ於テハ二週間、支店ノ所在地ニ於テハ三週間内ニ繼續ノ登記ヲ爲スコトヲ要ス

第九十八條　會社ガ合併ヲ爲スニハ總社員ノ同意アルコトヲ要ス

解散後ノ會社ハ存立中ノ會社ヲ存續スル會社トスル場合ニ限リ合併ヲ爲スコトヲ得

第九十九條　會社ガ合併ノ決議ヲ爲シタルトキハ其ノ決議ノ日ヨリ二週間内ニ財産目録及貸借對照表ヲ作ルコトヲ要ス

又ハ一部ノ同意ヲ以テ會社ヲ繼續スルコトヲ得但同意ヲ爲サザリシ社員ハ退社ヲ爲シタルモノト看做ス

第七十六條　會社ガ解散シタルトキハ合併及ビ破産ノ場合ヲ除クノ外二週間内ニ本店及ビ支店ノ所在地ニ於テ其登記ヲ爲スコトヲ要ス

第七十七條　會社ノ合併ハ總社員ノ同意ヲ以テ之ヲ爲スコトヲ得

第七十八條　會社ガ合併ノ決議ヲ爲シタルトキハ其決議ノ日ヨリ二週間内ニ財産目録及ビ貸借對照表ヲ作ルコトヲ要ス

會社ハ前項ノ期間内ニ其債權者ニ對シ異議アラバ一

第百條　會社ハ前條ノ期間內ニ其ノ債權者ニ對シ合併ニ異議アラバ一定ノ期間內ニ之ヲ述ブベキ旨ヲ公告シ且知レタル債權者ニハ各別ニ之ヲ催告スルコトヲ要ス但シ其ノ期間ハ二月ヲ下ルコトヲ得ズ

債權者ガ前項ノ期間內ニ異議ヲ述ベザリシトキハ合併ヲ承認シタルモノト看做ス

債權者ガ異議ヲ述ベタルトキハ會社ハ辨濟ヲ爲シ若ハ相當ノ擔保ヲ供シ又ハ債權者ニ辨濟ヲ受ケシムルコトヲ目的トシテ信託會社ニ相當ノ財產ヲ信託スルコトヲ要ス

第百一條　會社ガ合併ヲ爲シタルトキハ本店ノ所在地ニ於テハ二週間、支店ノ所在地ニ於テハ三週間內ニ合併後存續スル會社ニ付テハ變更ノ登記、合併ニ因リテ消滅スル會社ニ付テハ解散ノ登記、合併ニ因リテ設立シタル會社ニ付テハ第六十四條ニ定ムル登記ヲ爲スコトヲ要ス

第百二條　會社ノ合併ハ合併後存續スル會社又ハ合併ニ因リテ設立シタル會社ガ其ノ本店ノ所在地ニ於テ前

定ノ期間內ニ之ヲ述ブベキ旨ヲ公告シ且知レタル債權者ニハ各別ニ之ヲ催告スルコトヲ要ス但其期間ハ二月ヲ下ルコトヲ得ズ

第七十九條　債權者ガ前條第二項ノ期間內ニ會社ノ合併ニ對シテ異議ヲ述ベザリシトキハ之ヲ承認シタルモノト看做ス

債權者ガ異議ヲ述ベタルトキハ會社ハ之ニ辨濟ヲ爲シ又ハ相當ノ擔保ヲ供スルニ非ザレバ合併ヲ爲スコトヲ得ズ

前項ノ規定ニ反シテ合併ヲ爲シタルトキハ之ヲ以テ異議ヲ述ベタル債權者ニ對抗スルコトヲ得ズ

第八十條　會社ガ第七十八條第二項ニ定メタル公告ヲ爲サズシテ合併ヲ爲シタルトキハ其合併ハ之ヲ以テ其債權者ニ對抗スルコトヲ得ズ

會社ガ知レタル債權者ニ催告ヲ爲サズシテ合併ヲ爲シタルトキハ其合併ハ之ヲ以テ其催告ヲ受ケザリシ債權者ニ對抗スルコトヲ得ズ

第八十一條　會社ガ合併ヲ爲シタルトキハ二週間內ニ本店及ビ支店ノ所在地ニ於テ合併後存續スル會社ニ付テハ變更ノ登記ヲ爲シ、合併ニ因リテ消滅シタル會社ニ付テハ解散ノ登記ヲ爲シ、合併ニ因リテ設立シタル會社ニ付テハ第五十一條第一項ニ定メタル登記ヲ爲スコトヲ要ス

條ノ登記ヲ爲スニ因リテ其ノ效力ヲ生ズ

第百三條　合併後存續スル會社又ハ合併ニ因リテ設立シタル會社ハ合併ニ因リテ消滅シタル會社ノ權利義務ヲ承繼ス

第百四條　會社ノ合併ノ無效ハ訴ヲ以テノミ之ヲ主張スルコトヲ得

前項ノ訴ハ各會社ノ社員、清算人、破産管財人又ハ合併ヲ承認セザル債權者ニ限リ之ヲ提起スルコトヲ得

第八十八條ノ規定ハ第一項ノ訴ニ之ヲ準用ス

第百五條　前條第一項ノ訴ハ合併ノ日ヨリ六月内ニ之ヲ提起スルコトヲ要ス

口頭辯論ハ前項ノ期間ヲ經過シタル後ニ非ザレバ之ヲ開始スルコトヲ得ズ

數個ノ訴ガ同時ニ繫屬スルトキハ辯論及裁判ハ併合シテ之ヲ爲スコトヲ要ス

訴ノ提起アリタルトキハ會社ハ遲滯ナク其ノ旨ヲ公告スルコトヲ要ス

第百六條　債權者ガ第百四條第一項ノ訴ヲ提起シタルトキハ會社ノ請求ニ因リ相當ノ擔保ヲ供スルコトヲ要ス

第百七條　第一項ノ訴ノ提起アリタル場合ニ於テ合併

第八十二條　合併後存續スル會社又ハ合併ニ因リテ設立シタル會社ハ合併ニ因リテ消滅シタル會社ノ權利義務ヲ承繼ス

ノ無效ノ原因タル瑕疵ガ補完セラレタルトキ又ハ會社ノ現況其ノ他一切ノ事情ヲ斟酌シテ合併ヲ無效トスルコトヲ不適當ト認ムルトキハ裁判所ハ請求ヲ棄却スルコトヲ得

第百八條　合併ヲ無效トスル判決ガ確定シタルトキハ本店及支店ノ所在地ニ於テ合併後存續スル會社ニ付テハ變更ノ登記、合併ニ因リテ設立シタル會社ニ付テハ解散ノ登記、合併ニ因リテ消滅シタル會社ニ付テハ回復ノ登記ヲ爲スコトヲ要ス

第百九條　合併ヲ無效トスル判決ハ第三者ニ對シテモ其ノ效力ヲ有ス

原告ガ敗訴シタル場合ニ於テ惡意又ハ重大ナル過失アリタルトキハ會社ニ對シ連帶シテ損害賠償ノ責ニ任ズ

第百十條　合併ヲ無效トスル判決ハ合併後存續スル會社又ハ合併ニ因リテ設立シタル會社、其ノ社員及第三者ノ間ニ生ジタル權利義務ニ影響ヲ及ボサズ

第百十一條　合併ヲ無效トスル判決ガ確定シタルトキハ合併ヲ爲シタル會社ハ合併後存續スル會社又ハ合併ニ因リテ設立シタル會社ガ合併後負擔シタル債務ニ付連帶シテ辨濟ノ責ニ任ズ

合併後存續スル會社又ハ合併ニ因リテ設立シタル會

社ガ合併後取得シタル財産ハ合併ヲ爲シタル會社ノ共有ニ屬ス
前二項ノ場合ニ於テハ各會ノ負擔部分又ハ持分ハ其ノ協議ヲ以テ之ヲ定ム協議調ハザルトキハ裁判所ハ請求ニ因リ合併ノ時ニ於ケル各會社ノ財産ノ額其ノ他一切ノ事情ヲ斟酌シテ之ヲ定ム
第百十二條　已ムコトヲ得ザル事由アルトキハ各社員ハ會社ノ解散ヲ裁判所ニ請求スルコトヲ得
第八十八條及第百九條第二項ノ規定ハ前項ノ場合之ヲ準用ス
第百十三條　合名會社ハ總社員ノ同意ヲ以テ或社員ヲ有限責任社員ト爲シ又新ニ有限責任社員ヲ加入セシメテ之ヲ合資會社ト爲スコトヲ得
前項ノ規定ハ第九十五條第二項ノ規定ニ依リ會社ヲ繼續スル場合之ヲ準用ス
第百十四條　合名會社ガ前條ノ規定ニ依リ其ノ組織ヲ變更シタルトキハ本店ノ所在地ニ於テハ二週間、支ノ所在地ニ於テハ三週間内ニ合名會社ニ付テハ解散ノ登記、合資會社ニ付テハ第百四十九條第一項ニ定ムル登記ヲ爲スコトヲ要ス
第百十五條　第百十三條第一項ノ場合ニ於テ從前ノ社

第八十三條　已ムコトヲ得ザル事由アルトキハ各社員ハ會社ノ解散ヲ裁判所ニ請求スルコトヲ得但裁判所ハ社員ノ請求ニ因リ會社ノ解散ニ代ヘテ或社員ヲ除名スルコトヲ得
第八十三條ノ二　合名會社ハ總社員ノ同意ヲ以テ其組織ヲ變更シテ之ヲ合資會社ト爲スコトヲ得
第七十八條及ビ第七十九條第一項、第二項ノ規定ハ前項ノ場合ニ之ヲ準用ス
第八十三條ノ三　前條ノ場合ニ於テ會社ハ組織變更ニ付キ債權者ノ承認ヲ得又ハ第七十九條第二項ニ定メタル義務ヲ履行シタル後二週間内ニ其本店及ビ支店ノ所在地ニ於テ合名會社ニ付テハ解散ノ登記ヲ爲シ合資會社ニ付テハ第百七條ニ定メタル登記ヲ爲スコトヲ要ス
第八十三條ノ四　合名會社ハ總社員ノ同意ヲ以テ有限

員ニシテ有限責任社員ト爲リタルモノハ本店所在地ニ於テ前條ノ登記ヲ爲ス前ニ生ジタル會社ノ債務ニ付テハ無限責任社員ノ責任ヲ免ルルコトナシ

第九十三條第二項ノ規定ハ前項ノ場合之ヲ準用ス

第六節 清算

第百十六條 會社ハ解散ノ後ト雖モ清算ノ目的ノ範圍內ニ於テハ仍存續スルモノト看做ス

第百十七條 解散ノ場合ニ於ケル會社財產ノ處分方法ハ定款又ハ總社員ノ同意ヲ以テ之ヲ定ムルコトヲ得此ノ場合ニ於テハ解散ノ日ヨリ二週間內ニ財產目錄及貸借對照表ヲ作ルコトヲ要ス

前項ノ規定ハ會社ガ第九十四條第四號又ハ第六號ノ規定ニ依リテ解散シタル場合ニハ之ヲ適用セズ

第百條ノ規定ハ第一項ノ場合ニ之ヲ準用ス

第一項ノ場合ニ於テ社員ノ持分ヲ差押ヘタル者アルトキハ其ノ者ヲ同意ヲ得ルコトヲ要ス

第百十八條 會社ガ前條第三項ノ規定ニ違反シテ其ノ財產ヲ處分シタルトキハ會社ノ債權者ハ其ノ處分ノ取消ヲ裁判所ニ請求スルコトヲ得但シ其ノ處分ガ會社ノ債權者ヲ害セザルモノナルトキハ此ノ限ニ在ラズ

民法第四百二十四條第一項但書、第四百二十五條及

社責任社員ヲ加入セシメ之ヲ合資會社ト爲スコトヲ得此場合ニ於テハ合資會社ト爲リタル時ヨリ二週間內ニ前條ニ定メタル登記ヲ爲スコトヲ要ス

第六節 清算

第八十四條 會社ハ解散ノ後ト雖モ清算ノ目的ノ範圍內ニ於テハ尙ホ存續スルモノト看做ス

第八十五條 解散ノ場合ニ於ケル會社財產ノ處分方法ハ定款又ハ總社員ノ同意ヲ以テ之ヲ定ムルコトヲ得此場合ニ於テハ解散ノ日ヨリ二週間內ニ財產目錄及ビ貸借對照表ヲ作ルコトヲ要ス

第七十八條第二項、第七十九條及ビ第八十條ノ規定ハ前項ノ場合ニ之ヲ準用ス

第四百二十六條ノ規定ハ前項ノ場合之ヲ準用ス

第百十九條　會社ガ第百十七條第四項ノ規定ニ違反シテ其ノ財產ヲ處分シタルトキハ社員ノ持分ヲ差押ヘタル者ハ會社ニ對シ其ノ持分ニ相當スル金額ノ支拂ヲ請求スルコトヲ得此ノ場合ニ於テハ前條ノ規定ヲ準用ス

第百二十條　第百十七條第一項ノ規定ニ依リテ會社財產ノ處分方法ヲ定メザリシトキハ合併及破產ノ場合ヲ除クノ外第百二十一條乃至第百三十五條ノ規定ニ從ヒテ淸算ヲ爲スコトヲ要ス

第百二十一條　淸算ハ業務執行社員之ヲ爲ス但シ社員ノ過半數ヲ以テ別ニ淸算人ヲ選任シタルトキハ此ノ限ニ在ラズ

第百二十二條　會社ガ第九十四條第四號又ハ第六號ノ規定ニ依リテ解散シタルトキハ裁判所ハ利害關係人若ハ檢事ノ請求ニ因リ又ハ職權ヲ以テ淸算人ヲ選任ス

第百二十三條　業務執行社員ガ淸算人ト爲リタルトキハ解散ノ日ヨリ本店ノ所在地ニ於テハ二週間、支店ノ所在地ニ於テハ四週間內ニ左ノ事項ヲ登記スルコトヲ要ス

第八十六條　前條ノ規定ニ依リテ會社財產ノ處分方法ヲ定メザリシトキハ合併及ビ破產ノ場合ヲ除ク外後十五條ノ規定ニ從ヒテ淸算ヲ爲スコトヲ要ス

第八十七條　淸算ハ總社員又ハ其選任シタル者ニ於テ之ヲ爲ス

淸算人ノ選任ハ社員ノ過半數ヲ以テ之ヲ決ス

第八十八條　第七十四條第五號ノ場合ニ於テハ裁判所ハ利害關係人ノ請求ニ因リ淸算人ヲ選任ス

第八十九條　會社ガ裁判所ノ命令ニ因リテ解散シタルトキハ裁判所ハ利害關係人又ハ檢事ノ請求ニ因リ淸算人ヲ選任ス

第九十條　淸算人ノ選任アリタルトキハ其淸算人ハ二週間內ニ本店及ビ支店ノ所在地ニ於テ左ノ事項ヲ登記スルコトヲ要ス

一　清算人ノ氏名及住所
二　清算人ニシテ會社ヲ代表セザルモノアルトキハ會社ヲ代表スベキモノノ氏名
三　數人ノ清算人ガ共同シテ會社ヲ代表スベキ定アルトキハ其ノ規定
清算人ノ選任アリタルトキハ其ノ清算人ニハ本店ノ所在地ニ於テハ二週間、支店ノ所在地ニ於テハ三週間内ニ前項ニ掲グル事項ヲ登記スルコトヲ要ス
第六十七條ノ規定ハ前二項ノ登記ニ之ヲ準用ス
第百二十四條　清算人ノ職務左ノ如シ
一　現務ノ結了
二　債權ノ取立及債務ノ辨濟
三　殘餘財産ノ分配
會社ヲ代表スベキ清算人ハ前項ノ職務ニ關スル一切ノ裁判上又ハ裁判外ノ行爲ヲ爲ス權限ヲ有ス
民法第八十一條ノ規定ハ合名會社ニ之ヲ準用ス
第百二十五條　會社ハ辨濟期ニ至ラザル債權ト雖モ之ヲ辨濟スルコトヲ得

一　清算人ノ氏名、住所
二　會社ヲ代表スベキ清算人ヲ定メタルトキハ其氏名
三　數人ノ清算人ガ共同シテ會社ヲ代表スベキコトヲ定メタルトキハ其代表ニ關スル規定
第九十一條　清算人ノ職務左ノ如シ
一　現務ノ結了
二　債權ノ取立及ビ債務ノ辨濟
三　殘餘ノ財産ノ分配
會社ヲ代表スベキ清算人ハ前項ノ職務ヲ行フ爲メニ必要ナル一切ノ裁判上又ハ裁判外ノ行爲ヲ爲ス權限ヲ有ス
清算人ノ代理權ニ加ヘタル制限ハ之ヲ以テ善意ノ第三者ニ對抗スルコトヲ得ズ
民法第八十一條ノ規定ハ合名會社ノ清算ノ場合ニ之ヲ準用ス
第九十一條ノ二　會社ハ辨濟期ニ至ラザル債權ト雖モ之ヲ辨濟スルコトヲ要ス

前項ノ場合ニ於テハ無利息債權ニ付テハ辨濟期ニ至ル迄ノ法定利息ヲ加算シテ其ノ債權額ニ達スベキ金額ヲ辨濟スルコトヲ要ス

前項ノ規定ハ利息附債權ニシテ其ノ利率ガ法定利率ニ達セザルモノニ之ヲ準用ス

第一項ノ場合ニ於テハ條件附債權、存續期間ノ不確定ナル債權其ノ他價額ノ不確定ナル債權ニ付テハ裁判所ノ選任シタル鑑定人ノ評價ニ從ヒテ之ヲ辨濟スルコトヲ要ス

第百二十六條　會社ニ現存スル財産ガ其ノ債務ヲ完濟スルニ不足ナルトキハ淸算人ハ辨濟期ニ拘ラズ社員ヲシテ出資ヲ爲サシムルコトヲ得

第百二十七條　淸算人ガ會社ノ營業ノ全部又ハ一部ヲ讓渡スルニハ社員ノ過半數ノ決議アルコトヲ要ス

第百二十八條　淸算人數人アルトキハ淸算ニ關スル行爲ハ其ノ過半數ヲ以テ之ヲ決ス

第百二十九條　第七十六條及第七十七條ノ規定ハ淸算人ニ之ヲ準用ス

業務執行社員ガ淸算人ト爲リタル場合ニ於テハ從前ノ定ニ從ヒテ會社ヲ代表ス

裁判所ガ數人ノ淸算人ヲ選任スル場合ニ於テハ會社ヲ代表スベキ者ヲ定メ又ハ數人ガ共同シテ會社ヲ代

條件附債權又ハ存續期間ノ不確定ナル債權ハ裁判所ニ於テ選任シタル鑑定人ノ評價ニ從ヒテ之ヲ辨濟スルコトヲ要ス

第九十二條　會社ニ現存スル財産ガ其債務ヲ完濟スルニ不足ナルトキハ淸算人ハ辨濟期ニ拘ハラズ社員ヲシテ出資ヲ爲サシムルコトヲ得

第九十三條　淸算人數人アルトキハ淸算ニ關スル行爲ハ其過半數ヲ以テ之ヲ決ス

第九十三條ノ二　第六十一條及ビ第六十一條ノ二ノ規定ハ淸算人ニ之ヲ準用ス

裁判所ガ數人ノ淸算人ヲ選任スル場合ニ於テ會社ヲ代表スベキ者ヲ定メズ又ハ數人ガ共同シテ會社ヲ代表スベキコトヲ定メザルトキハ其淸算人ハ各自會社ヲ代表ス

表スベキ旨ヲ定ムルコトヲ得

第百三十條　清算人ハ就職ノ後遲滯ナク會社財產ノ現況ヲ調查シ財產目錄及貸借對照表ヲ作リ之ヲ社員ニ交付スルコトヲ要ス

清算人ハ社員ノ請求ニ因リ每月清算ノ狀況ヲ報告スルコトヲ要ス

第百三十一條　清算人ハ會社ノ債務ヲ辨濟シタル後ニ非ザレバ會社財產ヲ社員ニ分配スルコトヲ得ズ但シ爭アル債務ニ付其ノ辨濟ニ必要ト認ムル財產ヲ留保シテ殘餘ノ財產ヲ分配スルコトヲ妨ゲズ

第百三十二條　社員ガ選任シタル清算人ハ何時ニテモ之ヲ解任スルコトヲ得此ノ解任ハ社員ノ過半數ヲ以テ之ヲ決ス

重要ナル事由アルトキ裁判所ハ利害關係人ノ請求ニ因リ清算人ヲ解任スルコトヲ得

第百三十三條　清算人ノ任務ガ終了シタルトキハ清算人ハ遲滯ナク計算ヲ爲シテ各社員ノ承認ヲ求ムルコトヲ要ス

前項ノ計算ニ對シ社員ガ一月內ニ異議ヲ述ベザリシ

第九十四條　清算人ハ就職ノ後遲滯ナク會社財產ノ現況ヲ調查シ財產目錄及ビ貸借對照表ヲ作リ之ヲ社員ニ交付スルコトヲ要ス

清算人ハ社員ノ請求ニ因リ每月清算ノ狀況ヲ報告スルコトヲ要ス

第九十五條　清算人ハ會社ノ債務ヲ辨濟シタル後ニ非ザレバ會社財產ヲ社員ニ分配スルコトヲ得ズ

第九十六條　社員ガ選任シタル清算人ハ何時ニテモ之ヲ解任スルコトヲ得此解任ハ社員ノ過半數ヲ以テ之ヲ決ス

重要ナル事由アルトキハ裁判所ハ利害關係人ノ請求ニ因リ清算人ヲ解任スルコトヲ得

第九十七條　第九十條ニ揭ゲタル事項中ニ變更ヲ生ジタルトキハ清算人ハ二週間內ニ本店及ビ支店ノ所在地ニ於テ之ヲ登記スルコトヲ要ス

第九十八條　清算人ノ任務ガ終了シタルトキハ清算人ハ遲滯ナク計算ヲ爲シテ各社員ノ承認ヲ求ムルコトヲ要ス

前項ノ計算ニ對シ社員ガ一ケ月內ニ異議ヲ述ベザリ

トキハ之ヲ承認シタルモノト看做ス但シ清算人ニ不正ノ行爲アリタルトキハ此ノ限ニ在ラズ

第百三十四條　清算ガ結了シタルトキハ清算人ハ前條ノ承認アリタル後本店ノ所在地ニ於テハ二週間、支店ノ所在地ニ於テハ三週間内ニ清算結了ノ登記ヲ爲スコトヲ要ス

第百三十五條、第七十五條、第七十八條第二項、第二百五十四條第二項及第二百六十六條ノ規定ハ清算人ニ之ヲ準用ス

第百三十六條　會社ノ設立ノ無效ハ其ノ成立ノ日ヨリ二年内ニ訴ヲ以テノミ之ヲ主張スルコトヲ得

前項ノ訴ハ社員ニ限リ之ヲ提起スルコトヲ得

第八十八條、第百五條第三項第四項、第百七條、第百九條及百十條ノ規定ハ第一項ノ訴ニ之ヲ準用ス

第百三十七條　設立ヲ無效トスル判決ガ確定シタルト

シトキハ之ヲ承認シタルモノト看做ス但清算人ニ不正ノ行爲アリタルトキハ此限ニ在ラズ

第九十九條　清算ガ結了シタルトキハ清算人ハ遲滯ナク本店及ビ支店ノ所在地ニ於テ其登記ヲ爲スコトヲ要ス

第九十九條ノ二　會社ガ事業ニ著手シタル後社員ガ其設立ノ無效ナルコトヲ發見シタルトキハ訴ヲ以テノミ其無效ヲ主張スルコトヲ得

第九十九條ノ三　前條ノ訴ハ本店ノ所在地ノ地方裁判所ノ管轄ニ專屬ス

數個ノ訴ガ同時ニ繫屬スルトキハ辨論及ビ裁判ハ併合シテ之ヲ爲スコトヲ要ス

第九十九條ノ四　設立ヲ無效トスル判決ハ當事者ニ非ザル社員ニ對シテモ其效力ヲ有ス

原告ガ敗訴シタル場合ニ於テ惡意又ハ重大ナル過失アリタルトキハ會社ニ對シ連帶シテ損害賠償ノ責ニ任ズ

第九十九條ノ五　設立ヲ無效トスル判決ガ確定シタル

キハ本店及支店ノ所在地ニ於テ其ノ登記ヲ爲スコトヲ要ス

第百三十八條　設立ヲ無效トスル判決ガ確定シタルトキハ解散ノ場合ニ準ジテ清算ヲ爲スコトヲ要ス此ノ場合ニ於テハ裁判所ハ利害關係人ノ請求ニ因リ清算人ヲ選任ス

第百三十九條　設立ヲ無效トスル判決ガ確定シタル場合ニ於テ其ノ無效ノ原因ガ或社員ノミニ付存スルトキハ前條ノ規定ニ拘ラズ他ノ社員ノ一致ヲ以テ會社ヲ繼續スルコトヲ得此ノ場合ニ於テハ無效ノ原因ノ存スル社員ハ退社ヲ爲シタルモノト看做ス

第九十五條第二項及第九十七條ノ規定ハ前項ノ場合ニ之ヲ準用ス

第百四十條　會社ノ設立ノ取消ハ訴ヲ以テノミ之ヲ請求スルコトヲ得

第百四十一條　社員ガ其ノ債權者ヲ害スルコトヲ知リテ會社ヲ設立シタルトキハ債權者ハ其ノ社員及會社ニ對スル訴ヲ以テ會社ノ設立ノ取消ヲ請求スルコトヲ得

第百四十二條　第八十八條、第百五條第三項第四項、第百九條、第百十條、第百三十六條第一項及第百三十七條乃至第百三十九條ノ規定ハ前二條ノ場合ニ之ヲ

トキハ本店及ビ支店ノ所在地ニ於テ其登記ヲ爲スコトヲ要ス

第九十九條ノ六　設立ヲ無效トスル判決ガ確定シタルトキハ解散ノ場合ニ準シテ清算ヲ爲スコトヲ要ス此場合ニ於テハ裁判所ハ利害關係人ノ請求ニ因リ清算人ヲ選任ス

設立ヲ無效トスル判決ハ會社ト第三者トノ間ニ成立シタル行爲ノ效力ニ影響ヲ及ボサズ

第百條　會社ガ事業ニ著手シタル後其設立ガ取消サレタルトキハ二週間内ニ本店及ビ支店ノ所在地ニ於テ其ノ登記ヲ爲スコトヲ要ス此場合ニ於テハ前條ノ規定ヲ準用ス

準用ス

第百四十三條　會社ノ帳簿竝ニ其ノ營業及清算ニ關スル重要書類ハ第百十七條ノ場合ニ在リテハ本店ノ所在地ニ於テ解散ノ登記ヲ爲シタル後、其ノ他ノ場合ニ在リテハ清算結了ノ登記ヲ爲シタル後十年間之ヲ保存スルコトヲ要ス其ノ保存者ハ社員ノ過半數ヲ以テ之ヲ定ム

第百四十四條　社員ガ死亡シタル場合ニ於テ其ノ相續人數人アルトキハ清算ニ關シテ社員ノ權利ヲ行使スベキ者一人ヲ定ムコトヲ要ス

第百四十五條　第八十條ニ定ムル社員ノ責任ハ本店ノ所在地ニ於テ解散ノ登記ヲ爲シタル後五年內ニ請求又ハ請求ノ豫告ヲ爲サザル會社ノ債權者ニ對シテハ登記後五年ヲ經過シタルトキ消滅ス

前項ノ期間經過ノ後ト雖モ分配セザル殘餘財產仍存スルトキハ會社ノ債權者ハ之ニ對シテ辨濟ヲ請求スルコトヲ得

第三章　合資會社

第四十六條　合資會社ハ有限責任社員ト無限責任社員トヲ以テ之ヲ組織ス

第百四十七條　合資會社ニハ本章ニ別段ノ定アル場合

第百一條　會社ノ帳簿、其營業ニ關スル信書及ビ清算ニ關スル一切ノ書類ハ第八十五條ノ場合ニ在リテハ本店ノ所在地ニ於テ解散ノ登記ヲ爲シタル後其他ノ場合　在リテハ清算結了ノ登記ヲ爲シタル後十年間之ヲ保存スルコトヲ要ス其保存者ハ社員ノ過半數ヲ以テ之ヲ定ム

第百二條　社員ガ死亡シタル場合ニ於テ其相續人數人アルトキハ清算ニ關シテ社員ノ權利ヲ行フベキ者一人ヲ定ムコトヲ要ス

第百三條　第六十三條ニ定メタル社員ノ責任ハ本店ノ所在地ニ於テ解散ノ登記ヲ爲シタル後五年ヲ經過シタルトキハ消滅ス

前項ノ期間經過ノ後ト雖モ分配セザル殘餘財產尙ホ存スルトキハ會社ノ債權者ハ之ニ對シテ辨濟ヲ請求スルコトヲ得

第三章　合資會社

第百四條　合資會社ハ有限責任社員ト無限責任社員トヲ以テ之ヲ組織ス

第百五條　合資會社ニハ本章ニ別段ノ定アル場合ヲ除

ヲ除クノ外合名會社ニ關スル規定ヲ準用ス
第百四十八條　合資會社ノ定款ニハ第六十三條ニ掲グル事項ノ外各社員ノ責任ノ有限又ハ無限ナルコトヲ記載スルコトヲ要ス
第百四十九條　合資會社ノ設立ノ登記ニ在リテハ第六十四條第一項ニ掲グル事項ノ外各社員ノ責任ノ有限又ハ無限ナルコトヲ登記スルコトヲ要ス
有限責任社員ニ付テハ登記シタル事項ノ公告ニハ其ノ員數及出資ノ總額ヲ掲グルヲ以テ足ル變更ノ登記アリタルトキ亦同ジ
第百五十條　有限責任社員ハ金錢其ノ他ノ財産ノミヲ以テ其ノ出資ノ目的ト爲スコトヲ得
第百五十一條　各無限責任社員ハ定款ニ別段ノ定ナキトキハ會社ノ業務ヲ執行スル權利ヲ有シ義務ヲ負フ
無限責任社員數人アルトキハ會社ノ業務執行ハ其ノ過半數ヲ以テ之ヲ決ス
第百五十二條　支配人ノ選任及解任ハ特ニ業務執行社員ヲ定メタルトキト雖モ無限責任社員ノ過半數ヲ以テ之ヲ決ス
第百五十三條　有限責任社員ハ營業年度ノ終ニ於テ營業時間內ニ限リ會社ノ財産目錄及貸借對照表ノ閲覽ヲ求メ且會社ノ業務及財産ノ狀況ヲ檢査スルコトヲ

ク外合名會社ニ關スル規定ヲ準用ス
第百六條　合資會社ノ定款ニハ第五十條ニ掲ゲタル事項ノ外各社員ノ責任ノ有限又ハ無限ナルコトヲ記載スルコトヲ要ス
第百七條　會社ハ定款ヲ作リタル日ヨリ二週間內ニ其本店及ビ支店ノ所在地ニ於テ第五十一條第一項ニ掲ゲタル事項ノ外各社員ノ責任ノ有限又ハ無限ナルコトヲ登記スルコトヲ要ス
第百八條　有限責任社員ハ金錢其他ノ財産ノミヲ以テ其出資ノ目的ト爲スコトヲ得
第百九條　各無限責任社員ハ定款ニ別段ノ定ナキトキハ會社ノ業務ヲ執行スル權利ヲ有シ義務ヲ負フ
無限責任社員數人アルトキハ會社ノ業務執行ハ其過半數ヲ以テ之ヲ決ス
第百十條　支配人ノ選任及ビ解任ハ特ニ業務執行社員ヲ定メタルトキト雖モ無限責任社員ノ過半數ヲ以テ之ヲ決ス
第百十一條　有限責任社員ハ營業年度ノ終ニ於テ營業時間內ニ限リ會社ノ財産目錄及ビ貸借對照表ノ閲覽ヲ求メ且會社ノ業務及ビ會社財産ノ狀況ヲ檢査スル

得

重要ナル事由アルトキハ有限責任社員ハ何時ニテモ裁判所ノ許可ヲ得テ本社ノ業務及財産ノ狀況ヲ檢査スルコトヲ得

第百五十四條　有限責任社員ハ無限責任社員全員ノ承諾アルトキハ其持分ノ內部又ハ一部ヲ他人ニ讓渡スコト得持分ノ讓渡ニ伴ヒ定款ノ變更ヲ生ズルトキト雖モ亦同ジ

第百五十五條　有限責任社員ガ自己若クハ第三者ノ爲ニ會社ノ營業ノ部類ニ屬スル取引ヲ爲シ又ハ同種ノ營業ヲ目的トスル他ノ會社ノ無責限任社員若クハ取締役ト爲ルニハ他ノ社員ノ承諾アルコトヲ要セズ

第百五十六條　有限責任社員ハ會社ノ業務ヲ執行シ又ハ會社ヲ代表スルコトヲ得ズ

第百五十七條　有限責任社員ハ其ノ出資ノ價額ヲ限度トシテ會社ノ債務ヲ辨濟スル責ニ任ズ但シ既ニ會社ニ對シ履行ヲ爲シタル出資ノ價額ニ付テハ此ノ限ニ在ラズ

前項但書ノ規定ノ適用ニ付テハ會社ニ利益ナキニ拘ラズ配當ヲ受ケタル金額ハ之ヲ控除シテ其ノ出資ノ

コトヲ得

重要ナル事由アルトキハ裁判所ハ有限責任社員ノ請求ニ因リ何時ニテモ會社ノ業務及ビ會社財產ノ狀況ノ檢査ヲ許スコトヲ得

第百十二條　有限責任社員ハ無限責任社員全員ノ承諾アルトキハ其持分ノ全部又ハ一部ヲ他人ニ讓渡スコトヲ得

第百十三條　有限責任社員ハ自己又ハ第三者ノ爲メニ會社ノ營業ノ部類ニ屬スル商行爲ヲ爲シ又ハ同種ノ營業ヲ目的トスル他ノ會社ノ無限責任社員ト爲ルコトヲ得

第百十四條　定款又ハ總社員ノ同意ヲ以テ特ニ會社ヲ代表スベキ無限責任社員ヲ定メザルトキハ各無限責任社員會社ヲ代表ス

第百十五條　有限責任社員ハ會社ノ業務ヲ執行シ又ハ會社ヲ代表スルコトヲ得ズ

價額ヲ定ム

第百五十八條　有限責任社員ハ出資ノ減少後ト雖モ本店ノ所在地ニ於テ其ノ登記ヲ爲ス前ニ生ジタル會社ノ債務ニ付テハ從前ノ責任ヲ免ルルコトナシ

第九十三條第二項ノ規定ハ前項ノ場合ニ之ヲ準用ス

第百五十九條　有限責任社員ニ自己ヲ無限責任社員ナリト誤認セシムベキ行爲アリタルトキハ其ノ社員ハ誤認ニ基キテ會社ト取引ヲ爲シタル者ニ對シ無限責任社員ト同一ノ責任ヲ負フ

前項ノ規定ハ有限責任社員ニ其ノ限度ヲ誤認セシムベキ行爲アリタル場合ニ之ヲ準用ス

第百六十條　第八十二條ノ規定ハ有限責任社員ガ無限責任社員ト爲リタル場合、第九十三條ノ規定ハ無限責任社員ガ有限責任社員ト爲リタル場合ニ之ヲ準用ス

第百六十一條　有限責任社員ガ死亡シタルトキハ其ノ相續人之ニ代リテ社員ト爲ル

第二百三條ノ規定ハ死亡シタル有限責任社員ノ相續人數人アル場合ニ之ヲ準用ス

有限責任社員ハ禁治産ノ宣告ヲ受クルモ之ニ因リテ退社セズ

第百六十二條　合資會社ハ無限責任社員又ハ有限責任社員ノ全員ガ退社シタルトキハ解散ス但シ殘存スル

第百十六條　有限責任社員ニ自己ヲ無限責任社員ナリト信ゼシムベキ行爲アリタルトキハ其社員ハ善意ノ第三者ニ對シテ無限責任社員ト同一ノ責任ヲ負フ

第百十七條　有限責任社員ガ死亡シタルトキハ其相續人之ニ代リテ社員ト爲ル

有限責任社員ハ禁治産ノ宣告ヲ受クルモ之ニ因リテ退社セズ

第百十八條　合資會社ハ無限責任社員又ハ有限責任社員ノ全員ガ退社シタルトキハ解散ス但シ有限責任社

社員ノ一致ヲ以テ新ニ無限責任社員ヲ加入セシメテ會社ヲ繼續スルコトヲ妨ゲズ

有限責任社員ノ全員ガ退社シタル場合ニ於テハ無限責任社員ノ一致ヲ以テ合名會社トシテ會社トシテ會社ヲ繼續スルコトヲ得

前項ノ場合ニ於テハ本店ノ所在地ニ於テハ二週間、支店ノ所在地ニ於テハ三週間内ニ合資會社ニ付テハ解散ノ登記、合名會社ニ付テハ第六十四條ニ定ムル登記ヲ爲スコトヲ要ス

第百六十三條　合資會社ハ總社員ノ同意ヲ以テ其ノ組織ヲ變更シテ之ヲ合名會社ト爲スコトヲ得此ノ場合ニ於テハ前條第三項ノ規定ヲ準用ス

第百六十四條　清算ハ業務執行社員之ヲ爲ス但シ無限責任社員ノ過半數ヲ以テ別ニ清算人ヲ選任シタルトキハ此ノ限ニ在ラズ

第四章　株式會社

第一節　設立

第百六十五條　株式會社ノ設立ニハ七人以上ノ發起人アルコトヲ要ス

第百六十六條　發起人ハ定款ヲ作リ之ニ左ノ事項ヲ記

員ノ全員ガ退社シタル場合ニ於テ無限責任社員ノ一致ヲ以テ合名會社トシテ會社ヲ繼續スルコトヲ妨ゲズ

前項但書ノ場合ニ於テハ二週間内ニ本店及ビ支店ノ所在地ニ於テ合資會社ニ付テハ解散ノ登記ヲ爲シ合名會社ニ付テハ第五十一條第一項ニ定メタル登記ヲ爲スコトヲ要ス

第百十八條ノ二　合資會社ハ總社員ノ同意ヲ以テ其組織ヲ變更シテ之ヲ合名會社ト爲スコトヲ得此場合ニ於テハ前條第二項ノ規定ヲ準用ス

第四章　株式會社

第一節　設立

第百十九條　株式會社ノ設立ニハ七人以上ノ發起人アルコトヲ要ス

第百二十條　發起人ハ定款ヲ作リ之ニ左ノ事項ヲ記載

載シテ署名スルコトヲ要ス
一　目的
二　商號
三　資本ノ總額
四　一株ノ金額
五　本店及支店ノ所在地
六　會社ガ公告ヲ爲ス方法
七　發起人ノ氏名及住所
會社ノ公告ハ官報又ハ時事ニ關スル事項ヲ揭載スル日刊新聞紙ニ揭ゲテ之ヲ爲スコトヲ要ス
第百六十七條　定款ハ公證人ノ認證ヲ受クルニ非ザレバ其ノ效力ヲ有セズ
第百六十八條　左ニ揭グル事項ハ之ヲ定款ニ記載スルニ非ザレバ其ノ效力ヲ有セズ
一　存立時期又ハ解散ノ事由
二　數種ノ株式ノ發行竝ニ其ノ各種ノ株式ノ內容及數
三　株式ノ額面以上ノ發行
四　發起人ガ受クベキ特別ノ利益及之ヲ受クベキ者ノ氏名

シテ署名スルコトヲ要ス
一　目的
二　商號
三　資本ノ總額
四　一株ノ金額
五　取締役ガ有スベキ株式ノ數
六　本店及支店ノ所在地
七　會社ガ公告ヲ爲ス方法
八　發起人ノ氏名、住所
第百二十一條　前條第五號乃至第七號ニ揭ゲタル事項ヲ定款ニ記載セザリシトキハ創立總會又ハ株主總會ニ於テ之ヲ補足スルコトヲ得
前項ノ株主總會ノ決議ハ第二百九條ノ規定ニ從ヒテ之ヲ爲スコトヲ要ス
第百二十二條　左ニ揭ゲタル事項ヲ定メタルトキハ之ヲ定款ニ記載スルニ非ザレバ其效ナシ
一　存立時期又ハ解散ノ事由
二　株式ノ額面以上ノ發行
三　發起人ガ受クベキ特別ノ利益及ビ之ヲ受クベキ者ノ氏名
四　金錢以外ノ財産ヲ以テ出資ノ目的ト爲ス者ノ氏名、其財産ノ種類、價格及ビ之ニ對シテ與フル株

五　現物出資ヲ爲ス者ノ氏名、出資ノ目的タル財産其ノ價格及之ニ對シテ與フル株式ノ種類及數

六　會社ノ成立後ニ讓受クルコトヲ約シタル財産其ノ價格及讓渡人ノ氏名

七　會社ノ負擔ニ歸スベキ設立費用及發起人ガ受クベキ報酬ノ額

現物出資ハ發起人ニ限リ之ヲ爲スコトヲ得

第百六十九條　各發起人ハ書面ニ依リテ株式ノ引受ヲ爲スコトヲ要ス

第百七十條　發起人ガ株式ノ總數ヲ引受ケタルトキハ遲滯ナク各株ニ付第一回ノ拂込ヲ爲シ且取締役監査役ヲ選任スルコトヲ要ス

前項ノ選任ハ發起人ノ議決權ノ過半數ヲ以テ之ヲ決ス此ノ場合ニ於テハ第二百四十一條第一項ノ規定ヲ準用ス

第百七十一條　株式發行ノ價額ハ券面額ヲ下ルコトヲ得ズ

第一回拂込ノ金額ハ株金ノ四分ノ一ヲ下ルコトヲ得ズ

額面以上ノ價額ヲ以テ株式ヲ發行シタルトキハ其ノ額面ヲ超ユル金額ハ第一回拂込ト同時ニ之ヲ拂込ムコトヲ要ス

式ノ數

五　會社ノ負擔ニ歸スベキ設立費用及ビ發起人ガ受クベキ報酬ノ額

第百二十三條　發起人ガ株式ノ總數ヲ引受ケタルトキハ會社ハ之ニ因テ成立ス此場合ニ於テハ發起人ハ遲滯ナク株金ノ四分ノ一ヲ下ラザル第一回ノ拂込ヲ爲シ且取締役及ビ監査役ヲ選任スルコトヲ要ス此選任ハ發起人ノ議決權ノ過半數ヲ以テ之ヲ決ス

（第百二十八條參照）

第百七十二條　現物出資者ハ第一回ノ拂込ノ期日ニ出資ノ目的タル財産ノ全部ヲ給付スルコトヲ要ス但シ登記、登録其ノ他權利ノ設定又ハ移轉ヲ以テ第三者ニ對抗スル爲必要ナル行爲ハ會社成立後ニ之ヲ爲スコトヲ妨ゲズ

第百七十三條　取締役ハ其ノ選任後遲滯ナク第百六十八條第一項第四號乃至第七號ニ掲グル事項及前三條ノ規定ニ依ル拂込竝ニ現物出資ノ給付アリタルヤ否ヤヲ調査セシムル爲檢査役ノ選任ヲ裁判所ニ請求スルコトヲ要ス

裁判所ハ檢査役ノ報告ヲ聽キ第百六十八條第一項第四號乃至第七號ニ掲グル事項ヲ不當ト認メタルトキハ之ニ變更ヲ加ヘテ各發起人ニ通告スルコトヲ得

前項ノ變更ニ服セザル發起人ハ其ノ株式ノ引受ヲ取消スコトヲ得此ノ場合ニ於テハ定款ヲ變更シテ設立ニ關スル手續ヲ續行スルコトヲ妨ゲズ

通告後二週間內ニ株式ノ引受ヲ取消シタル者ナキトキハ定款ハ通告ニ從ヒ變更セラレタルモノト看做ス

第百七十四條　發起人ガ株式ノ總數ヲ引受ケザルトキハ株主ヲ募集スルコトヲ要ス

第百七十五條　株式ノ申込ヲ爲サントスル者ハ株式申込證二通ニ其ノ引受クベキ株式ノ數及住所ヲ記載シ

第百二十四條　取締役ハ其選任後遲滯ナク第百二十二條第三號乃至第五號ニ掲グル事項及ビ第一回ノ拂込ヲ爲シタルヤ否ヤヲ調査セシムル爲メ檢査役ノ選任ヲ裁判所ニ請求スルコトヲ要ス

裁判所ハ檢査役ノ報告ヲ聽キ第百三十五條ノ規定ニ準據シテ相當ノ處分ヲ爲スコトヲ得

第百二十五條　發起人ガ株式ノ總數ヲ引受ケザルトキハ株主ヲ募集スルコトヲ要ス

第百二十六條　株式ノ申込ヲ爲サントスル者ハ株式申込證二通ニ其引受クベキ株式ノ數及ビ住所ヲ記載シ

之ニ署名スルコトヲ要ス

株式申込證ハ發起人之ヲ作リ之ニ左ノ事項ヲ記載スルコトヲ要ス

一　定款ノ認證ノ年月日及其ノ認證ヲ爲シタル公證人ノ氏名

二　第百六十六條第一項及第百六十八條第一項ニ掲グル事項

三　各發起人ガ引受ケタル株式ノ數

四　第一回拂込ノ金額

五　株式ノ讓渡ノ禁止若ハ制限、株券ノ裏書ノ禁止又ハ株主ノ議決權ノ制限ヲ定メタルトキハ其ノ規定

六　株金ノ拂込ヲ取扱フベキ銀行又ハ信託會社及其ノ取扱ノ場所

七　一定ノ時期迄ニ創立總會ガ終結セザルトキハ株式ノ申込ヲ取消スコトヲ得ベキコト

數種ノ株式ヲ發行スル場合ニ於テハ株式申込人ハ株式申込證ニ其ノ引受クベキ株式ノ種類ヲ記載シ額面以上ノ價額ヲ以テ株式ヲ發行スル場合ニ於テハ其ノ引受價額ヲ記載スルコトヲ要ス

民法第九十三條但書ノ規定ハ株式ノ申込ニハ之ヲ適用セズ

之ニ署名スルコトヲ要ス

株式申込證ハ發起人之ヲ作リ之ニ左ノ事項ヲ記載スルコトヲ要ス

一　定款作成ノ年月日

二　第百二十條及ビ第百二十二條ニ掲ゲタル事項

三　各發起人ガ引受ケタル株式ノ數

四　第一回拂込ノ金額

五　一定ノ時期マデニ會社ガ成立セザルトキハ株式ノ申込ヲ取消スコトヲ得ベキコト

額面以上ノ價額ヲ以テ株式ヲ發行スル場合ニ於テハ株式申込人ハ株式申込證ニ引受價額ヲ記載スルコトヲ要ス

第百二十六條ノ二　第百七十二條ノ二ノ規定ハ株式申込人又ハ株式引受人ニ對スル通知及ビ催告ニ之ヲ準用ス

第百七十六條　株式ノ申込ヲ爲シタル者ハ發起人ノ割當テタル株式ノ數ニ應ジテ拂込ヲ爲ス義務ヲ負フ

第百七十七條　株式總數ノ引受ケアリタルトキハ發起人ハ遲滯ナク各株ニ付第一回ノ拂込ヲ爲サシムルコトヲ要ス

前項ノ拂込ハ株式申込證ニ記載シタル株金拂込ノ取扱場所ニ於テ之ヲ爲スコトヲ要ス

第百七十一條及第百七十二條ノ規定ハ第一項ノ場合ニ之ヲ準用ス

第百七十八條　株金ノ拂込ヲ取扱フ銀行若ハ信託會社ヲ變更シ又ハ拂込金ノ保管替ヲ爲スニハ裁判所ノ許可ヲ得ルコトヲ要ス

第百七十九條　株式引受人ガ第百七十七條ノ規定ニ依ル拂込ヲ爲サザルトキハ發起人ハ期日ヲ定メ其ノ期日マデニ拂込ヲナサザルトキハ其ノ權利ヲ失フベキ旨ヲ其ノ株式引受人ニ通知スルコトヲ要ス得但シ其ノ通知ハ期日ノ二週間前ニ之ヲ爲スコトヲ

發起人ガ前項ノ通知ヲ爲シタルモ株式引受人ガ拂込

第百二十七條　株式ノ申込ヲ爲シタル者ハ其引受クベキ株式ノ數ニ應ジテ拂込ヲ爲ス義務ヲ負フ

第百二十八條　株式發行ノ價額ハ劵面額ヲ下ルコトヲ得ズ

第一回拂込ノ金額ハ株金ノ四分ノ一ヲ下ルコトヲ得ズ

第百二十九條　株式總數ノ引受アリタルトキハ發起人ハ遲滯ナク各株ニ付キ第一回ノ拂込ヲ爲サシムルコトヲ要ス

額面以上ノ價額ヲ以テ株式ヲ發行シタルトキハ其額面ヲ超ユル金額ハ第一回ノ拂込ト同時ニ之ヲ拂込マシムルコトヲ要ス

第百三十條　株式引受人ガ前條ノ拂込ヲ爲サザルトキハ發起人ハ一定ノ期間內ニ其拂込ヲ爲スベキ旨及ビ其期間內ニ之ヲ爲サザルトキハ其權利ヲ失フベキ旨ヲ其株式引受人ニ通知スルコトヲ得但其期間ハ二週間ヲ下ルコトヲ得ズ

發起人ガ前項ノ通知ヲ爲シタルモ株式引受人ガ拂込

ヲ爲サザルトキハ其ノ權利ヲ失フ此ノ場合ニ於テ發起人ハ其ノ者ガ引受ケタル株式ニ付更ニ株主ヲ募集スルコトヲ得

前二項ノ規定ハ株式引受人ニ對スル損害賠償ノ請求ヲ妨ゲズ

第百八十條　第百七十七條ノ規定ニ依ル拂込及現物出資ノ給付アリタルトキハ發起人ハ遲滯ナク創立總會ヲ招集スルコトヲ要ス

創立總會ニハ株式引受人ノ半數以上ニシテ資本ノ半額以上ヲ引受ケタルモノノ出席シ其ノ議決權ノ過半數ヲ以テ一切ノ決議ヲ爲ス

第二百三十二條第一項第二項、第二百三十三條、第二百三十九條第三項第四項、第二百四十條、第二百四十一條第一項、第二百四十三條、第二百四十四條及第二百四十七條乃至第二百五十三條ノ規定ハ創立總會ニ之ヲ準用ス

第百八十一條　定款ヲ以テ第百六十八條第一項第四號乃至第七號ニ掲グル事項ヲ定メタルトキハ發起人ハ之ニ關スル調査ヲ爲サシムル爲檢査役ノ選任ヲ裁判所ニ請求スルコトヲ要ス

前項ノ檢査役ノ報告書ハ之ヲ創立總會ニ提出スルコトヲ要ス

ヲ爲サザルトキハ其權利ヲ失フ此場合ニ於テ發起人ハ其者ガ引受ケタル株式ニ付キ更ニ株主ヲ募集スルコトヲ得

前二項ノ規定ハ株式引受人ニ對スル損害賠償ノ請求ヲ妨ゲズ

第百三十一條　各株ニ付キ第百二十九條ノ拂込アリタルトキハ發起人ハ遲滯ナク創立總會ヲ招集スルコトヲ要ス

創立總會ニハ株式引受人ノ半數以上ニシテ資本ノ半額以上ヲ引受ケタル者出席シ其議決權ノ過半數ヲ以テ一切ノ決議ヲナス

第百五十六條第一項、第二項、第百六十一條第三項第四項及ビ第百六十二條乃至第百六十三條ノ四ノ規定ハ創立總會ニ之ヲ準用ス

第百八十二條　發起人ハ會社ノ創立ニ關スル事項ヲ創立總會ニ報告スルコトヲ要ス
第百八十三條　創立總會ニ於テハ取締役及監査役ヲ選任スルコトヲ要ス
第百八十四條　取締役及監査役ハ左ニ掲グル事項ヲ調査シ之ヲ創立總會ニ報告スルコトヲ要ス
一　株式總數ノ引受アリタルヤ否ヤ
二　第百七十七條ノ規定ニ依ル拂込及現物出資ノ給付アリタルヤ否ヤ
取締役及監査役ハ第百八十一條第二項ノ報告書ヲ調査シ創立總會ニ其ノ意見ヲ報告スルコトヲ要ス
取締役及監査役中發起人ヨリ選任セラレタル者アルトキハ創立總會ハ特ニ檢査役ヲ選任シ前二項ノ調査及報告ヲ爲サシムルコトヲ得
第百八十五條　創立總會ニ於テ第百六十八條第一項第四號乃至第七號ニ掲グル事項ヲ不當ト認メタルトキハ之ヲ變更スルコトヲ得
第百七十三條第三項及第四項ノ規定ハ前項ノ場合ニ之ヲ準用ス
第百八十六條　引取ナキ株式又ハ第百七十七條ノ規定ニ依ル拂込ノ未濟ナル株式アルトキハ發起人ハ連帶

第百三十二條　發起人ハ會社ノ創立ニ關スル事項ヲ創立總會ニ報告スルコトヲ要ス
第百三十三條　創立總會ニ於テハ取締役及ビ監査役ヲ選任スルコトヲ要ス
第百三十四條　取締役及ビ監査役ハ左ニ掲ゲタル事項ヲ調査シ之ヲ創立總會ニ報告スルコトヲ要ス
一　株式總數ノ引受アリタルヤ否ヤ
二　各株ニ付キ第百二十九條ノ拂込アリタルヤ否ヤ
三　第百二十二條第三號乃至第五號ニ掲ゲタル事項ノ正當ナルヤ否ヤ
取締役又ハ監査役中發起人ヨリ選任セラレタル者アルトキハ創立總會ハ特ニ檢査役ヲ選任シ其者ニ代ハリテ前項ノ調査及ビ報告ヲ爲サシムルコトヲ得
第百三十五條　創立總會ニ於テ第百二十二條第三號乃至第五號ニ掲ゲタル事項ヲ不當ト認メタルトキハ之ヲ變更スルコトヲ得但金錢以外ノ財産ヲ以テ出資ノ目的ト爲ス者アル場合ニ於テ之ニ對シテ與フル株式ノ數ヲ減ジタルトキハ其者ハ金錢ヲ以テ拂込ヲ爲スコトヲ得
第百三十六條　引受ナキ株式又ハ第百二十九條ノ拂込ノ未濟ナル株式アルトキハ發起人ハ連帶シテ其株式

シテ其ノ株式ノ引受又ハ拂込ヲ爲ス義務ヲ負フ株式ノ申込ガ取消サレタルトキ亦同ジ

第百八十七條　前二條ノ規定ハ發起人ニ對スル損害賠償ノ請求ヲ妨ゲズ

第百八十八條　創立總會ニ於テハ定款ノ變更又ハ設立ノ廢止ノ決議ヲモ爲スコトヲ得

前項ノ決議ハ招集ノ通知ニ其ノ旨ノ記載ナカリシトキト雖モ之ヲ爲スコトヲ妨ゲズ

第百八十九條　株式會社ノ設立ノ登記ハ發起人ガ株式ノ總數ヲ引受ケタルトキハ第百七十三條ノ手續終了ノ日、發起人ガ株式ノ總數ヲ引受ケザリシトキハ創立總會終結ノ日又ハ第百八十五條ノ手續終了ノ日ヨリ二週間內ニ之ヲ爲スコトヲ要ス

前項ノ登記ニ在リテハ左ノ事項ヲ登記スルコトヲ要ス

一　第百六十六條第一項第一號乃至第四號及第六號ニ掲グル事項

二　本店及支店

三　存立時期又ハ解散ノ事由ヲ定メタルトキハ其ノ時期又ハ事由

四　數種ノ株式ヲ發行シタルトキハ其ノ各種ノ株式

ヲ引受ケ又ハ其拂込ヲ爲ス義務ヲ負フ株式ノ申込ガ取消サレタルトキ亦同ジ

第百三十七條　前二條ノ規定ハ發起人ニ對スル損害賠償ノ請求ヲ妨ゲズ

第百三十八條　創立總會ニ於テハ定款ノ變更又ハ設立ノ廢止ノ決議ヲモ爲スコトヲ得

第百三十九條　發起人ガ株式ノ總數ヲ引受ケザリシトキハ會社ハ創立總會ノ終結ニ因リテ成立ス

第百四十條　（削除）

第百四十一條　會社ハ發起人ガ株式ノ總數ヲ引受ケタルトキハ第百二十四條ニ定メタル調査終了ノ日ヨリ又發起人ガ株式ノ總數ヲ引受ケサリシトキハ創立總會終結ノ日ヨリ二週間內ニ其本店及ビ支店ノ所在地ニ於テ左ノ事項ヲ登記スルコトヲ要ス

一　第百二十條第一號乃至第四號及ビ第七號ニ掲ゲタル事項

二　本店及ビ支店

三　設立ノ年月日

四　存立時期又ハ解散ノ事由ヲ定メタルトキハ其時期又ハ事由

ノ内容及數
五　各株ニ付拂込ミタル株金額
六　株式ノ讓渡ノ禁止若ハ制限又ハ株劵ノ裏書ノ禁止ヲ定メタルトキハ其ノ規定
七　開業前ニ利息ヲ配當スベキコトヲ定メタルトキハ其ノ規定
八　株主ニ配當スベキ利益ヲ以テ株式ヲ消却スベキコトヲ定メタルトキハ其ノ規定
九　取締役及監査役ノ氏名及住所
十　取締役ニシテ會社ヲ代表セザルモノアルトキハ會社ヲ代表スベキモノノ氏名
十一　數人ノ取締役が共同シ又ハ取締役ガ支配人ト共同シテ會社ヲ代表スベキコトヲ定メタルトキハ其ノ規定

第六十四條第二項及第六十五條乃至第六十七條ノ規定ハ株式會社ニ之ヲ準用ス

第百九十條　株金ノ拂込ヲ取扱ヒタル銀行又ハ信託會社ハ發起人又ハ取締役ノ請求ニ因リ拂込金ノ保管ニ關シ證明ヲ爲スコトヲ要ス

前項ノ銀行又ハ信託會社ハ其ノ證明シタル拂込金額ニ付拂込ナカリシコト又ハ其ノ返還ニ關スル制限ヲ以テ會社ニ對抗スルコトヲ得ズ

五　各株ニ付キ拂込ミタル株金額
六　開業前ニ利息ヲ配當スベキコトヲ定メタルトキハ其利率
七　取締役及ビ監査役ノ氏名、住所
八　會社ヲ代表スベキ取締役ヲ定メタルトキハ其氏名
九　數人ノ取締役ガ共同シ又ハ取締役ガ支配人ト共同シテ會社ヲ代表スベキコトヲ定メタルトキハ其代表ニ關スル規定

第五十一號第二項、第三項、第五十二條及ビ第五十三條ノ規定ハ株式會社ニ之ヲ準用ス

第百九十一條　株式ノ引受ニ因ル權利ノ讓渡ハ會社ニ對シ其ノ效力ヲ生ゼズ

發起人ハ前項ノ權利ヲ讓渡スコトヲ得ズ

第百九十二條　株式ヲ引受ケタル者ハ會社ノ成立後ハ錯誤若ハ株式申込證ノ要件ノ欠缺ヲ理由トシテ其ノ引受ノ無效ヲ主張シ又ハ詐欺若ハ强迫ヲ理由トシテ其ノ引受ヲ取消スコトヲ得ス創立總會ニ出席シテ其ノ權利ヲ行使シタルトキ亦同ジ

第百九十三條　發起人ガ會社ノ設立ニ關シ其ノ任務ヲ怠リタルトキハ其ノ發起人ハ會社ニ對シ連帶シテ損害賠償ノ責ニ任ズ

發起人ニ惡意又ハ重大ナル過大アリタルトキハ其ノ發起人ハ第三者ニ對シテモ亦連帶シテ損害賠償ノ責ニ任ス

第百九十四條　會社ガ成立セザル場合ニ於テハ發起人ハ會社ノ設立ニ關シテ爲シタル行爲ニ付連帶シテ其ノ責ニ任ズ

前項ノ場合ニ於テ會社ノ設立ニ關シテ支出シタル費用ハ發起人ノ負擔トス

第百九十五條　取締役又ハ監査役ガ第百八十四條第一項及第二項ニ定ムル任務ヲ怠リタルニ因リ會社又ハ第三者ニ對シテ損害賠償ノ責ニ任ズベキ場合ニ於テ

第百四十二條　會社ガ前條第一項ノ規定ニ從ヒ本店ノ所在地ニ於テ登記ヲ爲シタル後ハ株式引受人ハ詐欺又ハ强迫ニ因リテ其申込ヲ取消スコトヲ得ズ

第百四十二條ノ二　發起人ガ會社設立ニ關シ其任務ヲ怠リタルトキハ其發起人ハ會社ニ對シ連帶シテ損害賠償ノ責ニ任ズ

發起人ニ惡意又ハ重大ナル過失アリタルトキハ其發起人ハ第三者ニ對シテモ連帶シテ損害賠償ノ責ニ任ズ

第百四十二條ノ三　會社ガ成立セザル場合ニ於テハ發起人ハ會社ノ設立ニ關シテ爲シタル行爲ニ付キ連帶シテ其責ニ任ズ

前項ノ場合ニ於テ會社ノ設立ニ關シテ支出シタル費用ハ發起人ノ負擔トス

第百四十二條ノ四　取締役又ハ監査役ガ第百三十四條第一項ニ定メタル任務ヲ怠リタルニ因リ會社又ハ第三者ニ對シテ損害賠償ノ責ニ任ズベキ場合ニ於テ發

發起人モ亦其ノ責ニ任ズベキトキハ其ノ取締役、監査役及發起人ハ之ヲ連帶債務者トス

第百九十六條　發起人、取締役又ハ監査役ガ會社ノ設立ニ關シ會社ニ對シテ損害賠償ノ責ニ任ズベキ場合ニ於テハ其ノ責任ハ會社成立ノ日ヨリ三年ヲ經過シタル後ニ於テ第三百四十三條ニ定ムル決議ニ依ルニ非ザレバ之ヲ免除スルコトヲ得ズ

第百九十七條　株主總會ニ於テ發起人ニ對シテ訴ヲ提起スルコトヲ決議シタルトキ又ハ之ヲ否決シタル場合ニ於テ會日ノ三月前ヨリ引續キ資本ノ十分ノ一以上ニ當ル株式ヲ有スル株主ガ訴ノ提起ヲ取締役ニ請求シタルトキハ會社ハ決議又ハ請求ノ日ヨリ一月内ニ之ヲ提起スルコトヲ要ス

第二百六十七條第二項、第二百六十八條第二項乃至第五項及第二百七十七條第一項但書第二項ノ規定ハ前項ノ場合ニ之ヲ準用ス

第百九十八條　發起人ニ非ズシテ株式申込證、目論見書、株式募集ノ廣告其ノ他株式募集ニ關スル文書ニ自己ノ氏名及會社ノ設立ヲ賛助スル旨ノ記載ヲ爲スコトヲ承諾シタル者ハ發起人ト同一ノ責任ヲ負フ

第二節　株式

起人モ亦其責ニ任ズベキトキハ其取締役、監査役及ビ發起人ハ之ヲ連帶債務者トス

第二節　株式

第百九十九條　株式會社ノ資本ハ之ヲ株式ニ分ツコトヲ要ス

第二百條　株主ノ責任ハ其ノ引受ケ又ハ讓受ケタル株式ノ金額、額面以上ノ價額ヲ以テ株式ヲ發行シタル場合ニ於テハ引受價額ヲ限度トス

株主ハ株金ノ拂込ニ付相殺ヲ以テ會社ニ對抗スルコトヲ得ズ

第二百一條　假設人ノ名義ヲ以テ株式ヲ引受ケ又ハ讓受ケタル者ハ株式引受人又ハ株主タル責任ヲ負フ他人ノ承諾ヲ得ズシテ其ノ名義ヲ以テ株式ヲ引受ケ又ハ讓受ケタル者亦同ジ

他人ト通ジテ其ノ名義ヲ以テ株式ヲ引受ケ又ハ讓受ケタル者ハ其ノ他人ト連帶シテ株金ノ拂込ヲ爲ス義務ヲ負フ

第二百二條　株式ノ金額ハ均一ナルコトヲ要ス

株式ノ金額ハ五十圓ヲ下ルコトヲ得ズ但シ一時ニ株金ノ全額ヲ拂込ムベキ場合ニ限リ之ヲ二十圓迄ニ下スコトヲ得

第二百三條　株式ガ數人ノ共有ニ屬スルトキハ共有者ハ株主ノ權利ヲ行使スベキ者一人ヲ定ムルコトヲ要ス

株主ノ權利ヲ行使スベキ者ナキトキハ共有者ニ對ス

第百四十三條　株式會社ノ資本ハ之ヲ株式ニ分ツコトヲ要ス

第百四十四條　株主ノ責任ハ其引受ケ又ハ讓受ケタル株式ノ金額ヲ限度トス

株主ハ株金ノ拂込ニ付キ相殺ヲ以テ會社ニ對抗スルコトヲ得ズ

第百四十五條　株式ノ金額ハ均一ナルコトヲ要ス

株式ノ金額ハ五十圓ヲ下ルコトヲ得ズ但一時ニ株金ノ全額ヲ拂込ムベキ場合ニ限リ之ヲ二十圓マデニ下スコトヲ得

第百四十六條　株式ガ數人ノ共有ニ屬スルトキハ共有者ハ株主ノ權利ヲ行フベキ者一人ヲ定ムルコトヲ要ス

ル會社ノ通知又ハ催告ハ其ノ一人ニ對シテ之ヲ爲スヲ以テ足ル

共有者ハ會社ニ對シ連帶シテ株金ノ拂込ヲ爲ス義務ヲ負フ

(第二百二十五條參照)

第二百四條　株式ハ之ヲ他人ニ讓渡スコトヲ得但シ定款ヲ以テ其ノ讓渡ノ禁止又ハ制限ヲ定ムルコトヲ妨ゲズ

株券ノ發行前ニ爲シタル株式ノ讓渡ハ會社ニ對シ其

共有者ハ會社ニ對シ連帶シテ株金ノ拂込ヲ爲ス義務ヲ負フ

第百四十七條　株券ハ第百四十一條第一項ノ規定ニ從ヒ本店ノ所在地ニ於テ登記ヲ爲シタル後ニ非ザレバ之ヲ發行スルコトヲ得ズ

前項ノ規定ニ反シテ發行シタル株券ハ無效トス但株券ヲ發行シタル者ニ對スル損害賠償ノ請求ヲ妨ゲズ

第百四十八條　株券ニハ左ノ事項及ビ番號ヲ記載シ取締役之ニ署名スルコトヲ要ス

一　會社ノ商號

二　第百四十一條第一項ノ規定ニ從ヒ本店ノ所在地ニ於テ登記ヲ爲シタル年月日

三　資本ノ總額

四　一株ノ金額

一時ニ株金ノ全額ヲ拂込マシメザル場合ニ於テハ拂込アル毎ニ其金額ヲ株券ニ記載スルコトヲ要ス

第百四十九條　株式ハ定款ニ別段ノ定ナキトキハ會社ノ承諾ナクシテ之ヲ他人ニ讓渡スコトヲ得但第百四十一條第一項ノ規定ニ從ヒ本店ノ所在地ニ於テ登記ヲ爲スマデハ之ヲ讓渡シ又ハ其讓渡ノ豫約ヲ爲スコ

ノ效力ヲ生ゼズ

第二百五條　記名株式ノ讓渡ハ株券ノ裏書ニ依リテ之ヲ爲スコトヲ得但シ定款ニ別段ノ定アルトキハ此ノ限ニ在ラズ

手形法第十二條、第十三條及第十四條第二項ノ規定ハ株券ノ裏書ニ之ヲ準用ス

第二百六條　株券ノ裏書ニ依ル記名株式ノ移轉ハ取得者ノ氏名及住所ヲ株主名簿ニ記載スルニ非ザレバ之ヲ以テ會社ニ對抗スルコトヲ得ズ

前項ノ場合ヲ除クノ外記名株式ノ移轉ハ取得者ノ氏名及住所ヲ株主名簿ニ記轉シ且其ノ氏名ヲ株券ニ記載スルニ非ザレバ之ヲ以テ會社其ノ他ノ第三者ニ對抗スルコトヲ得ズ

株金ノ滯納アル株式ニ付テハ會社ハ前二項ノ名義書換ヲ拒ムコトヲ得

第二百七條　記名株式ヲ以テ質權ノ目的ト爲スニハ株券ヲ交付スルコトヲ要ス

質權者ハ繼續シテ株券ヲ占有スルニ非ザレバ其ノ質權ヲ以テ第三者ニ對抗スルコトヲ得ズ

第二百八條　株式ノ消却、併合又ハ轉換アリタルトキハ從前ノ株式ヲ目的トスル質權ハ消却、併合又ハ轉換ニ因リテ株主ガ受クベキ金錢又ハ株式ノ上ニ存在

トヲ得ズ

第百五十條　記名株式ノ移轉ハ取得者ノ氏名、住所ヲ株主名簿ニ記載シ且其氏名ヲ株券ニ記載スルニ非ザレバ之ヲ以テ會社其他ノ第三者ニ對抗スルコトヲ得ス

ス
第二百十四條第一項又ハ第二百十五條第二項ノ規定ニ依ル株式ノ處分アリタルトキハ其ノ株式ヲ目的トスル質權ハ從前ノ株主ガ第二百十四條第二項ノ規定ニ依リテ拂戻ヲ受クベキ金錢ノ上ニ存在ス

第二百九條　記名株式ヲ以テ質權ノ目的ト爲シタル場合ニ於テ會社ガ質權設定者ノ請求ニ因リ質權者ノ氏名及住所ヲ株主名簿ニ記載シ且其ノ氏名ヲ株券ニ記載シタルトキハ質權者ハ會社ヨリ利益若ハ利息ノ配當、殘餘財産ノ分配又ハ前條ノ金錢ノ支拂ヲ受ケ他ノ債權者ニ先チテ自己ノ債權ノ辨濟ニ充ツルコトヲ得

民法第三百六十七條第三項ノ規定ハ前項ノ場合ニ之ヲ準用ス

第一項ノ質權者ハ會社ニ對シ前條第一項ノ株主ノ受ベキ株券ノ引渡ヲ請求スルコトヲ得

第二百十條　會社ハ左ニ掲グル場合ヲ除クノ外自己ノ株式ヲ取得シ又ハ質權ノ目的トシテ之ヲ受クルコトヲ得ズ

一　株式ノ消却ノ爲ニスルトキ
二　合併又ハ他ノ會社ノ營業全部ノ讓受ニ因ルトキ
三　會社ノ權利ノ實行ニ當リ其ノ目的ヲ達スル爲必

第百五十一條　會社ハ自己ノ株式ヲ取得シ又ハ質權ノ目的トシテ之ヲ受クルコトヲ得ズ

要ナルトキ

第二百十一條　前條第一號ノ場合ニ於テハ會社ハ遲滯ナク株式失效ノ手續ヲ爲シ第二號及第三號ノ場合ニ於テハ相當ノ時期ニ株式又ハ質權ノ處分ヲ爲スコトヲ要ス

第二百十二條　株式ハ資本減少ノ規定ニ從フニ非ザレバ之ヲ消却スルコトヲ得ズ但シ定款ノ規定ニ基キ株主ニ配當スベキ利益ヲ以テスル場合ハ此ノ限ニ在ラズ

第三百七十七條ノ規定ハ株式ヲ消却スル場合ニ之ヲ準用ス

第二百十三條　株金ノ拂込ハ其ノ期日ノ二週間前ニ之ヲ各株主ニ催告スルコトヲ要ス

株主ガ拂込ヲ爲サザルトキハ會社ハ更ニ期日ヲ定メ其ノ期日迄ニ拂込ヲ爲サザルトキハ會社ニ於テ株式ヲ處分スベキ旨ヲ其ノ株主及株主名簿ニ記載アル質權者ニ通知スルコトヲ得但シ其ノ通知ハ期日ノ二週間前ニ之ヲ爲スコトヲ要ス

前項ノ場合ニ於テハ會社ハ其ノ株主ノ氏名及住所、株券ノ番號竝ニ通知事項ヲ公告スルコトヲ要ス

第二百十四條　會社ガ前條第一項及第二項ニ定ムル手

株式ハ資本減少ノ規定ニ從フニ非ザレバ之ヲ消却スルコトヲ得ズ但定款ノ定ムル所ニ從ヒ株主ニ配當スベキ利益ヲ以テスルハ此限ニ在ラズ

第百五十二條　株金ノ拂込ハ二週間前ニ之ヲ各株主ニ催告スルコトヲ要ス

株主ガ期日ニ拂込ヲ爲サザルトキハ會社ハ更ニ一定ノ期間內ニ其拂込ヲ爲スベキ旨及ヒ其期間內ニ之ヲ爲サザルトキハ株主ノ權利ヲ失フベキ旨ヲ其株主ニ通知スルコトヲ得但其期間ハ二週間ヲ下ルコトヲ得ズ

前項ノ規定ニ依リ會社ガ株主ニ對シ其權利ヲ失フベキ旨ヲ通知スルトキハ會社ハ其通知スベキ事項ヲ公告スルコトヲ要ス

第百五十三條　會社ガ前條ニ定メタル手續ヲ踐ミタル

續ヲ識ミタルモ株主ガ拂込ヲ爲サザルトキハ會社ハ株式ヲ競賣スルコトヲ要ス但シ裁判所ノ許可ヲ得テ他ノ方法ニ依リ之ヲ賣却スルコトヲ妨ゲズ

會社ハ株式ノ處分ニ因リテ得タル金額ヨリ滯納金額及定款ヲ以テ定メタル違約金ノ額ヲ控除シタル金額ヲ從前ノ株主ニ拂戻スコトヲ要ス

株式ノ處分ニ因リテ得タル金額ガ滯納金額ニ滿タザル場合ニ於テハ會社ハ從前ノ株主ニ對シ不足額ノ辨濟ヲ請求シ若從前ノ株主ガ二週間內ニ之ヲ辨濟セザルトキハ讓渡人ニ對シテ其ノ辨濟ヲ請求スルコト得

第二百十五條　會社ハ前條第一項ノ處分ニ著手スル日ノ二週間前ニ株式ノ讓渡人ニシテ第二百十九條ノ規定ニ依リテ責任ヲ負フモノニ對シ其ノ處分ヲ爲スベキ旨ノ通知ヲ發スルコトヲ要ス

讓渡人ガ株式ノ處分ニ先チ滯納金額及定款ヲ以テ定メタル違約金ノ額以上ノ金額ヲ提供シテ株式ノ買受ヲ申出テタルトキハ會社ハ其ノ讓渡人ニ對シ申出價額ヲ以テ株式ヲ讓渡スコトヲ要ス

前條第二項ノ規定ハ前項ノ場合ニ之ヲ準用ス

第二百十六條　第二百十四條第一項ノ規定ニ依リ株式ノ競賣ヲ爲シタルモ其ノ結果ヲ得ザルトキハ會社ハ資本減少ノ規定ニ從ヒテ其ノ株式ヲ消却スルコトヲ

モ株主ガ拂込ヲ爲サザルトキハ其權利ヲ失フ

前項ノ場合ニ於テハ會社ハ株式ノ各讓渡人ニ對シ二週間ヲ下ラザル期間內ニ拂込ヲ爲スベキ旨ノ催告ヲ發スルコトヲ要ス此場合ニ於テハ最モ先ニ滯納金額ノ拂込ヲ爲シタル讓渡人株式ヲ取得ス

讓渡人ガ拂込ヲ爲サザルトキハ會社ハ株式ヲ競賣スルコトヲ要ス此場合ニ於テ競賣ニ依リテ得タル金額ガ滯納金額ニ滿タザルトキハ從前ノ株主ヲシテ其不足額ヲ辨濟セシムルコトヲ得若シ從前ノ株主ガ二週間內ニ之ヲ辨濟セザルトキハ會社ハ讓渡人ニ對シテ其辨濟ヲ請求スルコトヲ得

得此ノ場合ニ於テハ第二百十四條第三項ノ規定ヲ準用ス

第二百十七條　前三條ノ規定ハ會社ガ損害賠償及定款ヲ以テ定メタル違約金ノ請求ヲ爲スコトヲ妨ゲズ

第二百十八條　株主ガ第二百十三條第二項ノ期日迄ニ株金ノ拂込ヲ爲サザルトキハ會社ハ其ノ株主及株主名簿ニ記載アル質權者ニ對シ二週間内ニ株券ヲ會社ニ提出スベキ旨ヲ通知スルコトヲ要ス此ノ場合ニ於テ提出ナキ株券ハ其ノ效力ヲ失フ

前項ノ場合ニ於テハ會社ハ遲滯ナク失效シタル株券ノ番號竝ニ其ノ株主ノ氏名及住所ヲ公告スルコトヲ要ス

第二百十九條　第二百十四條第三項ニ定ムル讓渡人ノ責任ハ株式ノ讓渡ヲ株主名簿ニ記載シタル後二年内ニ會社ガ第二百十三條第一項ノ規定ニ依リ拂込ノ催告ヲ發シタル株金ニ關スルモノニ限ル

發起人ガ會社ノ設立ニ際シテ引受ケタル株式ニ付會社ノ成立後五年内ニ拂込ノ催告ヲ發シタル株金ニ關シテハ發起人ハ前項ノ規定ニ拘ラズ第二百十四條第三項ニ定ムル讓渡人ノ責任ヲ負フ

第二百二十條　株式ノ讓渡人ガ第二百十四條第三項ノ不足額ヲ辨濟シタルトキハ株券又ハ株主名簿ニ記載

前三項ノ規定ハ會社ガ損害賠償及ビ定款ヲ以テ定メタル違約金ノ請求ヲ爲スコトヲ妨ゲズ

第百五十三條ノ二　前條第一項ノ規定ニ依リ株主ガ其權利ヲ失ヒタルトキハ會社ハ遲滯ナク其株主ノ氏名住所及ビ株券ノ番號ヲ公告スルコトヲ要ス

第百五十四條　第百五十三條ニ定メタル讓渡人ノ責任ハ讓渡ヲ株主名簿ニ記載シタル後二年ヲ經過シタルトキハ消滅ス

アル後者全員ニ對シ償還ノ請求ヲ爲スコトヲ得
發起人ガ前條第二項ノ規定ニ依リテ不足額ヲ辨濟シタルトキハ其ノ後者中前條第一項ノ規定ニ依リテ責任ヲ負フ者及其ノ後者全員ニ對シテノミ前項ノ請求ヲ爲スコトヲ得

償還ヲ爲シタル讓渡人ハ更ニ自己ノ後者全員ニ對シ償還ノ請求ヲ爲スコトヲ得

第二百二十一條　株金ノ拂込期日後ニ株式ヲ讓渡シタル者ハ會社ニ對シ株主ト連帶シテ其ノ株金ノ拂込ヲ爲ス義務ヲ負フ

第二百二十二條　會社ガ數種ノ株式ヲ發行スル場合ニ於テハ利益若ハ利息ノ配當又ハ殘餘財産ノ分配ニ付株式ノ種類ニ從ヒ格別ノ定ヲ爲スコトヲ得

前項ノ場合ニ於テハ定款ニ定ナキトキト雖モ資本ノ增加若ハ減少又ハ會社ノ合併ノ決議ニ於テ新株ノ引受、株式ノ併合若ハ消却又ハ合併ニ因ル株式ノ割當ニ關シ株式ノ種類ニ從ヒ格別ノ定ヲ爲スコトヲ得

第二百二十三條　株主名簿ニハ左ノ事項ヲ記載スルコトヲ要ス

一　株式ノ氏名及住所
二　各株主ノ有スル株式ノ種類及數竝ニ株券ノ番號
三　各株ニ付拂込ミタル株金額及拂込ノ年月日

（第百七十二條參照）

四　各株式ノ取得ノ年月日
五　無記名式ノ株券ヲ發行シタルトキハ其ノ數、番號及發行ノ年月日

第二百二十四條　會社ノ株主ニ對スル通知又ハ催告ハ株主名簿ニ記載シタル株主ノ住所又ハ其ノ者ガ會社ニ通知シタル住所ニ宛ツルヲ以テ足ル

前項ノ通知又ハ催告ハ通常其ノ到達スベカリシ時ニ到達シタルモノト看做ス

前二項ノ規定ハ株式申込人、株式引受人、從前ノ株主、株式ノ讓渡人又ハ質權者ニ對スル通知又ハ催告ニ之ヲ準用ス

第二百二十五條　株券ニハ左ノ事項及番號ヲ記載シ取締役之ニ署名スルコトヲ要ス
一　會社ノ商號
二　會社成立ノ年月日
三　資本ノ總額
四　一株ノ金額
五　數種ノ株式アルトキハ其ノ株式ノ內容
六　株式ノ讓渡ノ禁止若ハ制限又ハ株券ノ裏書ノ禁止ヲ定メタルトキハ其ノ規定

一時ニ株金ノ全額ヲ拂込マシメザル場合ニ於テハ拂込アル毎ニ其ノ金額ヲ株券ニ記載スルコトヲ要ス

（第百四十八條參照）

第二百二十六條　株券ハ會社ノ成立後ニ非ザレバ之ヲ發行スルコトヲ得ズ
前項ノ規定ニ違反シテ發行シタル株券ハ無效トス但シ株券ヲ發行シタル者ニ對スル損害賠償ノ請求ヲ妨ゲズ
第二百二十七條　無記名式ノ株券ハ定款ニ定アル場合ニ限リ株金全額ノ拂込アリタル株式ニ付之ヲ發行スルコトヲ得
株主ハ何時ニテモ其ノ無記名式ノ株券ヲ記名式ト爲スコトヲ請求スルコトヲ得
第二百二十八條　無記名式ノ株券ヲ有スル者ハ株券ヲ會社ニ供託スルニ非ザレバ株主ノ權利ヲ行使スルコトヲ得ズ
第二百二十九條　小切手法第二十一條ノ規定ハ株券ニ之ヲ準用ス
株主名簿ニ記載アル株主ノ爲シタル裏書ガ眞正ナラザル場合ニ於テ會社ニ就キ調査ヲ爲サバ其ノ眞僞ヲ判別スルコトヲ得ベカリシモノナルトキハ前項ノ規定ヲ適用セズ
第二百三十條　株券ハ公示催告ノ手續ニ依リテ之ヲ無效ト爲スコトヲ得
株券ヲ喪失シタル者ハ除權判決ヲ得ルニ非ザレバ其

第百五十五條　株金全額ノ拂込アリタルトキハ株主ハ其株券ヲ無記名式ト爲スコトヲ請求スルコトヲ得
株主ハ何時ニテモ其無記名式ノ株券ヲ記名式ト爲スコトヲ請求スルコトヲ得
第百五十五條ノ二　無記名式ノ株券ヲ有スル者ガ株主ノ權利ヲ行ハントスルトキハ其權利ノ行使ニ必要ナル員數ノ株券ヲ會社ニ供託スルコトヲ要ス

ノ再發行ヲ請求スルコトヲ得ズ

第三節　會社ノ機關

第一款　株主總會

第二百三十一條　總會ハ本法ニ別段ノ定アル場合ヲ除クノ外取締役之ヲ招集ス

第二百三十二條　總會ヲ招集スルニハ會日ヨリ二週間前ニ各株主ニ對シテ其ノ通知ヲ發スルコトヲ要ス

前項ノ通知ニハ會議ノ目的タル事項ヲ記載スルコトヲ要ス

會社ガ無記名式ノ株券ヲ發行シタル場合ニ於テハ會日ヨリ三週間前ニ總會ヲ開クベキ旨及會議ノ目的タル事項ヲ公告スルコトヲ要ス

前三項ノ規定ハ議決權ナキ株主ニ付テハ之ヲ適用セズ

第二百三十三條　總會ハ定款ニ別段ノ定アル場合ヲ除クノ外本店ノ所在地又ハ之ニ隣接スル地ニ之ヲ招集スルコトヲ要ス

第二百三十四條　定時總會ハ毎年一回一定ノ時期ニ之ヲ招集スルコトヲ要ス

年二回以上利益ノ配當ヲ爲ス會社ニ在リテハ毎決算

第三節　會社ノ機關

第一款　株主總會

第百五十六條　總會ヲ招集スルニハ會日ヨリ二週間前ニ各株主ニ對シテ其通知ヲ發スルコトヲ要ス

前項ノ通知ニハ會議ノ目的タル事項ヲ記載スルコトヲ要ス

會社ガ無記名式ノ株券ヲ發行シタル場合ニ於テハ會日ヨリ三週間前ニ總會ヲ開クベキ旨及ビ前項ニ掲ゲタル事項ヲ公告スルコトヲ要ス

第百五十七條　定時總會ハ毎年一回一定ノ時期ニ於テ取締役之ヲ招集スルコトヲ要ス

年二回以上利益ノ配當ヲ爲ス會社ニ在リテハ毎配當

期ニ總會ヲ招集スルコトヲ要ス
第二百三十五條　臨時總會ハ必要アル場合ニ隨時之ヲ招集ス
臨時總會ハ監査役モ亦之ヲ招集スルコトヲ得此ノ總會ニ於テハ會社ノ業務及財産ノ狀況ヲ調査セシムル爲特ニ檢査役ヲ選任スルコトヲ得
第二百三十六條　取締役又ハ監査役ガ總會ヲ招集スルニハ各其ノ過半數ノ決議アルコトヲ要ス
第二百三十七條　資本ノ十分ノ一以上ニ當ル株主ハ會議ノ目的タル事項及招集ノ理由ヲ記載シタル書面ヲ取締役ニ提出シテ總會ノ招集ヲ請求スルコトヲ得
前項ノ請求アリタル後二週間內ニ取締役ガ總會招集ノ手續ヲ爲サザルトキハ請求ヲ爲シタル株主ハ裁判所ノ許可ヲ得テ其ノ招集ヲ爲スコトヲ得
前二項ノ規定ニ依リテ招集シタル總會ニ於テハ招集ノ費用ハ請求ヲ爲シタル株主ノ負擔トスル旨ヲ定ムルコトヲ得
第二百三十八條　總會ハ取締役ノ提出シタル書類及監査役ノ報告書ヲ調査セシムル爲特ニ檢査役ヲ選任スルコトヲ得
第二百三十九條　總會ノ決議ハ本法又ハ定款ニ別段ノ

期ニ總會ヲ招集スルコトヲ要ス
第百五十八條　（削除）
第百五十九條　臨時總會ハ必要アル毎ニ取締役之ヲ招集ス
第百六十條　資本ノ十分ノ一以上ニ當タル株主ハ會議ノ目的タル事項及ビ其招集ノ理由ヲ記載シタル書面ヲ取締役ニ提出シテ總會ノ招集ヲ請求スルコトヲ得
取締役ガ前項ノ請求アリタル後二週間內ニ總會招集ノ手續ヲ爲サザルトキハ其請求ヲ爲シタル株主ハ裁判所ノ許可ヲ得テ其招集ヲ爲スコトヲ得
第百六十條ノ二　總會ハ取締役ノ提出シタル書類及ビ監査役ノ報告書ヲ調査セシムル爲メ特ニ檢査役ヲ選任スルコトヲ得
第百六十一條　總會ノ決議ハ本法又ハ定款ニ別段ノ定

定アル場合ヲ除クノ外出席シタル株主ノ議決權ノ過半數ヲ以テ之ヲ爲ス

無記名式ノ株券ヲ有スル者ハ會日ヨリ一週間前ニ株券ヲ會社ニ供託スルコトヲ要ス

株主ハ代理人ヲ以テ其ノ議決權ヲ行使スルコトヲ得但シ代理人ハ代理權ヲ證スル書面ヲ會社ニ差出タスコトヲ要ス

總會ノ決議ニ付特別ノ利害關係ヲ有スル者ハ議決權ヲ行使スルコトヲ得ズ

第二百四十條　前條第四項ノ規定ニ依リテ行使スルコトヲ得ザル議決權ノ數ハ同條第一項ノ議決權ノ數ニ之ヲ算入セズ

第二百四十一條　各株主ハ一株ニ付一個ノ議決權ヲ有ス但シ定款ヲ以テ十一株以上ヲ有スル株主ノ議決權ヲ制限シ又ハ株式ノ讓受ヲ株主名簿ニ記載シタル後六月ヲ超エザル株主ニ議決權ナキモノトスルコトヲ得

會社ハ其ノ有スル自己ノ株式ニ付テハ議決權ヲ有セズ

第二百四十二條　會社ガ數種ノ株式ヲ發行スル場合ニ於テハ定款ヲ以テ其ノ或種類ノ株式ニ付株主ニ議決權ナキモノトスルコトヲ得此ノ場合ニ於テハ定款ヲ

アル場合ヲ除ク外出席シタル株主ノ議決權ノ過半數ヲ以テ之ヲ爲ス

無記名式ノ株券ヲ有スル者ハ會日ヨリ一週間前ニ其株券ヲ會社ニ供託スルコトヲ要ス

株主ハ代理人ヲ以テ其議決權ヲ行フコトヲ得但其代理人ハ代理權ヲ證スル書面ヲ會社ニ差出ダスコトヲ要ス

總會ノ決議ニ付特別ノ利害關係ヲ有スル者ハ其議決權ヲ行フコトヲ得ズ

第百六十二條　各株主ハ一株ニ付キ一箇ノ議決權ヲ有ス但十一株以上ヲ有スル株主ノ議決權ハ定款ヲ以テ之ヲ制限スルコトヲ得

以テ其ノ種類ノ株式ヲ有スル株主ニ第百九十七條第一項、第二百三十七條第一項第二項、第二百四十五條第二項、第二百六十八條第一項、第二百七十九條第一項、第二百九十四條第一項、第四百二十六條第二項及第四百三十條第二項ノ權利ナキモノトスルコトヲ妨ゲズ

前項ノ株式ノ株金總額ハ資本ノ四分ノ一ヲ超ユルコトヲ得ズ

第二百四十三條　總會ニ於テハ延期又ハ續行ノ決議ヲ爲スコトヲ得此ノ場合ニ於テハ第二百三十二條ノ規定ヲ適用セズ

第二百四十四條　總會ノ議事ニ付テハ議事錄ヲ作ルコトヲ要ス

議事錄ニハ議事ノ經過ノ要領及其ノ結果ヲ記載シ議長竝ニ出席シタル取締役及監査役之ニ署名スルコトヲ要ス

第二百四十五條　會社ガ左ノ行爲ヲ爲スニハ第三百四十三條ニ定ムル決議ニ依ルコトヲ要ス

一　營業ノ全部又ハ一部ノ讓渡

二　營業全部ノ賃貸、其ノ經營ノ委任、他人ト營業上ノ損益全部ヲ共通ニスル契約其ノ他之ニ準ズル契約ノ締結、變更又ハ解約

三　他ノ會社ノ營業全部ノ讓受
四　第二百六十六條又ハ第二百八十條ノ規定ニ依ル取締役又ハ監査役ノ責任ノ免除
第二百六十八條又ハ第二百七十九條ノ規定ハ前項第四號ノ決議アリタル場合ニ之ヲ準用ス
第二百四十六條　前條第一項ノ規定ハ會社ガ其ノ成立後二年内ニ其ノ成立前ヨリ存在スル財産ニシテ營業ノ爲ニ繼續シテ使用スベキモノヲ資本ノ二十分ノ一以上ニ當ル對價ヲ以テ取得スル契約ヲ爲ス場合ニ之ヲ準用ス
第二百四十七條　總會招集ノ手續又ハ其ノ決議ノ方法ガ法令若ハ定款ニ違反シ又ハ著シク不公正ナルトキハ株主、取締役又ハ監査役ハ訴ヲ以テ決議ノ取消ヲ請求スルコトヲ得決議ガ第三百四十三條ノ規定ニ違反シテ爲サレタルトキ亦同ジ
第八十八條、第百五條第三項第四項及第百九條ノ規定ハ前項ノ訴ニ之ヲ準用ス
第二百四十八條　決議取消ノ訴ハ決議ノ日ヨリ一月内

第百六十三條　總會招集ノ手續又ハ其決議ノ方法カ法令又ハ定款ニ反スルトキハ株主、取締役又ハ監査役ハ訴ヲ以テノミ其決議ノ無效ヲ主張スルコトヲ得
株主ハ總會ニ於テ決議ニ對シ異議ヲ述ベタルトキ又ハ正當ノ理由ナクシテ總會ニ出席スルコトヲ拒マレタルトキニ限リ又株主ガ總會ニ出席セザル場合ニ於テハ自己ニ對スル總會招集ノ手續ガ法令又ハ定款ニ反スルコトヲ理由トスルトキニ限リ前項ノ訴ヲ提起スルコトヲ得
第九十九條ノ三及ビ第九十九條ノ四ノ規定ハ前二項ノ場合ニ之ヲ準用ス
第百六十三條ノ二　決議無效ノ訴ハ決議ノ日ヨリ一ケ

ニ之ヲ提起スルコトヲ要ス
口頭辯論ハ前項ノ期間ヲ經過シタル後ニ非ザレバ之ヲ開始スルコトヲ得ズ

第二百四十九條　株主ガ決議取消ノ訴ヲ提起シタルトキハ會社ノ請求ニ因リ相當ノ擔保ヲ供スルコトヲ要ス但シ其ノ株主ガ取締役又ハ監査役ナルトキハ此ノ限ニ在ラズ

第二百五十條　決議シタル事項ノ登記アリタル場合ニ於テ決議取消ノ判決ガ確定シタルトキハ本店及支店ノ所在地ニ於テ其ノ登記ヲ爲スコトヲ要ス

第二百五十一條　決議取消ノ訴ノ提起アリタル場合ニ於テ決議ノ內容、會社ノ現況其ノ他一切ノ事情ヲ斟酌シテ其ノ取消ヲ不適當ト認ムルトキハ裁判所ハ請求ヲ棄却スルコトヲ得

第二百五十二條　第八十八條、第百五條第三項第四項第百九條、第二百四十九條及第二百五十條ノ規定ハ總會ノ決議ノ內容ガ法令又ハ定款ニ違反スルコトヲ理由トシテ決議ノ無效ノ確認ヲ請求スル訴ニ之ヲ準用ス

第二百五十三條　株主ガ第二百三十九條第四項ノ規定ニ依リ議決權ヲ行使スルコトヲ得ザリシ場合ニ於テ

月內ニ之ヲ提起スルコトヲ要ス
口頭辯論ハ前項ノ期間ヲ經過シタル後ニ非ザレバ之ヲ開始スルコトヲ得ズ訴ノ提起及ビ口頭辯論ノ期日ハ取締役遲滯ナク之ヲ公告スルコトヲ要ス

第百六十三條ノ三　株主ガ決議無效ノ訴ヲ提起シタルトキハ會社ノ請求ニ因リ相當ノ擔保ヲ供スルコトヲ要ス但其株主ガ取締役又ハ監査役ナルトキハ此限ニ在ラズ

第百六十三條ノ四　決議シタル事項ノ登記アリタル場合ニ於テ其決議ヲ無效トスル判決ガ確定シタルトキハ本店及ビ支店ノ所在地ニ於テ其登記ヲ爲スコトヲ要ス

決議ガ著シク不當ニシテ其ノ株主ガ議決權ヲ行使シタルトキハ之ヲ阻止スルコトヲ得ベカリシモノナルニ於テハ其ノ株主ハ訴ヲ以テ決議ノ取消又ハ變更ヲ請求スルコトヲ得

第八十八條、第百五條第三項第四項、第百九條及第二百四十八條乃至第二百五十條ノ規定ハ前項ノ訴ニ之ヲ準用ス

第二款　取締役

第二百五十四條　取締役ハ株主總會ニ於テ之ヲ選任ス

會社ト取締役トノ間ノ關係ハ委任ニ關スル規定ニ從フ

第二百五十五條　取締役ハ三人以上タルコトヲ要ス

第二百五十六條　取締役ノ任期ハ三年ヲ超ユルコトヲ得ズ但シ定款ヲ以テ任期中ノ最終ノ決算期ニ關スル定時總會ノ終結ニ至ル迄其ノ任期ヲ伸長スルコトヲ妨ゲズ

第二百五十七條　取締役ハ何時ニテモ株主總會ノ決議ヲ以テ之ヲ解任スルコトヲ得但シ任期ノ定アル場合ニ於テ正當ノ事由ナクシテ其ノ任期ノ滿了前ニ之ヲ解任シタルトキハ其ノ取締役ハ會社ニ對シ解任ニ因

第二款　取締役

第百六十四條　取締役ハ株主總會ニ於テ株主中ヨリ之ヲ選任ス

會社ト取締役トノ間ノ關係ハ委任ニ關スル規定ニ從フ

第百六十五條　取締役ハ三人以上タルコトヲ要ス

第百六十六條　取締役ノ任期ハ三年ヲ超ユルコトヲ得ズ但定款ヲ以テ任期中ノ最終ノ配當期ニ關スル定時總會ノ終結ニ至ルマデ其任期ヲ伸長スルコトヲ妨ゲズ

第百六十七條　取締役ハ何時ニテモ株主總會ノ決議ヲ以テ之ヲ解任スルコトヲ得但任期ノ定アル場合ニ於テ正當ノ理由ナクシテ其任期前ニ之ヲ解任シタルトキハ其取締役ハ會社ニ對シ解任ニ因リテ生ジタル損

リテ生ジタル損害ノ賠償ヲ請求スルコトヲ得
第二百五十八條　法律又ハ定款ニ定メタル取締役ノ員數ヲ缺クニ至リタル場合ニ於テハ任期ノ滿了又ハ辭任ニ因リテ退任シタル取締役ハ新ニ選任セラレタル取締役ノ就職スル迄仍取締役ノ權利義務ヲ有ス
前項ノ場合ニ於テ必要アリト認ムルトキハ裁判所ハ監査役其ノ他利害關係人ノ請求ニ因リ一時取締役ノ職務ヲ行フベキ者ヲ選任スルコトヲ得此ノ場合ニ於テハ本店及支店ノ所在地ニ於テ其ノ登記ヲ爲スコトヲ要ス
第二百五十九條　定款ヲ以テ取締役ノ有スベキ株式ノ數ヲ定メタル場合ニ於テ別段ノ定ナキトキハ取締役ハ其ノ員數ノ株券ヲ監査役ニ供託スルコトヲ要ス
第二百六十條　會社ノ業務執行ハ定款ニ別段ノ定ナキトキハ取締役ノ過半數ヲ以テ之ヲ決ス支配人ノ選任及解任亦同ジ
第二百六十一條　取締役ハ各自會社ヲ代表ス
前項ノ規定ハ定款若ハ株主總會ノ決議ヲ以テ會社ヲ代表スベキ取締役ヲ定メ、數人ノ取締役ガ共同シ若ハ取締役ガ支配人ト共同シテ會社ヲ代表スベキコトヲ定メ又ハ定款ノ規定ニ基キ取締役ノ互選ヲ以テ會社ヲ代表スベキ取締役ヲ定ムルコトヲ妨ゲズ

害ノ賠償ヲ請求スルコトヲ得
第百六十七條ノ二　取締役ノ任務ガ終了シタル場合ニ於テ法律又ハ定款ニ定メタル員數ノ取締役ナキニ至リタルトキハ退任シタル取締役ハ破産及ビ禁治産ノ場合ヲ除ク外新ニ選任セラレタル取締役ガ就職スルマデ仍ホ取締役ノ權利義務ヲ有ス
第百六十八條　取締役ハ定款ニ定メタル員數ノ株券ヲ監査役ニ供託スルコトヲ要ス
第百六十九條　會社ノ業務執行ハ定款ニ別段ノ定ナキトキハ取締役ノ過半數ヲ以テ之ヲ決ス支配人ノ選任及ビ解任亦同ジ
第百七十條　定款又ハ株主總會決議ヲ以テ取締役中會社ヲ代表スベキ者ヲ定メズ又ハ數人ノ取締役ガ共同シ若クハ取締役ガ支配人ト共同シテ會社ヲ代表スベキコトヲ定メザルトキハ取締役ハ各自會社ヲ代表ス

第三十九條第二項及第七十八條ノ規定ハ取締役ニ之ヲ準用ス
第二百六十二條　社長、副社長、專務取締役、常務取締役其ノ他會社ヲ代表スル權限ヲ有スルモノト認ムベキ名稱ヲ附シタル取締役ノ爲シタル行爲ニ付テハ會社ハ其ノ者ガ代表權ヲ有セザル場合ト雖モ善意ノ第三者ニ對シテ其ノ責ニ任ズ
第二百六十三條　取締役ハ定款及總會ノ議事錄ヲ本店及支店ニ、株主名簿及社債原簿ヲ本店ニ備置クコトヲ要ス
株主及會社ノ債權者ハ營業時間內何時ニテモ前項ニ掲グル書類ノ閲覧ヲ求ムルコトヲ得
（第二百二十三條參照）

第三十條ノ二第二項及ビ第六十二條ノ規定ハ取締役ニ之ヲ準用ス
第百七十一條　取締役ハ定款及ビ總會ノ決議錄ヲ本店及ビ支店ニ備ヘ置キ且株主名簿及ビ社債原簿ヲ本店ニ備ヘ置クコトヲ要ス
株主及ビ會社ノ債權者ハ營業時間內何時ニテモ前項ニ掲ゲタル書類ノ閲覧ヲ求ムルコトヲ得
第百七十二條　株主名簿ニハ左ノ事項ヲ記載スルコトヲ要ス
一　株主ノ氏名、住所
二　各株主ノ株式ノ數及ビ株券ノ番號
三　各株ニ付キ拂込ミタル株金額及ビ拂込ノ年月日
四　各株式ノ取得ノ年月日
五　無記名式ノ株券ヲ發行シタルトキハ其數、番號及ビ發行ノ年月日
第百七十二條ノ二　會社ノ株主ニ對スル通知又ハ催告ハ株主名簿ニ記載シタル株主ノ住所又ハ其者ガ會社

（第三百十七條參照）

ニ通知シタル住所ニ宛ツルヲ以テ足ル
前項ノ通知又ハ催告ハ通常其到達スベカリシ時ニ到達シタルモノト看做ス
第百七十三條　社債原簿ニハ左ノ事項ヲ記載スルコトヲ要ス
一　社債權者ノ氏名、住所
二　債券ノ番號
三　社債ノ總額
四　各社債ノ金額
五　社債ノ利率
六　社債償還ノ方法及ビ期限
七　數回ニ分チテ社債ノ拂込ヲ爲サシムルトキハ其拂込ノ金額及ビ時期
八　各社債ニ付キ拂込ミタル金額及ビ拂込ノ年月日
九　債券發行ノ年月日
十　各社債ノ取得ノ年月日
十一　無記名式ノ債券ヲ發行シタルトキハ其數、番號及ビ發行ノ年月日
第百七十四條　會社ガ其資本ノ半額ヲ失ヒタルトキハ取締役ハ遲滯ナク株主總會ヲ招集シテ之ヲ報告スルコトヲ要ス
會社財産ヲ以テ會社ノ債務ヲ完濟スルコト能ハザル

第二百六十四條　取締役ハ株主總會ノ認許アルニ非ザレバ自己若ハ第三者ノ爲ニ會社ノ營業ノ部類ニ屬スル取引ヲ爲シ又ハ同種ノ營業ヲ目的トスル他ノ會社ノ無限責任社員若ハ取締役ト爲ルコトヲ得ズ

取締役ガ前項ノ規定ニ違反シテ自己ノ爲ニ取引ヲ爲シタルトキハ株主總會ハ之ヲ以テ會社ノ爲ニ爲シタルモノト看做スコトヲ得

前項ニ定ムル權利ハ監査役ノ一人ガ其取引ヲ知リタル時ヨリ二月間之ヲ行使セザルトキハ消滅ス取引ノ時ヨリ一年ヲ經過シタルトキ亦同ジ

第二百六十五條　取締役ハ監査役ノ承認ヲ得タルトキニ限リ自己又ハ第三者ノ爲ニ會社ト取引ヲ爲スコトヲ得此ノ場合ニ於テハ民法第百八條ノ規定ヲ適用セズ

第二百六十六條　取締役ガ其ノ任務ヲ怠リタルトキハ其ノ取締役ハ會社ニ對シ連帶シテ損害賠償ノ責ニ任ズ

取締役ガ法令又ハ定款ニ違反スル行爲ヲ爲シタルトキハ株主總會ノ決議ニ依リタル場合ト雖モ其ノ取締役ハ第三者ニ對シ連帶シテ損害賠償ノ責ニ任ズ

ニ至リタルトキハ取締役ハ直チニ破産宣告ノ請求ヲ爲スコトヲ要ス

第百七十五條　取締役ハ株主總會ノ認許アルニ非ザレバ自己又ハ第三者ノ爲メニ會社ノ營業ノ部類ニ屬スル商行爲ヲ爲シ又ハ同種ノ營業ヲ目的トスル他ノ會社ノ無限責任社員ト爲ルコトヲ得ズ

取締役ガ前項ノ規定ニ反シテ自己ノ爲メニ商行爲ヲ爲シタルトキハ株主總會ハ之ヲ以テ會社ノ爲メニ爲シタルモノト看做スコトヲ得

前項ニ定メタル權利ハ監査役ノ一人ガ其行爲ヲ知リタル時ヨリ二ケ月間之ヲ行ハザルトキハ消滅ス行爲ノ時ヨリ一年ヲ經過シタルトキ亦同ジ

第百七十六條　取締役ハ監査役ノ承認ヲ得タルトキニ限リ自己又ハ第三者ノ爲メニ會社ト取引ヲ爲スコトヲ得此場合ニ於テハ民法第百八條ノ規定ヲ適用セズ

第百七十七條　取締役ガ其任務ヲ怠リタルトキハ其取締役ハ會社ニ對シ連帶シテ損害賠償ノ責ニ任ズ

取締役ガ法令又ハ定款ニ反スル行爲ヲ爲シタルトキハ株主總會ノ決議ニ依リタル場合ト雖モ其取締役ハ第三者ニ對シ連帶シテ損害賠償ノ責ニ任ズ

第二百六十七條　株主總會ニ於テ取締役ニ對シテ訴ヲ提起スルコトヲ決議シタルトキハ會社ハ決議ノ日ヨリ一月內ニ之ヲ提起スルコトヲ要ス

前項ノ訴ニ付テハ株主總會ノ決議ニ依ルニ非ザレバ取下、和解又ハ請求ノ拋棄ヲ爲スコトヲ得ズ

第二百六十八條　株主總會ニ於テ取締役ニ對シテ訴ヲ提起スルコトヲ否決シタル場合ニ於テ會日ノ三月前ヨリ引續キ資本ノ十分ノ一以上ニ當ル株式ヲ有スル株主ガ訴ノ提起ヲ監査役ニ請求シタルトキハ會社ハ請求ノ日ヨリ一月內ニ之ヲ提起スルコトヲ要ス

前項ノ請求ハ總會終結ノ日ヨリ三月內ニ之ヲ爲スコトヲ要ス

第一項ノ訴ニ付テハ訴提起ノ請求ヲ爲シタル株主ノ議決權ノ過半數ノ同意アルニ非ザレバ取下、和解又ハ請求ノ拋棄ヲ爲スコトヲ得ズ

第一項ノ請求ヲ爲シタル株主ハ監査役ノ請求ニ因リ相當ノ擔保ヲ供スルコトヲ要ス

會社ガ敗訴シタルトキハ請求ヲ爲シタル株主ハ會社ニ對シテノミ損害賠償ノ責ニ任ズ

第二百六十九條　取締役ガ受クベキ執酬ハ定款ニ其ノ額ヲ定メザリシトキハ株主總會ノ決議ヲ以テ之ヲ定ム

第百七十八條　株主總會ニ於テ取締役ニ對シテ訴ヲ提起スルコトヲ決議シタルトキ又ハ之ヲ否決シタル場合ニ於テ資本ノ十分ノ一以上ニ當タル株主ガ之ヲ監査役ニ請求シタルトキハ會社ハ決議又ハ請求ノ日ヨリ一ケ月內ニ訴ヲ提起スルコトヲ要ス

前項ノ請求ヲ爲シタル株主ハ監査役ノ請求ニ因リ相當ノ擔保ヲ供スルコトヲ要ス

會社ガ敗訴シタルトキハ右ノ株主ハ會社ニ對シテノミ損害賠償ノ責ニ任ズ

第百七十九條　取締役ガ受クベキ報酬ハ定款ニ其額ヲ定メザリシトキハ株主總會ノ決議ヲ以テ之ヲ定ム

第二百七十條　取締役ノ選任決議ノ無效又ハ取消ノ訴ノ提起アリタル場合ニ於テハ本案ノ管轄裁判所ハ當事者ノ申立ニ因リ假處分ヲ以テ取締役ノ職務ノ執行ヲ停止シ又ハ之ヲ代行スル者ヲ選任スルコトヲ得本案ノ繫屬前ト雖モ急迫ナル事情アルトキ亦同ジ

裁判所ハ當事者ノ申立ニ因リ前項ノ假處分ヲ變更シ又ハ之ヲ取消スコトヲ得

前二項ノ處分アリタルトキハ本店及支店ノ所在地ニ於テ其ノ登記ヲ爲スコトヲ要ス

第二百七十一條　前條ノ職務代行者ハ假處分命令ニ別段ノ定アル場合ヲ除クノ外會社ノ常務ニ屬セザル行爲ヲ爲スコトヲ得ズ但シ特ニ本案ノ管轄裁判所ノ許可ヲ得タル場合ハ此ノ限ニ在ラズ職務代行者前項ノ規定ニ違反シタルトキト雖モ會社ハ善意ノ第三者ニ對シテ其ノ責ニ任ズ

第二百七十二條　急迫ナル事情アルトキハ第二百三十七條ノ規定ニ依リテ取締役ノ解任ヲ目的トスル總會ノ招集ヲ請求シタル者ハ其ノ取締役ノ職務ノ執行ノ停止又ハ職務代行者ノ選任ヲ裁判所ニ請求スルコトヲ得取締役ノ解任ヲ目的トスル總會ヲ招集シタル取締役又ハ監査役亦同ジ

第二百七十條第二項第三項及前條ノ規定ハ前項ノ場

合ニ之ヲ準用ス

第三款　監査役

第二百七十三條　監査役ノ任期ハ二年ヲ超ユルコトヲ得ズ

第二百七十四條　監査役ハ何時ニテモ取締役ニ對シテ營業ノ報告ヲ求メ又ハ會社ノ業務及財産ノ狀況ヲ調査スルコトヲ得

第二百七十五條　監査役ハ取締役ガ株主總會ニ提出セントスル書類ヲ調査シ株主總會ニ其ノ意見ヲ報告スルコトヲ要ス

第二百七十六條　監査役ハ取締役又ハ支配人ヲ兼ヌルコトヲ得ズ但シ取締役中ニ缺員アルトキハ取締役及監査役ノ協議ヲ以テ監査役中ヨリ一時取締役ノ職務ヲ行フベキ者ヲ定ムルコトヲ得

前項但書ノ場合ニ於テハ其ノ定ヲ爲シタル日ヨリ本店ノ所在地ニ於テハ二週間、支店ノ所在地ニ於テハ三週間内ニ其ノ登記ヲ爲スコトヲ要ス

第三款　監査役

第百八十條　監査役ノ任期ハ二年ヲ超ユルコトヲ得ズ

第百八十一條　監査役ハ何時ニテモ取締役ニ對シテ營業ノ報告ヲ求メ又ハ會社ノ業務及ビ會社財産ノ狀況ヲ調査スルコトヲ得

第百八十二條　監査役ハ株主總會ヲ招集スル必要アリト認メタルトキハ其招集ヲ爲スコトヲ得此總會ニ於テハ會社ノ業務及ビ會社財産ノ狀況ヲ調査セシムル爲メ特ニ檢査役ヲ選任スルコトヲ得

第百八十三條　監査役ハ取締役ガ株主總會ニ提出セントスル書類ヲ調査シ株主總會ニ其意見ヲ報告スルコトヲ要ス

第百八十四條　監査役ハ取締役又ハ支配人ヲ兼ヌルコトヲ得ズ但取締役中ニ缺員アルトキハ取締役及ビ監査役ノ協議ヲ以テ監査役中ヨリ一時取締役ノ職務ヲ行フベキ者ヲ定ムルコトヲ得

第一項ノ規定ニ依リテ取締役ノ職務ヲ行フ監査役ハ第二百八十三條第一項ノ規定ニ從ヒ株主總會ノ承認ヲ得ル迄ハ監査役ノ職務ヲ行フコトヲ得ズ

第二百七十七條　會社ガ取締役ニ對シ又ハ取締役ガ會社ニ對シ訴ヲ提起スル場合ニ於テハ其ノ訴ニ付テハ監査役會社ヲ代表ス但シ株主總會ハ他人ヲシテ之ヲ代表セシムルコトヲ得

第二百六十八條第一項ノ規定ニ依リ株主ガ取締役ニ對シテ訴ヲ提起スルコトヲ請求シタルトキハ特ニ代表者ヲ指定スルコトヲ得

第二百七十八條　監査役ガ會社又ハ第三者ニ對シテ損害賠償ノ責ニ任ズベキ場合ニ於テ取締役モ亦其ノ責ニ任ズベキトキハ其ノ監査役及取締役ハ之ヲ連帶債務者トス

第二百七十九條　株主總會ニ於テ監査役ニ對シテ訴ヲ提起スルコトヲ決議シタルトキ又ハ之ヲ否決シタル場合ニ於テ會日ノ三月前ヨリ引續キ資本ノ十分ノ一以上ニ當ル株式ヲ有スル株主ガ訴ノ提起ヲ取締役ニ請求シタルトキハ會社ハ決議又ハ請求ノ日ヨリ一月内ニ之ヲ提起スルコトヲ要ス

第二百六十七條第二項、第二百六十八條第二項乃至第五項及第二百七十七條一項但書第二項ノ規定ハ前

前項ノ規定ニ依リテ取締役ノ職務ヲ行フ監査役ハ第百九十二條第一項ノ規定ニ從ヒ株主總會ノ承認ヲ得ルマデハ監査役ノ職務ヲ行フコトヲ得ズ

第百八十五條　會社ガ取締役ニ對シ又ハ取締役ガ會社ニ對シ訴ヲ提起スル場合ニ於テハ其訴ニ付テハ監査役會社ヲ代表ス但株主總會ハ他人ヲシテ之ヲ代表セシムルコトヲ得

資本ノ十分ノ一以上ニ當タル株主ガ取締役ニ對シテ訴ヲ提起スルコトヲ請求シタトキハ特ニ代表者ヲ指定スルコトヲ得

第百八十六條　監査役ガ會社又ハ第三者ニ對シテ損害賠償ノ責ニ任ズベキ場合ニ於テ取締役モ亦其責ニ任ズベキトキハ其監査役及ビ取締役ハ之ヲ連帶債務者トス

第百八十七條　株主總會ニ於テ監査役ニ對シテ訴ヲ提起スルコトヲ決議シタルトキ又ハ之ヲ否決シタル場合ニ於テ資本ノ十分ノ一以上ニ當タル株主ガ之ヲ取締役ニ請求シタルトキハ會社ハ決議又ハ請求ノ日ヨリ一ケ月内ニ訴ヲ提起スルコトヲ要ス此場合ニ於テハ第百八十五條第一項但書及ビ第二項ノ規定ヲ準用ス

前項ノ請求ヲ爲シタル株主ハ取締役ノ請求ニ因リ相

項ノ場合ニ之ヲ準用ス

第二百八十條　第二百五十四條、第二百五十六條但書第二百五十七條、第二百五十八條、第二百六十六條第二百六十九條、第二百七十條及第二百七十二條ノ規定ハ監査役ニ之ヲ準用ス

第四節　會社ノ計算

第二百八十一條　取締役ハ定時總會ノ會日ヨリ二週間前ニ左ノ書類ヲ監査役ニ提出スルコトヲ要ス

一　財產目錄
二　貸借對照表
三　營業報告書
四　損益計算書
五　準備金及利益又ハ利息ノ配當ニ關スル議案

第二百八十二條　取締役ハ定時總會ノ會日ノ一週間前ヨリ前條ニ揭グル書類及監査役ノ報告ヲ本店ニ備置クコトヲ要ス

株主及會社ノ債權者ハ營業時間內何時ニテモ前項ニ揭グル書類ノ閲覽ヲ求メ又ハ會社ノ定メタル費用ヲ

當ノ擔保ヲ供スルコトヲ要ス

會社ガ敗訴シタルトキハ右ノ株主ハ會社ニ對シテノミ損害賠償ノ責ニ任ズ

第百八十八條　（削除）

第百八十九條　第百六十四條、第百六十六條但書、第百六十七條ノ二、第百七十七條及ビ第百七十九條ノ規定ハ監査役ニ之ヲ準用ス

第四節　會社ノ計算

第百九十條　取締役ハ定時總會ノ會日ヨリ一週間前ニ左ノ書類ヲ監査役ニ提出スルコトヲ要ス

一　財產目錄
二　貸借對照表
三　營業報告書
四　損益計算書
五　準備金及ビ利益又ハ利息ノ配當ニ關スル議案

第百九十一條　取締役ハ定時總會ノ會日前ニ前條ニ揭ゲタル書類及ビ監査役ノ報告書ヲ本店ニ備フルコトヲ要ス

株主及ビ會社ノ債權者ハ營業時間內何時ニテモ前項ニ揭ゲタル書類ノ閲覽ヲ求ムルコトヲ得

支拂ヒテ其ノ謄本若ハ抄本ノ交付ヲ求ムルコトヲ得

第二百八十三條　取締役ハ第二百八十一條ニ掲グル書類ヲ定時總會ニ提出シテ其ノ承認ヲ求ムルコトヲ要ス

取締役ハ前項ノ承認ヲ得タル後遲滯ナク貸借對照表ヲ公告スルコトヲ要ス

第二百八十四條　定時總會ニ於テ前條第一項ノ承認ヲ爲シタル後二年內ニ別段ノ決議ナキトキハ會社ハ取締役又ハ監査役ニ對シテ其ノ責任ヲ解除シタルモノト看做ス但シ取締役又ハ監査役ニ不正ノ行爲アリタルトキハ此ノ限ニ在ラズ

第二百八十五條　財產目錄ニ記載スル營業用ノ固定財產ニ付テハ其ノ取得價額又ハ製作價額ヲ超ユル價額取引所ノ相場アル有價證券ニ付テハ其ノ決算期前一月ノ平均價格ヲ超ユル價額ヲ附スルコトヲ得ズ

第二百八十六條　第百六十八條第一項第七號ノ規定ニ依リ支出シタル金額及設立登記ノ爲ニ支出シタル稅額ハ之ヲ貸借對照表ノ資產ノ部ニ計上スルコトヲ得此ノ場合ニ於テハ會社成立ノ後、若開業前ニ利息ヲ配當スベキコトヲ定メタルトキハ其ノ配當ヲ止メタル後五年內ニ每決算期ニ於テ均等額以上ノ償却ヲ爲スコトヲ要ス

第百九十二條　取締役ハ第百九十條ニ揭ゲタル書類ヲ定時總會ニ提出シテ其承認ヲ求ムルコトヲ要ス

取締役ハ前項ノ承認ヲ得タル後貸借對照表ヲ公告スルコトヲ要ス

第百九十三條　定時總會ニ於テ前條第一項ノ承認ヲ爲シタルトキハ會社ハ取締役及ヒ監査役ニ對シテ其責任ヲ解除シタルモノト看做ス但取締役又ハ監査役不正ノ行爲アリタルトキハ此限ニ在ラズ

第二百八十七條　社債權者ニ償還スベキ金額ノ總額ガ社債ノ募集ニ因リテ得タル實額ヲ超ユルトキハ其ノ差額ハ之ヲ貸借對照表ノ資産ノ部ニ計上スルコトヲ得此ノ場合ニ於テハ社債償還ノ期限内ニ毎決算期ニ於テ均等額以上ノ償却ヲ爲スコトヲ要ス

第二百八十八條　會社ハ其ノ資本ノ四分ノ一ニ達スル迄ハ毎決算期ノ利益ノ二十分ノ一以上ヲ準備金トシテ積立ツルコトヲ要ス

額面以上ノ價額ヲ以テ株式ヲ發行シタルトキハ其ノ額面ヲ超ユル金額ヨリ發行ノ爲ニ必要ナル費用ヲ控除シタル金額ハ前項ノ額ニ達スル迄之ヲ準備金ニ組入ルルコトヲ要ス

第二百八十九條　前條ノ準備金ハ資本ノ缺損ノ塡補ニ充ツル場合ヲ除クノ外之ヲ使用スルコトヲ得ズ

第二百九十條　會社ハ損失ヲ塡補シ且第二百八十八條第一項ノ準備金ヲ控除シタル後ニ非ザレバ利益ノ配當ヲ爲スコトヲ得ズ

前項ノ規定ニ違反シテ配當ヲ爲シタルトキハ會社ノ債權者ハ之ヲ返還セシムルコトヲ得

第二百九十一條　會社ノ目的タル事業ノ性質ニ依リ會社ノ成立後二年以上其ノ營業全部ノ開業ヲ爲スコト能ハザルモノト認ムルトキハ會社ハ定款ヲ以テ其ノ

第百九十四條　會社ハ其資本ノ四分ノ一ニ達スルマデハ利益ヲ配當スル毎ニ準備金トシテ其利益ノ二十分ノ一以上ヲ積立ツルコトヲ要ス

額面以上ノ價額ヲ以テ株式ヲ發行シタルトキハ其額面ヲ超ユル金額ハ前項ノ額ニ達スルマデ之ヲ準備金ニ組入ルヽコトヲ要ス

第百九十五條　會社ハ損失ヲ塡補シ且前條第一項ニ定メタル準備金ヲ控除シタル後ニ非ザレバ利益ノ配當ヲ爲スコトヲ得ズ

前項ノ規定ニ違反シテ配當ヲ爲シタルトキハ會社ノ債權者ハ之ヲ返還セシムルコトヲ得

第百九十六條　會社ノ目的タル事業ノ性質ニ依リ第百四十一條第一項ノ規定ニ從ヒ本店ノ所在地ニ於テ登記ヲ爲シタル後二年以上開業ヲ爲スコト能ハザルモ

開業前一定ノ期間内一定ノ利息ヲ株主ニ配當スベキ旨ヲ定ムルコトヲ得但シ其ノ利率ハ年五分ヲ超ユルコトヲ得ズ

前項ノ定款ノ規定ハ裁判所ノ認可ヲ得ルコトヲ要ス

第一項ノ規定ニ依リテ配當シタル金額ハ之ヲ貸借對照表ノ資産ノ部ニ計上スルコトヲ得此ノ場合ニ於テハ年六分ヲ超ユル利益ヲ配當スル毎ニ其ノ超過額ト同額以上ノ金額ヲ償却スルコトヲ要ス

第二百九十二條　前條第一項ノ規定ニ依リテ利息ヲ配當スル會社ガ其ノ資本ヲ增加スル場合ニ於テハ新株ニ對シテモ亦利息ヲ配當スルコトヲ要ス但シ定款ニ別段ノ定アルトキハ此ノ限ニ在ラズ

前項ノ配當ヲ爲ス場合ニ於テハ配當期間ヲ伸長スルコトヲ得

前條ノ規定ハ前二項ノ場合ニ之ヲ準用ス

第二百九十三條　利益又ハ利息ノ配當ハ定款ニ依リテ拂込ミタル株金額ノ割合ニ應ジテ之ヲ爲ス但シ第二百二十二條第一項ノ規定ノ適用ヲ妨ゲズ

第二百九十四條　會社ノ業務ノ執行ニ關シ不正ノ行爲又ハ法令若ハ定款ニ違反スル重大ナル事實アルコトヲ疑フベキ事由アルトキハ三月前ヨリ引續キ資本ノ

ノト認ムルトキハ會社ハ定款ヲ以テ開業ヲ爲スニ至ルマデ一定ノ利息ヲ株主ニ配當スベキコトヲ定ムルコトヲ得但其利率ハ法定利率ニ超ユルコトヲ得ズ

前項ニ揭ゲタル定款ノ規定ハ裁判所ノ認可ヲ得ルコトヲ要ス

第百九十七條　利益又ハ利息ノ配當ハ定款ニ依リテ拂込ミタル株金額ノ割合ニ應ジテ之ヲ爲ス但會社ガ優先株ヲ發行シタル場合ニ於テ之ニ異ナリタル定アルトキハ此限ニ在ラズ

第百九十八條　裁判所ハ資本ノ十分ノ一以上ニ當タル株主ノ請求ニ因リ會社ノ業務及ビ會社財産ノ狀況ヲ調査セシムル爲メ検査役ヲ選任スルコトヲ得

十分ノ一以上ニ當ル株式ヲ有スル株主ハ會社ノ業務及財産ノ狀況ヲ調査セシムル爲裁判所ニ檢査役ノ選任ヲ請求スルコトヲ得

檢査役ハ其ノ調査ノ結果ヲ裁判所ニ報告スルコトヲ要ス

前項ノ場合ニ於テ必要アリト認ムルトキハ裁判所ハ監査役ヲシテ株主總會ヲ招集セシムルコトヲ得此ノ場合ニ於テハ第百八十一條第二項及第百八十四條第二項ノ規定ヲ準用ス

第二百九十五條　身元保證金ノ返還ヲ目的トスル債權其ノ他會社ト使用人トノ間ノ雇傭關係ニ基キ生ジタル債權ヲ有スル者ハ會社ノ總財産ノ上ニ先取特權ヲ有ス

前項ノ先取特權ノ順位ハ民法第三百六條第一號ニ掲グル先取特權ニ次グ

第五節　社債

第一款　總則

第二百九十六條　社債ハ第三百四十三條ニ定ムル決議ニ依ルニ非ザレバ之ヲ募集スルコトヲ得ズ

第二百九十七條　社債ノ總額ハ拂込ミタル株金額ヲ超

檢査役ハ其調査ノ結果ヲ裁判所ニ報告スルコトヲ要ス此場合ニ於テ裁判所ハ必要アリト認ムルトキハ監査役ヲシテ株主總會ヲ招集セシムルコトヲ得此總會ニ於テハ前項ノ調査ヲ爲サシムル爲メ特ニ檢査役ヲ選任スルコトヲ得

第五節　社債

第百九十九條　社債ハ第二百九條ニ定メタル決議ニ依ルニ非ザレバ之ヲ募集スルコトヲ得ズ

第二百條　社債ノ總額ハ拂込ミタル株金額ニ超ユルコ

ユルコトヲ得ズ
最終ノ貸借對照表ニ依リ會社ニ現存スル純財産額ガ拂込ミタル株金額ニ滿タザルトキハ社債ノ總額ハ其ノ財産額ヲ超ユルコトヲ得ス
舊社債償還ノ爲ニスル社債ノ募集ニ付テハ其ノ舊社債ノ額ハ社債ノ總額中ニ之ヲ算入セズ此ノ場合ニ於テハ拂込ノ期日、若數回ニ分チテ拂込ヲ爲サシムルトキハ第一回拂込ノ期日ヨリ六月内ニ舊社債ヲ償還スルコトヲ要ス
第二百九十八條　會社ハ前ニ募集シタル社債總額ノ拂込ヲ爲サシメタル後ニ非ザレバ更ニ社債ヲ募集スルコトヲ得ズ
第二百九十九條　各社債ノ金額ハ二十圓ヲ下ルコトヲ得ズ
同一種類ノ社債ニ在リテハ各社債ノ金額ハ均一ナルカ又ハ最低額ヲ以テ整除シ得ベキモノナルコトヲ要ス
第三百條　社債權者ニ償還スベキ金額ガ券面額ヲ超ユベキコトヲ定メタルトキハ其ノ超過額ハ各社債ニ付同率ナルコトヲ要ス
第三百一條　社債ノ募集ニ應ゼントスル者ハ社債申込證二通ニ其ノ引受クベキ社債ノ數及住所ヲ記載シ之

トヲ得ズ
最終ノ貸借對照表ニ會社ニ依リ現存スル財産ガ前項ノ金額ニ滿タザルトキハ社債ノ總額ハ其財産ノ額ニ超ユルコトヲ得ズ
第二百條ノ二　會社ハ前ニ募集シタル社債總額ノ拂込ヲ爲サシメタル後ニ非ザレバ更ニ社債ヲ募集スルコトヲ得ズ
第二百一條　各社債ノ金額ハ二十圓ヲ下ルコトヲ得ズ
第二百二條　社債權者ニ償還スベキ金額ガ券面額ニ超ユベキコトヲ定メタルトキハ其金額ハ各社債ニ付キ同一ナルコトヲ要ス
第二百三條　社債ノ募集ニ應ゼントスル者ハ社債申込證二通ニ其引受クベキ社債ノ數及ビ住所ヲ記載シ之

ニ署名スルコトヲ要ス
社債申込證ハ取締役之ヲ作リ之ニ左ノ事項ヲ記載スルコトヲ要ス
一 會社ノ商號
二 社債ノ總額
三 各社債ノ金額
四 社債ノ利率
五 社債償還ノ方法及期限
六 利息支拂ノ方法及期限
七 數回ニ分チテ社債ノ拂込ヲ爲サシムルトキハ其ノ拂込ノ金額及時期
八 社債發行ノ價額又ハ其ノ最低價額
九 債券ヲ記名式又ハ無記名式ニ限リタルトキハ其ノ旨
十 會社ノ資本及拂込ミタル株金ノ總額
十一 最終ノ貸借對照表ニ依リ會社ニ現存スル純財産額
十二 舊社債ノ償還ノ爲第二百九十七條第一項及第二項ノ制限ヲ超エテ社債ヲ募集スルトキハ其ノ旨
十三 前ニ社債ヲ募集シタルトキハ其ノ償還ヲ了ヘザル總額
十四 社債募集ノ委託ヲ受ケタル會社アルトキハ其

ニ署名スルコトヲ要ス
社債申込證ハ取締役之ヲ作リ之ニ左ノ事項ヲ記載スルコトヲ要ス
一 會社ノ商號
二 第百七十三條第三號乃至第七號ニ揭ゲタル事項
三 社債發行ノ價額又ハ其最低價額
四 會社ノ資本及ビ拂込ミタル株金ノ總額
五 最終ノ貸借對照表ニ依リ會社ニ現存スル財産ノ額
六 前ニ社債ヲ募集シタルトキハ其償還ヲ了ヘザル總額

ノ商號
十五　社債ノ應募額ガ總額ニ達セザル場合ニ於テ前號ノ會社ガ其ノ殘額ヲ引受クベキコトヲ約シタルトキハ其ノ旨
社債發行ノ最低價額ヲ定メタル場合ニ於テハ社債應募者ハ社債申込證ニ應募價額ヲ記載スルコトヲ要ス
第三百二條　前條ノ規定ハ契約ニ依リ社債ノ總額ヲ引受クル場合ニハ之ヲ適用セズ社債募集ノ委託ヲ受ケタル會社ガ自ラ社債ノ一部ヲ引受クル場合ニ於テ其ノ一部ニ付亦同ジ
第三百三條　社債ノ募集ガ完了シタルトキハ取締役ハ遲滯ナク各社債ニ付其ノ全額又ハ第一回ノ拂込ヲ爲サシムルコトヲ要ス
第三百四條　社債募集ノ委託ヲ受ケタル會社ハ自己ノ名ヲ以テ會社ノ爲ニ第三百一條第二項及前條ニ定ムル行爲ヲ爲スコトヲ得
第三百五條　會社ハ第三百三條ノ拂込アリタル日ヨリ本店ノ所在地ニ於テハ二週間、支店ノ所在地ニ於テハ三週間内ニ社債ノ登記ヲ爲スコトヲ要ス
前項ノ登記ニ在リテハ左ノ事項ヲ登記スルコトヲ要ス
一　第三百一條第二項第二號乃至第六號及第十四號

社債發行ノ最低價額ヲ定メタル場合ニ於テハ社債應募者ハ社債申込證ニ應募價額ヲ記載スルコトヲ要ス
第二百三條ノ二　前條ノ規定ハ契約ニ依リ社債ノ總額ヲ引受クル場合ニハ之ヲ適用セズ社債募集ノ委託ヲ受ケタル者ガ自ラ社債ノ一部ヲ引受クル場合ニ於テ其一部ニ付キ亦同ジ
第二百四條　社債ノ募集ガ完了シタルトキハ取締役ハ遲滯ナク各社債ニ付キ其全額又ハ第一回ノ拂込ヲ爲サシムルコトヲ要ス
第二百條ノ二　社債募集ノ委託ヲ受ケタル者ハ自己ノ名ヲ以テ會社ノ爲メニ第二百三條第二項及ビ前條ニ定メタル行爲ヲ爲スコトヲ得
第二百四條ノ三　取締役ハ第二百四條ノ拂込アリタル日ヨリ二週間内ニ本店及ビ支店ノ所在地ニ於テ左ノ事項ヲ登記スルコトヲ要ス
一　第百七十三條第三號乃至第六號ニ掲ゲタル事項

ニ揭グル事項
二　各社債ニ付拂込ミタル金額
第六十七條ノ規定ハ第一項ノ登記ニ之ヲ準用ス
外國ニ於テ社債ヲ募集シタル場合ニ於テ登記スベキ事項ガ外國ニ於テ生ジタルトキハ登記ノ期間ハ其ノ通知ノ到達シタル時ヨリ之ヲ起算ス
第三百六條　債券ハ社債全額ノ拂込アリタル後ニ非ザレバ之ヲ發行スルコトヲ得ズ
債券ニハ第三百一條第二項第一號乃至第六號、第九號及第十四號ニ揭グル事項竝ニ番號ヲ記載シ取締役之ニ署名スルコトヲ要ス
第三百七條　記名社債ノ移轉ハ取得者ノ氏名及住所ヲ社債原簿ニ記載シ且其ノ氏名ヲ債券ニ記載スルニ非ザレバ之ヲ以テ會社其ノ他ノ第三者ニ對抗スルコトヲ得ズ
第三百八條　社債權者ハ何時ニテモ其ノ記名式ノ債券ヲ無記名式ト爲シ又ハ其ノ無記名式ノ債券ヲ記名式ト爲スコトヲ請求スルコトヲ得但シ債券ヲ記名式又ハ無記名式ニ限ル旨ノ定アルトキハ此ノ限ニ在ラズ
第三百九條　社債募集ノ委託ヲ受ケタル會社ハ社債權者ノ爲ニ社債ノ償還ヲ受クルニ必要ナル一切ノ裁判上又ハ裁判外ノ行爲ヲ爲ス權限ヲ有ス

二　各社債ニ付キ拂込ミタル金額
第五十三條ノ規定ハ前項ノ場合ニ之ヲ準用ス
外國ニ於テ社債ヲ募集シタル場合ニ於テ登記スベキ事項ガ外國ニ於テ生ジタルトキハ登記ノ期間ハ其通知ノ到達シタル時ヨリ之ヲ起算ス
第二百五條　債券ハ社債全額ノ拂込アリタル後ニ非ザレバ之ヲ發行スルコトヲ得ズ
債權ニハ會社ノ商號及ビ第百七十三條第二號乃至第六號ニ揭ゲタル事項ヲ記載シ取締役之ニ署名スルコトヲ要ス
第二百六條　記名社債ノ移轉ハ取得者ノ氏名、住所ヲ社債原簿ニ記載シ且其氏名ヲ債券ニ記載スルニ非ザレバ之ヲ以テ會社其他ノ第三者ニ對抗スルコトヲ得ズ
第二百七條　第百五十五條ノ規定ハ債券ニ之ヲ準用ス

前項ノ會社ガ社債ノ償還ヲ受ケタルトキハ遲滯ナク其ノ旨ヲ公告シ且知レタル社債權者ニハ各別ニ之ヲ通知スルコトヲ要ス
前項ノ場合ニ於テ社債權者ハ債券ト引換ニ償還額ノ支拂ヲ請求スルコトヲ得
第三百十條　社債募集ノ委託ヲ受ケタル會社二以上アルトキハ其ノ權限ニ屬スル行爲ハ共同シテ之ヲ爲スコトヲ要ス
第三百十一條　社債募集ノ委託ヲ受ケタル會社二以上アルトキハ社債權者ニ對シ連滯シテ償還額ノ支拂ヲ爲ス義務ヲ負フ
第三百十二條　社債募集ノ委託ヲ受ケタル會社ハ社債發行シタル會社及社債權者集會ノ同意ヲ得テ辭任スルコトヲ得已ムコトヲ得ザル事由アル場合ニ於テ裁判所ノ許可ヲ得タルトキ亦同ジ
第三百十三條　社債募集ノ委託ヲ受ケタル會社ガ其ノ事務ヲ處理スルニ不適任ナルトキ其ノ他正當ノ事由アルトキハ裁判所ハ社債ヲ發行シタル會社又ハ社債權者集會ノ請求ニ因リ之ヲ解任スルコトヲ得
第三百十四條　前二條ノ場合ニ於テ社債募集ノ委託ヲ受ケタル會社ナキニ至リタルトキハ社債ヲ發行シタル會社及社債權者集會ノ一致ヲ以テ其ノ事務ノ承繼

者ヲ定ムルコトヲ得
已ムコトヲ得ザル事由アルトキハ利害關係人ハ事務承繼者ノ選任ヲ裁判所ニ請求スルコトヲ得
第三百十五條　無記名社債ヲ償還スル場合ニ於テ欠缺セル利札アルトキハ之ニ相當スル金額ヲ償還額ヨリ控除ス但シ既ニ支拂期ノ到來シタル利札ニ付テハ此ノ限ニ在ラズ
前項ノ利札ノ所持人ハ何時ニテモ之ト引換ニ控除金額ノ支拂ヲ請求スルコトヲ得
第三百十六條　社債ノ償還請求權ハ十年ヲ經過シタルトキハ時效ニ因リテ消滅ス
第三百九條第三項ノ請求權亦前項ニ同ジ
利息及前條第二項ノ請求權ハ五年ヲ經過シタルトキハ時效ニ因リテ消滅ス
第三百十七條　社債原簿ニハ左ノ事項ヲ記載スルコトヲ要ス
一　社債權者ノ氏名及住所
二　債券ノ番號
三　第三百一條第二項第二號乃至第七號及第十四號ニ揭グル事項
四　各社債ニ付拂込ミタル金額及拂込ノ年月日
五　債券發行ノ年月日

（第百七十三條參照）

六　各社債ノ取得ノ年月日
七　無記名式ノ債券ヲ發行シタルトキハ其ノ數、番號及發行ノ年月日

第三百十八條　第二百二十四條第一項及第二項ノ規定ハ社債應募者又ハ社債權者ニ對スル通知及催告ニ之ヲ準用ス

第二款　社債權者集會

第三百十九條　社債權者集會ハ本法ニ別段ノ定アル場合ヲ除クノ外裁判所ノ許可ヲ得テ社債權者ノ利害ニ重大ナル關係ヲ有スル事項ニ付決議ヲ爲スコトヲ得

第三百二十條　社債權者集會ハ社債ヲ發行シタル會社又ハ社債募集ノ委託ヲ受ケタル會社之ヲ招集ス

社債總額ノ十分ノ一以上ニ當ル社債權者ハ會議ノ目的タル事項及招集ノ理由ヲ記載シタル書面ヲ前項ノ會社ニ提出シテ社債權者集會ノ招集ヲ請求スルコトヲ得

第二百三十七條第二項ノ規定ハ前項ノ場合ニ之ヲ準用ス

第三百二十一條　各社債權者ハ社債ノ最低額毎ニ一箇ノ議決權ヲ有ス

無記名式ノ債券ヲ有スル者ハ會日ヨリ一週間前ニ債

第二百七條ノ二　第百七十二條ノ二ノ規定ハ社債應募者又ハ社債權者ニ對スル通知及ビ催告ニ之ヲ準用ス

券ヲ供託スルニ非ザレバ其ノ議決權ヲ行使スルコトヲ得ズ

第三百二十二條　社債ヲ發行シタル會社又ハ社債募集ノ委託ヲ受ケタル會社ハ其ノ代表者ヲ社債權者集會ニ出席セシメ又ハ書面ヲ以テ意見ヲ述ブルコトヲ得

社債權者集會ノ招集ハ前項ノ會社ニ之ヲ通知スルコトヲ要ス

第三百二十三條　社債權者集會又ハ其ノ招集者ハ必要アリト認ムルトキハ社債ヲ發行シタル會社ニ對シ其ノ代表者ノ出席ヲ求ムルコトヲ得

第三百二十四條　第三百四十三條第一項乃至第三項及第三百四十四條第二項第三項ノ規定ハ社債權者集會ノ決議ニ之ヲ準用ス

第三百十二條乃至第三百十四條及前條ノ同意又ハ請求ハ前項ノ規定ニ拘ラズ出席シタル社債權者ノ議決權ノ過半數ヲ以テ之ヲ決スルコトヲ得

第三百二十五條　社債權者集會ノ招集者ハ決議ノ日ヨリ一週間内ニ決議ノ認可ヲ裁判所ニ請求スルコトヲ要ス

第三百二十六條　裁判所ハ左ノ場合ニ於テハ社債權者集會ノ決議ヲ認可スルコトヲ得ズ

一　社債權者集會招集ノ手續又ハ其ノ決議ノ方法ガ

法令又ハ社債募集ノ目論見書ノ記載ニ違反スルトキ
二　決議ガ不當ノ方法ニ依リテ成立スルニ至リタルトキ
三　決議ガ著シク不公正ナルトキ
四　決議ガ社債權者ノ一般ノ利益ニ反スルトキ
前項第一號及第二號ノ場合ニ於テハ裁判所ハ決議ノ內容其ノ他一切ノ事情ヲ斟酌シテ決議ヲ認可スルコトヲ妨ゲズ
第三百二十七條　社債權者集會ノ決議ハ裁判所ノ認可ニ因リテ其ノ效力ヲ生ズ
社債權者集會ノ決議ハ總社債權者ニ對シ其ノ效力ヲ有ス
第三百二十八條　社債權者集會ノ決議ニ對シ認可又ハ不認可ノ決定アリタルトキハ社債ヲ發行シタル會社ハ遲滯ナク其ノ旨ヲ公告スルコトヲ要ス
第三百二十九條　社債權者集會ハ社債總額ノ五百分ノ一以上ヲ有スル社債權者ノ中ヨリ一人又ハ數人ノ代表者ヲ選任シ其ノ決議スベキ事項ノ決定ヲ之ニ委任スルコトヲ得
代表者數人アルトキハ前項ノ決定ハ其ノ過半數ヲ以テ之ヲ爲ス

第三百三十條　社債權者集會ノ決議ハ社債募集ノ委託ヲ受ケタル會社、若ハ社債募集ノ委託ケタル會社ナキトキハ前條ノ代表者之ヲ執行ス但シ社債權者集會ノ決議ヲ以テ別ニ執行者ヲ定メタルトキハ此ノ限ニ在ラズ

第三百三十一條　第三百十條ノ規定ハ代表者又ハ執行者數人アル場合ニ之ヲ準用ス

第三百三十二條　第三百九條、第三百十一條及第三百十六條第二項ノ規定ハ代表者又ハ執行者ガ社債ノ償還ニ關スル決議ヲ執行スル場合ニ之ヲ準用ス

第三百三十三條　社債權者集會ハ何時ニテモ代表者若ハ執行者ヲ解任シ又ハ委任シタル事項ヲ變更スルコトヲ得

第三百三十四條　會社ガ社債ノ利息ノ支拂ヲ怠リタルトキ又ハ定期ニ社債ノ一部ヲ償還スベキ場合ニ於テ其ノ償還ヲ怠リタルトキハ社債權者集會ノ決議ニ依リ會社ニ對シ一定ノ期間內ニ其ノ辨濟ヲ爲スベキ旨及其ノ期間內ニ之ヲ爲サザルトキハ社債ノ總額ニ付期限ノ利益ヲ失フベキ旨ヲ通知スルコトヲ得但シ其ノ期間ハ二月ヲ下ルコトヲ得ズ

前項ノ通知ハ書面ニ依リテ之ヲ爲スコトヲ要ス

會社ガ第一項ノ期間內ニ辨濟ヲ爲サザルトキハ社債

ノ總額ニ付期限ノ利益ヲ失フ

第三百三十五條　前條ノ規定ニ依リ會社ガ期限ノ利益ヲ失ヒタルトキハ前條第一項ノ決議ヲ執行スル者ハ遲滯ナク其ノ旨ヲ公告シ且知レタル社債權者ニハ各別ニ之ヲ通知スルコトヲ要ス

第三百十六條　社債募集ノ委託ヲ受ケタル會社、代表者又ハ執行者ニ對シテ與フベキ報酬及其ノ事務處理ノ爲ニ要スル費用ハ社債ヲ發行シタル會社トノ契約ニ其ノ定アル場合ヲ除クノ外裁判所ノ許可ヲ得テ會社ヲシテ之ヲ負擔セシムルコトヲ得

社債募集ノ委託ヲ受ケタル會社、代表者又ハ執行者ハ償還ヲ受ケタル金額ヨリ社債權者ニ先チテ前項ノ報酬及費用ノ辨濟ヲ受クルコトヲ得

第三百三十七條　社債權者集會ニ關スル費用ハ社債ヲ發行シタル會社ノ負擔トス

第二百三十七條第三項ノ規定ハ第三百二十條第二項又ハ第三項ノ規定ニ依リテ社債權者集會ヲ招集シタル場合ニ之ヲ準用ス

第三百二十五條ノ請求ニ關スル費用ハ會社ノ負擔トス但シ裁判所ハ利害關係人ノ申立ニ因リ又ハ職權ヲ以テ其ノ全部又ハ一部ニ付別ニ負擔者ヲ定ムルコトヲ得

第三百三十八條　數種ノ社債ヲ發行シタル場合ニ於テハ社債權者集會ハ其ノ各種類ノ社債ニ付之ヲ招集スルコトヲ要ス

第三百三十九條　第二百三十二條、第二百三十九條第三項第四項、第二百四十條、第二百四十一條第二項、第二百四十三條及第二百四十四條ノ規定ハ社債權者集會ニ之ヲ準用ス

第二百三十二條第一項及第二項ノ規定ハ第三百二十二條第二項ノ通知ニ之ヲ準用ス

第三百四十條　會社ガ或社債權者ニ對シテ爲シタル辨濟、和解其ノ他ノ行爲ガ著シク不公正ナルトキハ社債募集ノ委託ヲ受ケタル會社ハ訴ヲ以テ其ノ行爲ノ取消ヲ請求スルコトヲ得

前項ノ訴ハ社債募集ノ委託ヲ受ケタル會社ガ取消ノ原因タル事實ヲ知リタル時ヨリ六月、行爲ノ時ヨリ一年内ニ之ヲ提起スルコトヲ要ス

第八十八條及民法第四百二十四條第一項但書、第四百二十五條ノ規定ハ第一項ノ訴ニ之ヲ準用ス

第三百四十一條　社債權者集會ノ決議アルトキハ代表者又ハ執行者モ亦前條第一項ノ訴ヲ提起スルコトヲ得但シ行爲ノ時ヨリ一年内ニ限ル

第六節　定款ノ變更

第三百四十二條　定款ノ變更ヲ爲スニハ株主總會ノ決議アルコトヲ要ス
定款ノ變更ニ關スル議案ノ要領ハ第二百三十二條ニ定ムル通知及公告ニ之ヲ記載スルコトヲ要ス
第三百四十三條　前條第一項ノ決議ハ總株主ノ半數以上ニシテ資本ノ半額以上ニ當ル株主出席シ其ノ議決權ノ過半數ヲ以テ之ヲ爲ス
前項ニ定ムル員數ノ株主ガ出席セザルトキハ出席シタル株主ノ議決權ノ過半數ヲ以テ假決議ヲ爲スコトヲ得此ノ場合ニ於テハ各株主ニ對シテ其ノ假決議ノ趣旨ノ通知ヲ發シ且無記名式ノ株券ヲ發行シタルトキハ其ノ趣旨ヲ公告シ更ニ一月內ニ第二回ノ株主總會ヲ招集スルコトヲ要ス
第二回ノ株主總會ニ於テハ出席シタル株主ノ議決權ノ過半數ヲ以テ假決議ノ認否ヲ決ス
前三項ノ規定ハ會社ノ目的タル事業ヲ變更スル場合ニハ之ヲ適用セズ

第六節　定款ノ變更

第二百八條　定款ハ株主總會ノ決議ニ依リテノミ之ヲ變更スルコトヲ得
定款ノ變更ニ關スル議案ノ要領ハ第百五十六條ニ定メタル通知及ビ公告ニ之ヲ記載スルコトヲ要ス
第二百九條　定款ノ變更ハ總株主ノ半數以上ニシテ資本ノ半額以上ニ當タル株主出席シ其議決權ノ過半數ヲ以テ之ヲ決ス但第百六十一條第二項ノ規定ニ依リテ株券ヲ供託セザル者ハ總株主ノ員數ニ之ヲ算入セズ
前項ニ定メタル員數ノ株主ガ出席セザルトキハ出席シタル株主ノ議決權ノ過半數ヲ以テ假決議ヲ爲スコトヲ得此場合ニ於テハ各株主ニ對シテ其假決議ノ趣旨ノ通知ヲ發シ且無記名式ノ株券ヲ發行シタルトキハ其趣旨ヲ公告シ更ニ一ケ月內ニ第二回ノ株主總會ヲ招集スルコトヲ要ス
第二回ノ株主總會ニ於テハ出席シタル株主ノ議決權ノ過半數ヲ以テ假決權ノ認否ヲ決ス
前三項ノ規定ハ會社ノ目的タル事業ヲ變更スル場合ニハ之ヲ適用セズ
第二百十條　會社ノ資本ハ株金全額拂込ノ後ニ非ザレ

第三百四十四條　前條第一項ノ規定ノ適用ニ付テハ議決權ナキ株主ハ之ヲ總株主ノ員數ニ、其ノ有スル株式ノ金額ハ之ヲ資本ノ額ニ算入セズ
第二百三十九條第二項ノ規定ニ依リテ株券ヲ供託セザル者ハ之ヲ總株主ノ員數ニ算入セズ
第二百四十條ノ規定ハ前條第一項乃至第三項ノ議決權ニ之ヲ準用ス
第三百四十五條　會社ガ數種ノ株式ヲ發行シタル場合ニ於テ定款ノ變更ガ或種類ノ株主ニ損害ヲ及ボスベキトキハ株主總會ノ決議ノ外其ノ種類ノ株主ノ總會ノ決議アルコトヲ要ス
或種類ノ株主ノ總會ノ決議ハ其ノ種類ノ半數以上ニシテ株金總額ノ半額以上ニ當ル株主出席シ其ノ議決權ノ三分ノ二以上ノ多數ヲ以テ之ヲ爲ス
株主總會ニ關スル規定ハ議決權ナキ種類ノ株式ニ關スルモノヲ除クノ外第一項ノ總會ニ之ヲ準用ス
第三百四十六條　前條ノ規定ハ第二百二十二條第二項ノ決議ヲ爲ス場合及會社ノ合併ニ因リテ或種類ノ株

之ヲ增加スルコトヲ得ズ
第二百十一條　會社ハ其資本ヲ增加スル場合ニ限リ優先株ヲ發行スルコトヲ得此場合ニ於テハ其旨ヲ定款ニ記載スルコトヲ要ス
第二百十二條　會社ガ優先株ヲ發行シタル場合ニ於テ定款ノ變更ガ優先株主ニ損害ヲ及ボスベキトキハ株主總會ノ決議ノ外優先株主ノ總會ノ決議アルコトヲ要ス
優先株主ノ總會ニハ株主總會ニ關スル規定ヲ準用ス

主ニ損害ヲ及ボスベキ場合ニ之ヲ準用ス
第三百四十七條　第二百二十二條第二項及前二條ノ規定ハ同種類ノ株式中ニ拂込額ヲ異ニスル二種以上ノモノアル場合ニ之ヲ準用ス
第三百四十八條　左ニ掲グル事項ハ定款ニ定ナキトキト雖モ資本增加ノ決議ニ於テ之ヲ定ムルコトヲ得
一　新株ノ額面以上ノ發行
二　現物出資ヲ爲ス者ノ氏名、出資ノ目的タル財產、其ノ價格及之ニ對シテ與フル株式ノ種類及數
三　資本ノ增加後ニ讓受クルコトヲ約シタル財產、其ノ價格及讓渡人ノ氏名
四　新株ノ引受權ヲ與フベキ者及其ノ權利ノ內容
第三百四十九條　會社ガ特定ノ者ニ對シ將來其ノ資本ヲ增加スル場合ニ於テ新株ノ引受權ヲ與フベキコトヲ約スルニハ第三百四十三條ニ定ムル決議ニ依ルコトヲ要ス
第三百五十條　株式申込證ハ取締役之ヲ作リ之ニ左ノ事項ヲ記載スルコトヲ要ス
一　會社ノ商號
二　增加スベキ資本ノ額
三　資本增加ノ決議ノ年月日
四　第一回拂込ノ金額

第二百十二條ノ二　會社ガ其資本ヲ增加スル場合ニ於テ金錢以外ノ財產ヲ以テ出資ノ目的ト爲ス者アルトキハ其者、其財產ノ種類價格及ビ之ニ對シテ與フル株式ノ數ハ資本增加ノ決議ト同時ニ之ヲ決議スルコトヲ要ス
第二百十二條ノ三　株式申込證ハ取締役之ヲ作リ之ニ左ノ事項ヲ記載スルコトヲ要ス
一　會社ノ商號
二　增加スベキ資本ノ總額
三　資本增加ノ決議ノ年月日
四　第一回拂込ノ金額

五　第百七十五條第二項第五號第六號及第三百四十八條第一號乃至第三號ニ掲グル事項
六　數種ノ株式アルトキ又ハ異種類ノ株式ヲ發行スルトキハ新ニ發行スル株式ノ內容及數
七　一定ノ時期迄ニ第三百五十一條ノ總會ガ終結セザルトキハ株式ノ申込ヲ取消スコトヲ得ベキコト

第三百五十一條　資本增加ノ場合ニ於テ各新株ニ付第百七十七條ノ規定ニ依ル拂込及現物出資ノ給付アリタルトキハ取締役ハ遲滯ナク株主總會ヲ招集シテ之ニ新株ノ募集ニ關スル事項ヲ報告スルコトヲ要ス

新株ノ引受人ハ前項ノ總會ニ於テ株主ト同一ノ權利ヲ有ス

第三百五十二條　新株ノ引受人ハ株金ノ拂込期日ヨリ利益又ハ利息ノ配當ニ付株主ト同一ノ權利ヲ有ス

第三百五十三條　會社ノ成立後二年內ニ其ノ資本ヲ增加スル決議ヲ爲シ又資本ヲ倍額以上ニ增加スル場合ニ於テ第三百四十八條第二號又ハ第三號ニ掲グル事項ヲ定メタルトキハ取締役ハ之ニ關スル調査ヲ爲サ

五　額面以上ノ價額ヲ以テ株式ヲ發行スル場合ニ於テハ其旨
六　前條ノ規定ニ依リテ決議シタル事項
七　優先株ヲ發行スル場合ニ於テハ其種類及ビ其各種ノ株式ノ數
八　一定ノ時期マデニ資本增加ノ登記ヲ爲サザルトキハ株式ノ申込ヲ取消スコトヲ得ベキコト

數種ノ優先株ヲ發行スル場合ニ於テハ株式申込人ハ株式申込證ニ其引受クベキ株式ノ種類及ビ各種ノ株式ノ數ヲ記載スルコトヲ要ス

第二百十三條　會社ガ其資本ヲ增加シタル場合ニ於テ各新株ニ付キ第百二十九條ノ拂込アリタルトキハ取締役ハ遲滯ナク株主總會ヲ招集シテ之ニ新株ノ募集ニ關スル事項ヲ報告スルコトヲ要ス

シムル爲檢査役ノ選任ヲ裁判所ニ請求スルコトヲ要ス

第百八十一條第二項ノ規定ハ前項ノ場合ニ之ヲ準用ス

第三百五十四條　監査役ハ左ニ揭グル事項ヲ調査シ之ヲ株主總會ニ報告スルコトヲ要ス

一　新株總數ノ引受アリタリヤ否ヤ

二　第百七十七條ノ規定ニ依ル拂込及現物出資ノ給付アリタルヤ否ヤ

監査役ハ前條第一項ノ檢査役ノ報告書ヲ調査シ株主總會ニ其ノ意見ヲ報告スルコトヲ要ス

株主總會ハ第一項ノ調査及報告ヲ爲サシムル爲特ニ檢査役ヲ選任スルコトヲ得

第三百五十五條　第三百五十三條第一項ノ場合ニ於テハ第三百五十一條ノ株主總會ノ決議ハ第三百四十三條ノ規定ニ依ルニ非ザレバ之ヲ爲スコトヲ得ズ

第百八十五條ノ規定ハ前項ノ場合ニ之ヲ準用ス

第三百五十六條　引受ナキ株式又ハ第百七十七條ノ規定ニ依ル拂込ノ未濟ナル株式アルトキハ取締役ハ連帶シテ其ノ株式ノ引受又ハ拂込ヲ爲ス義務ヲ負フ株式ノ申込ガ取消サレタルトキ亦同ジ

第三百五十七條　會社ハ第三百五十一條ノ株主總會終

第二百十四條　監査役ハ左ニ揭ゲタル事項ヲ調査シ之ヲ株主總會ニ報告スルコトヲ要ス

一　新株總數ノ引受アリタルヤ否ヤ

二　各新株ニ付キ第百二十九條ノ拂込アリタルヤ否ヤ

株主總會ハ前項ノ調査及ビ報告ヲ爲サシムル爲メ特ニ檢査役ヲ選任スルコトヲ得

第二百十五條　（削除）

第二百十六條　引受ナキ株式又ハ第百二十九條ノ拂込ノ未濟ナル株式アルトキハ取締役ハ連帶シテ其株式ヲ引受ケ又ハ其拂込ヲ爲ス義務ヲ負フ株式ノ申込ガ取消サレタルトキ亦同ジ

第二百十七條　會社ハ第二百十三條ノ規定ニ依リテ招

結ノ日又ハ第三百五十五條第二項ノ手續終了ノ日ヨリ本店ノ所在地ニ於テハ二週間、支店ノ所在地ニ於テハ三週間內ニ資本増加ノ登記ヲ爲スコトヲ要ス

前項ノ登記ニ在リテハ左ノ事項ヲ登記スルコトヲ要ス

一　増加シタル資本ノ額

二　資本増加ノ決議ノ年月日

三　各新株ニ付拂込ミタル株金額

四　數種ノ株式アルトキ又ハ異種類ノ株式ヲ發行スルトキハ新ニ發行スル株式ノ內容及數

第六十七條ノ規定ハ第一項ノ登記ニ之ヲ準用ス

第三百五十八條　資本ノ増加ハ本店ノ所在地ニ於テ前條第一項ノ登記ヲ爲スニ因リテ其ノ效力ヲ生ズ

資本ノ増加ノ年月日ハ之ヲ新株券ニ記載スルコトヲ要ス

第三百五十九條　資本増加ノ場合ニ於テハ定款ヲ以テ株主ガ其ノ引受ケタル新株ヲ他ノ種類ノ株式ニ轉換スルコトヲ請求シ得ベキ旨ヲ定ムルコトヲ得此ノ場合ニ於テハ轉換ヲ請求シ得ベキ期間及轉換ニ因リテ受クベキ株式ノ內容ヲ定ムルコトヲ要ス

第三百六十條　前條ノ場合ニ於テハ株式申込證、株券及株主名簿ニ左ノ事項ヲ記載スルコトヲ要ス

集シタル株主總會終結ノ日ヨリ二週間內ニ本店及ビ支店ノ所在地ニ於テ左ノ事項ヲ登記スルコトヲ要ス

一　増加シタル資本ノ總額

二　資本増加ノ決議ノ年月日

三　各新株ニ付拂込ミタル株金額

四　優先株ヲ發行シタルトキハ其種類及ビ其各種ノ株式ノ數

第五十三條ノ規定ハ前項ノ場合ニ之ヲ準用ス

第一項ノ規定ニ從ヒ本店ノ所在地ニ於テ登記ヲ爲スマデハ新株券ノ發行及新株ノ讓渡又ハ其豫約ヲ爲スコトヲ得ズ

第二百十八條　新株ヲ發行シタルトキハ前條第一項ノ規定ニ從ヒ本店ノ所在地ニ於テ登記ヲ爲シタル年月日ヲ株券ニ記載スルコトヲ要ス

優先株ヲ發行シタルトキハ其株主ノ權利ヲ株券ニ記載スルコトヲ要ス

第二百十九條　第百二十六條第一項、第三項、第百二十六條ノ二乃至第百三十條、第百四十二條及ビ第百四十七條第二項ノ規定ハ新株發行ノ場合ニ之ヲ準用ス

一　株式ヲ他ノ種類ノ株式ニ轉換スルコトヲ得ベキコト
二　轉換ニ因リテ發行スベキ株式ノ內容
三　轉換ノ請求ヲ爲スコトヲ得ベキ期間
資本增加ノ登記ニ在リテハ前項ニ揭グル事項ヲ登記スルコトヲ要ス
第三百六十一條　轉換ヲ請求スル者ハ請求書二通ニ株券ヲ添附シテ之ヲ會社ニ提出スルコトヲ要ス
前項ノ請求書ニハ轉換セントスル株式ノ數及請求ノ年月日ヲ記載シ之ニ署名スルコトヲ要ス
第三百六十二條　轉換ハ其ノ請求ヲ爲シタル時ノ屬スル營業年度ノ終ニ於テ其ノ效力ヲ生ズ
第三百六十三條　轉換ニ因リテ生ジタル各種類ノ株式ノ數ノ增減ハ每營業年度ノ終ヨリ一月內ニ本店ノ所在地ニ於テ之ヲ登記スルコトヲ要ス
第六十四條第二項ノ規定ハ前項ノ登記ニ之ヲ準用ス
第三百六十四條　社債募集ノ場合ニ於テハ社債權者ガ社債ヲ株式ニ轉換スルコトヲ請求シ得ベキ旨且轉換ノ限度ニ於テ資本ヲ增加スベキ旨ヲ決議スルコトヲ得
前項ノ決議ニ於テハ轉換ノ條件、轉換ニ因リテ發行スベキ株式ノ內容及轉換ヲ請求シ得ベキ期間ヲ定ム

ルコトヲ要ス
第三百六十五條　轉換ニ因リテ發行スベキ株式ハ全額拂込濟ノモノトス
轉換ニ因リテ發行スベキ株式ノ金額ハ轉換スベキ社債ノ發行價額ヲ超ユルコトヲ得ズ
第二百八十八條第二項ノ規定ハ社債ノ轉換ノ場合ニ之ヲ準用ス
第三百六十六條　轉換社債ニ付テハ社債申込證、債券及社債原簿ニ左ノ事項ヲ記載スルコトヲ要ス
一　社債ヲ株式ニ轉換スルコトヲ得ベキコト
二　轉換ノ條件
三　轉換ニ因リテ發行スベキ株式ノ內容
四　轉換ノ請求ヲ爲スコトヲ得ベキ期間
社債ノ登記ニ在リテハ前項ニ揭グル事項ヲ登記スルコトヲ要ス
第三百六十七條　轉換ヲ請求スル者ハ請求書二通ニ債券ヲ添附シテ之ヲ會社ニ提出スルコトヲ要ス
前項ノ請求書ニハ轉換セントスル社債ヲ表示シ請求ノ年月日ヲ記載シテ之ニ署名スルコトヲ要ス
第三百六十八條　第二百八條第一項及第三百六十二條ノ規定ハ社債ノ轉換ノ場合ニ之ヲ準用ス
第三百六十九條　轉換ニ因リテ生ジタル資本ノ增加及

社債ノ減少ハ毎營業年度ノ終ヨリ一月內ニ本店ノ所在地ニ於テ之ヲ登記スルコトヲ要ス

第六十四條第二項ノ規定ハ前項ノ登記ニ之ヲ準用ス

第三百七十條　第百七十五條第一項第三項第四項、第百七十六條乃至第百七十九條、第百八十七條、第百九十條、第百九十一條第一項及第百九十二條ノ規定ハ資本增加ノ場合ニ之ヲ準用ス

第百九十一條第二項ノ規定ハ取締役及監査役ニ之ヲ準用ス

第二百二十六條ノ規定ハ新株ノ發行ニ之ヲ準用ス

第三百七十一條　資本增加ノ無效ハ第三百五十七條又ハ第三百六十九條ノ規定ニ依リ本店ノ所在地ニ於テ登記ヲ爲シタル日ヨリ六月內ニ訴ヲ以テノミ之ヲ主張スルコトヲ得

前項ノ訴ハ株主、取締役又ハ監査役ニ限リ之ヲ提起スルコトヲ得

第三百七十二條　第八十八條、第百五條第二項乃至第四項、第百七條、第百九條、第百三十七條及第二百四十九條ノ規定ハ前條ノ訴ニ之ヲ準用ス

第三百七十三條　資本ノ增加ヲ無效トスル判決ガ確定シタルトキハ資本ノ增加ニ因リテ發行シタル新株ハ將來ニ向テ其ノ效力ヲ失フ

前項ノ場合ニ於テハ會社ハ遲滯ナク其ノ旨及一定ノ期間內ニ株券ヲ會社ニ提出スベキ旨ヲ公告シ且株主及株主名簿ニ記載アル質權者ニハ各別ニ之ヲ通知スルコトヲ要ス但シ其ノ期間ハ三月ヲ下ルコトヲ得ズ
第三百七十四條　前條第一項ノ場合ニ於テハ會社ハ新株ノ株主ニ對シ其拂込ミタル株金ニ相當スル金額ノ支拂ヲ爲スコトヲ要ス
前項ノ金額ガ前條第一項ノ判決確定ノ時ニ於ケル會社財産ノ狀況ニ照シ著シク不相當ナルトキハ裁判所ハ會社又ハ前項ノ株主ノ請求ニ因リ前項ノ金額ノ增減又ハ未拂込株金額ノ拂込ヲ命ズルコトヲ得
第二百八條第一項及第二百九條第一項第二項ノ規定ハ第一項ノ場合ニ之ヲ準用ス
第三百七十五條　第二百四十五條第一項ノ規定ハ會社ガ資本ノ增加後二年內ニ其ノ增加前ヨリ存在スル財産ニシテ營業ノ爲ニ繼續シテ使用スベキモノヲ增加資本ノ二十分以上ニ當ル對價ヲ以テ取得スル契約ヲ爲ス場合ニ之ヲ準用ス
第三百七十六條　資本減少ノ場合ニ於テハ其ノ決議ニ於テ減少ノ方法ヲ定ムルコトヲ要ス
第九十九條及第百條ノ規定ハ資本減少ノ場合ニ之ヲ準用ス

第二百二十條　株主總會ニ於テ資本減少ノ決議ヲ爲ストキハ同時ニ其減少ノ方法ノ方法ヲ決議スルコトヲ要ス
第七十八條乃至第八十條ノ規定ハ資本減少ノ場合ニ

社債權者ガ異議ヲ述ブルニハ社債權者集會ノ決議ニ依ルコトヲ要ス此ノ場合ニ於テハ裁判所ハ利害關係人ノ請求ニ因リ社債權者ノ爲ニ異議ノ期間ヲ伸長スルコトヲ得

第三百七十七條　株式ノ併合ヲ爲サントスルトキハ會社ハ其ノ旨及一定ノ期間內ニ株券ヲ會社ニ提出スベキ旨ヲ公告シ且株主及株主名簿ニ記載アル質權者ニハ各別ニ之ヲ通知スルコトヲ要ス但シ其ノ期間ハ三月ヲ下ルコトヲ得ズ

株式ノ併合ハ前項ノ期間滿了ノ時、若シ第百條ノ手續ガ未ダ終了セザルトキハ其ノ終了ノ時ニ於テ其ノ效力ヲ生ズ

第三百七十八條　株式ノ併合アリタル場合ニ於テ舊株券ヲ提出スルコト能ハザル者アルトキハ會社ハ其ノ者ノ請求ニ因リ利害關係人ニ對シ異議アラバ一定ノ期間內ニ之ヲ述ブベキ旨ヲ公告シ其ノ期間經過後ニ於テ新株券ヲ交付スルコトヲ得但シ其ノ期間ハ三月ヲ下ルコトヲ得ズ

前項ノ公告ノ費用ハ之ヲ請求者ノ負擔トス

第三百七十九條　併合ニ適セザル數ノ株式アルトキハ其ノ併合ニ適セザル部分ニ付新ニ發行シタル株式ヲ競賣シ且株數ニ應ジテ其ノ代金ヲ從前ノ株主ニ交付

之ヲ準用ス

第二百二十條ノ二　資本減少ノ爲メ株式ヲ併合スベキ場合ニ於テハ會社ハ株主ニ對シ一定ノ期間內ニ株券ヲ會社ニ提供スベキ旨及ビ其期間內ニ之ヲ提供セザルトキハ株主ノ權利ヲ失フベキ旨ヲ通知スルコトヲ得但其期間ハ三ケ月ヲ下ルコトヲ得ズ

第二百二十條ノ三　會社ガ前條ニ定メタル手續ヲ踐ミタルモ株主ガ株券ヲ提供セザルトキハ其權利ヲ失フ

株主ガ株券ヲ提供シタル場合ニ於テ併合ニ適セザル株アルトキハ其株ニ付亦同ジ

前項ノ場合ニ於テ會社ハ新ニ發行シタル株式ヲ競賣シ且株數ニ應ジテ其代金ヲ從前ノ株主ニ交付スルコトヲ要ス

第二百二十條ノ四　第百五十二條第三項及ビ第百五十三條ノ二ノ規定ハ前二條ノ場合之ヲ準用ズ

第二百二十條ノ五　株式併合ノ場合ニ於テ從前ノ株式ヲ目的トスル質權ハ併合ニ因リテ株主ガ受クベキ株式及ビ金錢ノ上ニ存在ス

スルコトヲ要ス
第二百十四條第一項但書及前條ノ規定ハ前項ノ場合ニ之ヲ準用ス
前二項ノ規定ハ無記名式ノ株券ニシテ第三百七十七條第一項ノ規定ニ依ル提出ナカリシモノニ之ヲ準用ス

第三百八十條　資本減少ノ無效ハ本店ノ所在地ニ於テ資本減少ノ登記ヲ爲シタル日ヨリ六月內ニ訴ヲ以テノミ之ヲ主張スルコトヲ得
前項ノ訴ハ株主、取締役、監査役又ハ資本ノ減少ヲ承認セザル債權者ニ限リ之ヲ提起スルコトヲ得
第八十八條、第百五條第二項乃至第四項、第百六條、第百七條、第百九條、第百三十七條及第二百四十九條ノ規定ハ第一項ノ訴ニ之ヲ準用ス

第七節　會社ノ整理

第三百八十一條　會社ノ現況其ノ他ノ事情ニ依リ支拂不能又ハ債務超過ニ陷ルノ虞アリト認ムルトキハ裁判所ハ取締役、監査役、三月前ヨリ引續キ資本ノ十分ノ一以上ニ當ル株式ヲ有スル株主又ハ拂込株金額ノ十分ノ一以上ニ當ル債權者ノ申立ニ因リ會社ニ對

シ整理ノ開始ヲ命ズルコトヲ得。會社ニ支拂不能又ハ債務超過ノ疑アリト認ムルトキ亦同ジ。會社ノ業務ヲ監督スル官廳ハ會社ニ前項ニ掲グル事由アリト認ムルトキハ裁判所ニ其ノ旨ヲ通告スルコトヲ得。
此ノ場合ニ於テハ裁判所ハ職權ヲ以テ整理ノ開始ヲ命ズルコトヲ得
整理開始ノ申立ガ權利ノ濫用其ノ他不當ノ目的ニ出ヅルモノト認ムルトキハ裁判所ハ其ノ申立ヲ却下スルコトヲ得

第三百八十二條　裁判所整理ノ開始ヲ命ジタルトキハ直ニ會社ノ本店及支店ノ所在地ノ登記所ニ整理開始ノ登記ヲ囑託スルコトヲ要ス

第三百八十三條　整理開始ノ申立又ハ通告アリタル場合ニ於テ必要アリト認ムルトキハ裁判所ハ破産手續及和議手續ノ中止ヲ命ズルコトヲ得
整理開始ノ命令アリタルトキハ破産若ハ和議ノ申立又ハ會社財産ニ對スル强制執行、假差押若ハ假處分ヲ爲スコトヲ得ズ破産手續、和議手續並ニ既ニ爲シタル强制執行、假差押及假處分ハ之ヲ中止ス
整理開始ノ命令ガ確定シタルトキハ前二項ノ規定ニ依リテ中止シタル手續ハ整理ノ關係ニ於テハ其ノ效力ヲ失フ

第三百八十四條　整理開始ノ命令アリタル場合ニ於テ債權者ノ一般ノ利益ニ適應シ且競賣申立人ニ不當ノ損害ヲ及ボスノ虞ナキモノト認ムルトキハ裁判所ハ相當ノ期間ヲ定メ競賣法ニ依ル競賣手續ノ中止ヲ命ズルコトヲ得

第三百八十五條　整理開始ノ命令アリタルトキハ會社ノ債權者ノ債權ニ付テハ整理開始ノ取消ノ登記又ハ整理終結ノ登記ノ日ヨリ二月内ハ時效完成セズ

第三百八十六條　整理開始ノ命令アリタル場合ニ於テ必要アリト認ムルトキハ裁判所ハ左ノ處分ヲ爲スコトヲ得

一　會社ノ業務ノ制限其ノ他會社財產ノ保全處分

二　株主ノ名義書換ノ禁止

三　會社ノ業務及財產ニ對スル檢査ノ命令

四　整理又ハ和議ニ關スル立案及實行ノ命令

五　取締役又ハ監査役ノ解任

六　發起人、取締役又ハ監査役ノ責任ヲ免除ノ禁止

七　發起人、取締役又ハ監査役ノ責任ノ免除ノ取消
但シ整理ノ開始ヨリ一年前ニ爲シタル免除ニ付テハ不正ノ目的ニ出デタルモノニ限ル

八　發起人、取締役又ハ監査役ノ責任ニ基ク損害賠償請求權ノ査定

九　前號ノ損害賠償請求權ニ付發起人、取締役又ハ監査役ノ財產ニ對シテ爲ス保全處分
十　會社ノ業務及財產ニ關スル監督ノ命令
十一　會社ノ業務及財產ニ關スル管理ノ命令

整理開始ノ申立又ハ通告アリタルトキハ裁判所ハ其ノ開始前ト雖モ第三百八十一條第一項ニ揭グル者ノ申立ニ因リ又ハ職權ヲ以テ前項第一號乃至第三號、第九號又ハ第十號ノ處分ヲ爲スコトヲ得

第三百八十七條　裁判所前條第一項第五號、第十號又ハ第十一號ノ處分ヲ爲シタルトキハ直ニ會社ノ本店及支店所在地ノ登記所ニ其ノ登記ヲ囑託スルコトヲ要ス前條第一項第一號ノ業務ノ制限ノ處分ヲ爲シタルトキ亦同ジ前條第一項第一號又ハ第九號ノ處分ニシテ登記又ハ登錄ヲ爲スベキ財產ニ關スルモノニ付テハ裁判所ハ直ニ其ノ登記又ハ登錄ヲ囑託スルコトヲ要ス

第三百八十八條　第三百八十六條第一項第三號ノ檢査ハ會社ノ業務及財產ノ狀況其ノ他會社ノ整理ニ必要ナル事項ニ付裁判所ノ選任シタル檢査役之ヲ爲ス
檢査役ハ會社ノ業績ガ不良ト爲リタル事情及ビ發起人、取締役又ハ監査役ニ不正又ハ懈怠ナカリシヤ否ヤヲモ調査スルコトヲ要ス

第三百八十九條　檢査役ハ調査ノ結果殊ニ左ノ事項ヲ裁判所ニ報告スルコトヲ要ス
一　整理ノ見込アルヤ否ヤ
二　發起人、取締役又ハ監査役ニ第百八十六條、第百九十三條、第二百六十六條、第二百八十條又ハ第三百五十六條ノ規定ニ依リテ責ニ任ズベキ事實アルヤ否ヤ
三　會社ノ業務及財産ニ付監督又ハ管理ヲ爲ス必要アルヤ否ヤ
四　會社財産ノ保全處分ヲ爲ス必要アルヤ否ヤ
五　會社ノ損害賠償請求權ニ付發起人、取締役又ハ監査役ノ財産ニ對シ保全處分ヲ爲ス必要アルヤ否ヤ

第三百九十條　檢査役ハ發起人、取締役、監査役及支配人其ノ他ノ使用人ニ對シ會社ノ業務及財産ノ狀況ニ付報告ヲ求メ會社ノ帳簿、書類、金錢其ノ他ノ物件ヲ檢査スルコトヲ得
檢査役ハ其ノ調査ヲ爲スニ當リ裁判所ノ許可ヲ得テ執達吏又ハ警察官吏ノ援助ヲ求ムルコトヲ得

第三百九十一條　第三百八十六條第一項第四號ノ處分ヲ爲シタル場合ニ於テ必要アリト認ムルトキハ裁判所ハ整理委員ヲ選任スルコトヲ得

整理委員ハ整理又ハ和議ニ關スル立案ノ任ニ當リ且取締役ガ其ノ實行ヲ爲スニ付之ト協力ス

前條第一項ノ規定ハ整理委員ニ之ヲ準用ス

第三百九十二條　整理ノ實行上又ハ和議ノ爲株金ノ拂込ヲ爲サシムル必要アリト認ムルトキハ取締役ハ各株主ニ對シ其ノ有スル株式ノ數及未拂込株金額ヲ通知シ異議アラバ一定ノ期間内ニ之ヲ述ブベキ旨ヲ催告スルコトヲ得但シ其ノ期間ハ一月ヲ下ルコトヲ得ズ

株主ガ前項ノ期間内ニ異議ヲ述ベザリシトキハ通知シタル事項ヲ承認シタルモノト看做ス

株主ガ異議ヲ述ベタルトキハ取締役ハ其ノ確定ヲ裁判所ニ請求スルコトヲ要ス

第三百九十三條　取締役ハ前條ノ承認又ハ確定アリタル事項ニ基キ株主表ヲ作ルコトヲ要ス

取締役株金ノ拂込ヲ爲サシメントスルトキハ其ノ拂込金額ニ付裁判所ノ認可ヲ得ルコトヲ要ス

會社ハ株主ニ對シ前項ノ認可ノ記載アル株主表ノ抄本ニ基キテ强制執行ヲ爲スコトヲ得

第三百九十四條　第三百八十六條第一項第八號ノ規定ニ依リテ爲シタル査定ニ不服アル者ハ査定ノ告知ヲ受ケタル日ヨリ一月内ニ異議ノ訴ヲ提起スルコトヲ

得査定ヲ認可シ又之ヲ變更シタル判決ハ强制執行ニ關シテハ給付ヲ命ズル判決ト同一ノ效力ヲ有ス
第八十八條及第百五條第二項第三項ノ規定ハ第一項ノ訴ニ之ヲ準用ス
第三百九十五條　前條第一項ノ期間內ニ訴ノ提起ナキトキハ査定ハ給付ヲ命ズル確定判決ト同一ノ效力ヲ有ス訴ガ却下セラレタルトキ亦同ジ
第三百九十六條　査定ノ申立ハ時效ノ中斷ニ關シテハ之ヲ裁判上ノ請求ト看做ス職權ニ依ル査定手續ノ開始亦同ジ
第三百九十七條　第三百八十六條第一項第十號ノ監督ハ裁判所ノ選任シタル監督員之ヲ爲ス
取締役ガ裁判所ノ指定シタル行爲ヲ爲スニハ監督員ノ同意ヲ得ルコトヲ要ス
第三百九十條第一項ノ規定ハ監督員ニ之ヲ準用ス
第三百九十八條　第三百八十六條第一項第十一號ノ管理ハ裁判所ノ選任シタル管理人之ヲ爲ス
會社ノ代表、業務ノ執行竝ニ財產ノ管理及處分ヲ爲ス權利ハ管理人ニ專屬ス第二百四十七條、第三百七十一條、第三百八十條、第四百十五條及第四百二十八條ノ規定ニ依ル取締役ノ權利亦同ジ
第三百九十條ノ規定ハ管理人ニ之ヲ準用ス

第三百九十九條　整理ガ結了シ又ハ整理ノ必要ナキニ至リタルトキハ裁判所ハ第三百八十一條第一項ニ揭グル者、檢査役、整理委員、監督員又ハ管理人ノ申立ニ因リ整理終結ノ決定ヲ爲スコトヲ得

第四百條　第三百八十二條及第三百八十七條ノ規定ハ整理終結ノ決定又ハ整理開始ノ命令ヲ取消ス決定ガ確定シタル場合ニ之ヲ準用ス

第四百一條　整理開始ノ命令アリタル場合ニ於テ債權者ノ一般ノ利益ノ爲必要アリト認ムルトキハ裁判所ハ和議ノ申立ヲ爲スコトヲ認可スルコトヲ得

裁判所前項ノ認可ヲ爲シタルトキハ和議法ニ從ヒ和議手續ヲ爲スコトヲ要ス

第四百二條　整理開始ノ命令アリタル場合ニ於テ整理ノ見込ナキトキハ裁判所ハ職權ヲ以テ破産法ニ從ヒ破産ノ宣告ヲ爲スコトヲ要ス

第四百三條　破産法第百四條ノ規定ハ整理ノ場合ニ之ヲ準用ス

破産法第百六十三條乃至第百六十六條ノ規定ハ檢査役、整理委員、監督員及管理人ニ之ヲ準用ス

第八節　解　散

第四百四條　會社ハ左ノ事由ニ因リテ解散ス

第七節　解　散

第二百二十一條　會社ハ左ノ事由ニ因リテ解散ス

一　第九十四條第一號、第三號、第五號及第六號ニ揭グル事由
二　株主總會ノ決議
三　營業全部ノ讓渡

第四百五條　解散ノ決議ハ第三百四十三條ノ規定ニ依ルニ非ザレバ之ヲ爲スコトヲ得ズ

第四百六條　會社ガ存立時期ノ滿了其ノ他定款ニ定メタル事由ノ發生又ハ株主總會ノ決議ニ因リテ解散シタル場合ニ於テハ第三百四十三條ニ定ムル決議ニ依リテ會社ヲ繼續スルコトヲ得

第四百七條　會社ガ解散シタルトキハ破産ノ場合ヲ除クノ外取締役ハ遲滯ナク株主ニ對シテ其ノ旨ノ通知ヲ發シ且無記名式ノ株券ヲ發行シタル場合ニ於テハ之ヲ公告スルコトヲ要ス

第四百八條　會社ガ合併ヲ爲スニハ合併契約書ヲ作リ株主總會ノ承認ヲ得ルコトヲ要ス
合併契約書ノ要領ハ第二百三十二條ニ定ムル通知及公告ニ之ヲ記載スルコトヲ要ス
第一項ノ決議ハ第三百四十三條ノ規定ニ依ルニ非ザレバ之ヲ爲スコトヲ得ズ

第四百九條　合併ヲ爲ス會社ノ一方ガ合併後存續スル場合ニ於テハ合併契約書ニ左ノ事項ヲ揭グルコトヲ

一　第七十四條第一號、第二號、第四號、第六號及ビ第七號ニ揭グル事由
二　株主總會ノ決議
三　株主ガ七人未滿ニ減ジタルコト

第二百二十二條　前條第二號及ビ合併ノ決議ハ第二百九條ノ規定ニ從フニ非ザレバ之ヲ爲スコトヲ得ズ

第二百二十三條　（削除）

第二百二十四條　會社ガ解散シタルトキハ破産ノ場合ヲ除ク外取締役ハ遲滯ナク株主ニ對シテ其通知ヲ發シ且無記名式ノ株券ヲ發行シタル場合ニ於テハ之ヲ公告スルコトヲ要ス

要ス
一　存續スル會社ノ増加スベキ資本ノ額
二　存續スル會社ノ發行スベキ新株ノ種類、數及拂込金額竝ニ合併ニ因リテ消滅スル會社ノ株主ニ對スル新株ノ割當ニ關スル事項
三　合併ニ因リテ消滅スル會社ノ株主ニ支拂ヲ爲スベキ金額ヲ定メタルトキハ其ノ規定
四　各會社ニ於テ前條第一項ノ決議ヲ爲スベキ株主總會ノ期日
五　合併ヲ爲スベキ時期ヲ定メタルトキハ其ノ規定
第四百十條　合併ニ因リテ會社ヲ設立スル場合ニ於テハ合併契約書ニ左ノ事項ヲ掲グルコトヲ要ス
一　合併ニ因リテ設立スル會社ノ目的、商號、資本ノ總額、一株ノ金額及本店ノ所在地
二　合併ニ因リテ設立スル會社ノ發行スベキ株式ノ種類、數及拂込金額竝ニ各會社ノ株主ニ對スル株式ノ割當ニ關スル事項
三　各會社ノ株主ニ支拂ヲ爲スベキ金額ヲ定メタルトキハ其ノ規定
四　前條第四號及第五號ニ掲グル事項
第四百十一條　合併後存續スル會社又ハ合併ニ因リテ設立スル會社ガ株式會社ナル場合ニ於テ合併ヲ爲ス

會社ノ一方又ハ雙方ガ合名會社又ハ合資會社ナルトキハ總社員ノ同意ヲ得テ合併契約書ヲ作ルコトヲ要ス

前二條ノ規定ハ前項ノ合併契約書ニ之ヲ準用ス

第四百十二條　合併ヲ爲ス會社ノ一方ガ合併後存續スル場合ニ於テハ其ノ取締役ハ第百條ノ手續ノ終了後、合併ニ因ル株式ノ併合アリタルトキハ其ノ效力ヲ生ジタル後、併合ニ適セザル株式アリタルトキハ合併後存續スル會社ニ於テ第三百七十九條ノ處分ヲ爲シタル後遲滯ナク株主總會ヲ招集シテ之ニ合併ニ關スル事項ヲ報告スルコトヲ要ス

第三百五十一條第二項ノ規定ハ前項ノ株主總會ニ關シ之ヲ準用ス

第四百十三條　合併ニ因リテ會社ヲ設立スル場合ニ於テハ設立委員ハ第百條ノ手續ノ終了後、合併ニ因ル株式ノ併合アリタルトキハ其ノ效力ヲ生ジタル後、併合ニ適セザル株式アリタルトキハ第三百七十九條ノ處分ヲ爲シタル後遲滯ナク創立總會ヲ招集スルコトヲ要ス

創立總會ニ於テハ定款變更ノ決議ヲモ爲スコトヲ得但シ合併契約ノ趣旨ニ反スルコトヲ得ズ

第百八十條第二項第三項、第百八十二條、第百八十

三條及第百八十八條第二項ノ規定ハ第一項ノ創立總會ニ之ヲ準用ス

第四百十四條　會社ガ合併ヲ爲シタルトキハ第四百十二條ノ株主總會又ハ前條ノ創立總會ノ終結ノ日ヨリ本店ノ所在地ニ於テハ二週間、支店ノ所在地ニ於テハ三週間内ニ合併後存續スル會社ニ付テハ變更ノ登記、合併ニ因リテ消滅スル會社ニ付テハ解散ノ登記、合併ニ因リテ設立シタル會社ニ付テハ第百八十九條ニ定ムル登記ヲ爲スコトヲ要ス

合併後存續スル會社又ハ合併ニ因リテ設立シタル會社ガ合併ニ因リテ社債ヲ承繼シタルトキハ前項ノ登記ト同時ニ社債ノ登記ヲ爲スコトヲ要ス

第四百十五條　合併ノ無效ノ訴ハ各會社ノ株主、取締役、監査役、清算人、破産管財人又ハ合併ヲ承認セザル債權者ニ限リ之ヲ提起スルコトヲ得

第四百十六條　第九十六條、第九十七條、第九十八條第二項、第九十九條・第百條、第百二條、第百三條、第百四條第一項第三項及第百五條乃至第百十一條ノ規定ハ株式會社ニ之ヲ準用ス

第三百七十六條第三項ノ規定ハ合併ノ場合ニ之ヲ準用ス

第二百二十五條　第七十六條及ビ第七十八條乃至第八十二條ノ規定ハ株式會社ニ之ヲ準用ス

第二百二十條ノ二乃至第二百二十條ノ五ノ規定ハ會社ノ合併ニ因ル株式併合ノ場合ニ之ヲ準用ス

第二百二十條ノ五ノ規定ハ株式ヲ併合セザル場合ニ於テ合併ニ因リ消滅スル會社ノ株式ヲ目的トスル質

第三百七十七條乃至第三百七十九條ノ規定ハ會社ノ合併ニ因ル株式併合ノ場合ニ之ヲ準用ス
第二百八條第一項及第二百九條第三項ノ規定ハ株式ヲ併合セザル場合ニ於テ合併ニ因リテ消滅スル會社ノ株式ヲ目的トスル質權ニ之ヲ準用ス

第九節　清　算

第一款　總　則

第四百十七條　會社ガ解散シタルトキハ合併及破産ノ場合ヲ除クノ外取締役其ノ清算人ト爲ル但シ定款ニ別段ノ定アルトキ又ハ株主總會ニ於テ他人ヲ選任シタルトキハ此ノ限ニ在ラズ
前項ノ規定ニ依リテ清算人タル者ナキトキハ裁判所ハ利害關係人ノ請求ニ因リ清算人ヲ選任ス
第四百十八條　清算人ハ其ノ就職ノ日ヨリ二週間内ニ左ノ事項ヲ裁判所ニ屆出ヅルコトヲ要ス
一　解散ノ事由及其ノ年月日
二　清算人ノ氏名及住所
第四百十九條　清算人ハ就職ノ後遲滯ナク會社財産ノ現況ヲ調査シ財産目錄及貸借對照表ヲ作リ之ヲ株主總會ニ提出シテ其ノ承認ヲ求ムルコトヲ要ス
清算人ハ前項ノ承認ヲ得タル後遲滯ナク財産目錄及

權ニ之ヲ準用ス

第八節　清　算

第二百二十六條　會社ガ解散シタルトキハ合併及ビ破産ノ場合ヲ除ク外取締役其清算人ト爲ル但定款ニ別段ノ定アルトキ又ハ株主總會ニ於テ他人ヲ選任シタルトキハ此限ニ在ラズ
前項ノ規定ニ依リテ清算人タル者ナキトキハ裁判所ハ利害關係人ノ請求ニ因リ清算人ヲ選任ス
第二百二十七條　清算人ハ就職ノ後遲滯ナク會社財産ノ現況ヲ調査シ財産目錄及ビ貸借對照表ヲ作リ之ヲ株主總會ニ提出シテ其承認ヲ求ムルコトヲ要ス

貸借對照表ヲ裁判所ニ提出スルコトヲ要ス

第四百二十條　清算人ハ財產目錄、貸借對照表及事務報告書ヲ作リ定時總會ノ會日ヨリ二週間前ニ之ヲ監査役ニ提出スルコトヲ要ス

第四百二十一條　清算人ハ其ノ就職ノ日ヨリ二月內ニ少クトモ三回ノ公告ヲ以テ債權者ニ對シ一定ノ期間內ニ其ノ債權ヲ申出ヅベキ旨ヲ催告スルコトヲ要ス但シ其ノ期間ハ二月ヲ下ルコトヲ得ズ

前項ノ公告ニハ債權者ガ期間內ニ申出ヲ爲サザルトキハ清算ヨリ除斥セラルベキ旨ヲ附記スルコトヲ要ス

第四百二十二條　清算人ハ知レタル債權者ニハ各別ニ其ノ債權ノ申出ヲ催告スルコトヲ要ス

知レタル債權者ハ之ヲ清算ヨリ除斥スルコトヲ得ズ

第四百二十三條　清算人ハ第四百二十一條第一項ノ債權申出ノ期間內ハ債權者ニ對シテ辨濟ヲ爲スコトヲ

第二百二十七條ノ二　清算人ハ財產目錄、貸借對照表及ビ事務報告書ヲ作リ定時總會ノ會日ヨリ一週間前ニ之ヲ監査役ニ提出スルコトヲ要ス

第二百二十八條　株主總會ニ於テ選任シタル清算人ハ何時ニテモ株主總會ノ決議ヲ以テ之ヲ解任スルコトヲ得

重要ナル事由アルトキハ裁判所ハ監査役又ハ資本ノ十分ノ一以上ニ當ル株主ノ請求ニ因リ清算人ヲ解任スルコトヲ得

得ズ但シ會社ハ之ガ爲ニ遲延ニ因ル損害賠償ノ責任ヲ免レルコトナシ
清算人ハ前項ノ規定ニ拘ラズ裁判所ノ許可ヲ得テ少額ノ債權及擔保アル債權其ノ他之ヲ辨濟スルモ他ノ債權者ヲ害スルノ虞ナキ債權ニ付辨濟ヲ爲スコトヲ得

第四百二十四條　清算ヨリ除斥セラレタル債權者ハ未ダ分配セザル殘餘財産ニ對シテノミ辨濟ヲ請求スルコトヲ得
一部ノ株主ニ對シ既ニ分配ヲ爲シタル場合ニ於テハ他ノ株主ニ對シ之ト同一ノ割合ヲ以テ分配ヲ爲スニ要スル財産ハ之ヲ前項ノ殘餘財産ヨリ控除ス

第四百二十五條　殘餘財産ハ定款ニ依リテ拂込ミタル株金額ノ割合ニ應ジテ之ヲ株主ニ分配スルコトヲ要ス但シ第二百二十二條第一項ノ規定ノ適用ヲ妨ゲズ

第四百二十六條　清算人ハ裁判所ノ選任シタルモノヲ除クノ外何時ニテモ株主總會ノ決議ヲ以テ之ヲ解任スルコトヲ得
重要ナル事由アルトキハ裁判所ハ監査役又ハ三月前ヨリ引續キ資本ノ十分ノ一以上ニ當ル株式ヲ有スル株主ノ請求ニ因リ清算人ヲ解任スルコトヲ得

第四百二十七條　清算事務ガ終リタルトキハ清算人ハ

第二百二十九條　殘餘財産ハ定款ニ依リテ拂込ミタル株金額ノ割合ニ應ジテ之ヲ株主ニ分配スルコトヲ要ズ但會社ガ優先株ヲ發行シタル場合ニ於テ之ニ異ナリタル定アルトキハ比限ニ在ラズ
(第二百二十八條參照)

第二百三十條　清算事務ガ終ハリタルトキハ清算人ハ

遲滯ナク決算報告書ヲ作リ之ヲ株主總會ニ提出シテ其ノ承認ヲ求ムルコトヲ要ス

前項ノ承認アリクルトキハ會社ハ清算人ニ對シテ其ノ責任ヲ解除シタルモノト看做ス但シ清算人ニ不正ノ行爲アリタルトキハ此ノ限ニ在ラズ

第四百二十八條　會社ノ設立ノ無效ハ其ノ成立ノ日ヨリ二年内ニ訴ヲ以テノミ之ヲ主張スルコトヲ得

前項ノ訴ハ株主、取締役又ハ監査役ニ限リ之ヲ提起スルコトヲ得

第百三十六條第三項、第百三十七條及第百三十八條ノ規定ハ第一項ノ訴ニ之ヲ準用ス

第四百二十九條　會社ノ帳簿竝ニ其ノ營業及清算ニ關スル重要書類ハ本店ノ所在地ニ於テ清算結了ノ登記ヲ爲シタル後十年間之ヲ保存スルコトヲ要ス其ノ保存者ハ清算人其ノ他ノ利害關係人ノ請求ニ因リ裁判所之ヲ選任ス

第四百三十條　第百十六條、第百二十二條乃至第百二十六條、第百二十八條、第百二十九條第二項第三項、第百三十一條及第百三十四條ノ規定ハ株式會社ニ之ヲ準用ス

第四百三十一條　第二百三十六條乃至第二百三十八條第二百四十四條第二項、第二百四十五條第一項第四

遲滯ナタ決算報告書ヲ作リ之ヲ株主總會ニ提出シテ其承認ヲ求ムルコトヲ要ス

第二百三十一條　（削除）

第二百三十二條　會社ガ事業ニ著手シタル後株主、取締役又ハ監査役ガ其設立ノ無效ナルコトヲ發見シタルトキハ訴ヲ以テノミ其無效ヲ主張スルコトヲ得

第九十九條ノ三乃至第九十九條ノ六及ビ第百六十三條ノ二第三項ノ規定ハ前項ノ場合ニ之ヲ準用ス

第二百三十三條　會社ノ帳簿、其營業ニ關スル信書及ビ清算ニ關スル一切ノ書類ハ本店ノ所在地ニ於テ清算結了ノ登記ヲ爲シタル後十年間之ヲ保存スルコトヲ要ス其保存者ハ清算人其他ノ利害關係人ノ請求ニ因リ裁判所之ヲ選任ス

第二百三十四條　第八十四條、第八十九條乃至第九十三條、第九十三條ノ二第二項、第九十五條、第九十七條、第九十九條、第百五十七條乃至第百六十條ノ二、第百六十三條乃至第百六十三條ノ四、第百六十四條第二項、第百六十七條ノ二、第百七十條、第百七十一條、第百七十六條乃至第百七十九條、第百八

號第二項、第二百四十七條、第二百四十九條、第二百五十四條第二項、第二百五十八條、第二百六十一條、第二百六十三條、第二百六十五條乃至第二百七十二條、第二百七十四條乃至第二百七十九條及第二百八十二條乃至第二百八十四條ノ規定ハ清算人ニ之ヲ準用ス

第二款　特別清算

第四百三十一條　清算ノ遂行ニ著シキ支障ヲ來スベキ事情アリト認ムルトキハ裁判所ハ債權者、清算人、監査役若ハ株主ノ申立ニ因リ又ハ職權ヲ以テ會社ニ對シ特別清算ノ開始ヲ命ズルコトヲ得會社ニ債務超過ノ疑アリト認ムルトキ亦同ジ

會社ニ債務超過ノ疑アルトキハ清算人ハ前項ノ申立ヲ爲スコトヲ要ス

第三百八十一條第二項及第三項ノ規定ハ第一項ノ場合ニ之ヲ準用ス

第四百三十二條　特別清算開始ノ申立又ハ通告アリタルトキハ裁判所ハ其ノ開始前ト雖モ前條第一項ニ掲グル者ノ申立ニ因リ又ハ職權ヲ以テ第四百五十四條第一項第一號、第二號又ハ第六號ノ處分ヲ爲スコトヲ得

第四百三十三條　第三百八十二條乃至第三百八十五條

十一條、第百八十三條乃至第百八十七條、第百九十一條乃至第百九十三條及ビ民法第七十九條、第八十條ノ規定ハ株式會社ノ清算ノ場合之ヲ準用ス

ノ規定ハ特別清算ノ場合ニ之ヲ準用ス

第四百三十四條　特別清算ノ場合ニ於テハ清算人ハ會社、株主及債權者ニ對シ公平且誠實ニ清算事務ヲ處理スル義務ヲ負フ

第四百三十五條　重要ナル事由アルトキハ裁判所ハ清算人ヲ解任スルコトヲ得

清算人ガ缺ケタルトキ又ハ其ノ增員ノ必要アルトキハ裁判所之ヲ選任ス

第四百三十六條　裁判所ハ何時ニテモ清算事務及財產ノ狀況ノ報告ヲ命ジ其ノ他清算ノ監督上必要ナル調査ヲ爲スコトヲ得

第四百三十七條　清算ノ監督上必要アリト認ムルトキハ裁判所ハ第四百五十四條第一項第一號、第二號又ハ第六號ノ處分ヲ爲スコトヲ得

第四百三十八條　會社ノ債務ハ其ノ債權額ノ割合ニ應ジテ之ヲ辨濟スルコトヲ要ス

第四百二十三條第二項ノ規定ハ前項ノ場合ニ之ヲ準用ス

第四百三十九條　清算ノ實行上必要アリト認ムルトキハ清算人ハ債權者集會ヲ招集スルコトヲ得申出ヲ爲シタル債權者其ノ他會社ニ知レタル債權者ノ總債權ノ十分ノ一以上ニ當ル債權ヲ有スル者ハ會議ノ目的

タル事項及招集ノ理由ヲ記載シタル書面ヲ清算人ニ提出シテ債權者集會ノ招集ヲ請求スルコトヲ得
第二百三十七條第二項ノ規定及前項ノ場合ニ之ヲ準用ス
破産ノ場合ニ於テ別除權ヲ行使スルコトヲ得ベキ債權者ガ其ノ行使ニ依リテ辨濟ヲ受クルコトヲ得ベキ債權額ハ第二項ノ債權額ニ之ヲ算入セズ
第四百四十條　前條第四項ノ債權者ハ別除權ノ行使ニ依リテ辨濟ヲ受クルコトヲ得ベキ債權額ニ付テハ債權者集會ニ於テ議決權ヲ行使スルコトヲ得ズ
債權者集會ノ招集ハ前項ノ債權者ニ之ヲ通知スルコトヲ要ス
債權者集會又ハ其ノ招集者ハ第一項ノ債權者ノ出席ヲ求メテ其ノ意見ヲ徵スルコトヲ得
第四百四十一條　債權者集會ニ於テ議決權ヲ行使セシムベキヤ否ヤ及如何ナル金額ニ付之ヲ行使セシムベキヤハ各債權ニ付清算人之ヲ定ム
前項ノ定ニ付異議アルトキハ裁判所之ヲ定ム
第四百四十二條　第二百三十二條第一項第二項、第二百三十九條第三項、第二百四十三條、第二百四十四條及破産法第百七十九條ノ規定ハ債權者集會ニ之ヲ準用ス

第二百三十二條第一項及第二項ノ規定ハ第四百四十條第二項ノ通知ニ之ヲ準用ス

第四百四十三條　清算人ハ會社ノ業務及財産ノ狀況ノ調査書、財産目錄竝ニ貸借對照表ヲ債權者集會ニ提出シ且清算ノ實行ノ方針及見込ニ關シ意見ヲ述ブルコトヲ要ス

第四百四十四條　債權者集會ハ監査委員ヲ選任スルコトヲ得

監査委員ハ何時ニテモ債權者集會ノ決議ヲ以テ之ヲ解任スルコトヲ得

前二項ノ決議ハ裁判所ノ認可ヲ得ルコトヲ要ス

第二百五十五條、第三百九十條第一項及第四百三條第二項ノ規定ハ監査委員ニ之ヲ準用ス

第四百四十五條　清算人左ノ行爲ヲ爲スニハ監査委員ノ同意、若ハ監査委員ナキトキハ債權者集會ノ決議アルコトヲ要ス但シ三千圓以上ノ價額ヲ有スルモノニ關セザルトキハ此ノ限ニ在ラズ

一　會社財産ノ處分

二　借　財

三　訴ノ提起

四　和解及仲裁契約

五　權利ノ拋棄

債權者集會ノ決議ヲ要スル場合ニ於テ急迫ナル事情アルトキハ清算人ハ裁判所ノ許可ヲ得テ前項ノ行爲ヲ爲スコトヲ得

清算人前二項ノ規定ニ違反シタルトキト雖モ會社ハ善意ノ第三者ニ對シテ其ノ責ニ任ズ

第二百四十五條ノ規定ハ特別清算ノ場合ニハ之ヲ適用セズ

第四百四十六條　清算人ハ競賣ニ依リテ財産ヲ換價スルコトヲ得此ノ場合ニ於テハ前條第一項ノ規定ヲ適用セズ

第四百四十七條　清算人ノ監査委員ノ意見ヲ聽キ債權者集會ニ對シテ協定ノ申出ヲ爲スコトヲ得

第四百四十八條　協定ノ條件ハ各債權者ノ間ニ平等ナルコトヲ要ス但シ少額ノ債權ニ付別段ノ定ヲ爲シ其ノ他債權者間ニ差等ヲ設クルモ衡平ヲ害セザル場合ハ此ノ限ニ在ラズ

一般ノ先取特權其ノ他一般ノ優先權ハ前項ノ條件ヲ定ムルニ付之ヲ斟酌スルコトヲ要ス

第四百四十九條　協定案ノ作成ニ當リ必要アリト認ムルトキハ清算人ハ第四百三十九條第四項ノ債權者ノ參加ヲ求ムルコトヲ得

第四百五十條　協定ヲ可決スルニハ議決權ヲ行使スル

コトヲ得ベキ出席債權者ノ過半數ニシテ議決權ヲ行使スルコトヲ得ベキ債權者ノ總債權ノ四分ノ三以上ニ當ル債權ヲ有スルモノノ同意アルコトヲ要ス

前項ノ決議ハ裁判所ノ認可ヲ得ルコトヲ要ス

破産法第三百二十一條及第三百二十六條ノ規定ハ協定ニ之ヲ準用ス

第四百五十一條　協定ノ實行上必要アルトキハ協定ノ條件ヲ變更スルコトヲ得此ノ場合ニ於テハ前四條ノ規定ヲ準用ス

第四百五十二條　會社財產ノ狀況ニ依リ必要アリト認ムルトキハ裁判所ハ清算人、監査役、監査委員、三月前ヨリ引續キ資本ノ十分ノ一以上ニ當ル株式ヲ有スル株主若ハ申出ヲ爲シタル債權者其ノ他會社ニ知レタル債權者ノ總債權ノ十分ノ一以上ニ當ル債權ヲ有スル者ノ申立ニ因リ又ハ職權ヲ以テ會社ノ業務及財產ノ檢査ヲ命ズルコトヲ得

第三百八十八條、第三百九十條及第四百三十九條第四項ノ規定ハ前項ノ場合ニ之ヲ準用ス

第四百五十三條　檢査役ハ調査ノ結果殊ニ左ノ事項ヲ裁判所ニ報告スルコトヲ要ス

一　發起人、取締役、監査役又ハ清算人ニ第百八十六條、第百九十三條、第二百六十六條、第二百八

十條、第三百五十六條又ハ第四百三十條第二項ノ規定ニ依リテ責ニ任ズベキ事實アルヤ否ヤ
二　會社財產ノ保全處分ヲ爲ス必要アルヤ否ヤ
三　會社ノ損害賠償請求權ニ付發起人、取締役、監査役又ハ淸算人ノ財產ニ對シ保全處分ヲ爲ス必要アルヤ否ヤ
第四百五十四條　前條ノ報告ヲ受ケタル場合ニ於テ必要アリト認ムルトキハ裁判所ハ左ノ處分ヲ爲スコトヲ得
一　會社財產ノ保全處分
二　株主ノ名義書換ノ禁止
三　發起人、取締役、監査役又ハ淸算人ノ責任ノ禁止
四　發起人、取締役、監査役又ハ淸算人ノ責任ノ免除ノ取消但シ特別淸算ノ開始ヨリ一年前ニ爲シタル免除ニ付テハ不正ノ目的ニ出デタルモノニ限ル
五　發起人、取締役、監査役又ハ淸算人ノ責任ニ基ク損害賠償請求權ノ査定
六　前號ノ損害賠償請求權ニ付發起人、取締役、監査役又ハ淸算人ノ財產ニ對シテ爲ス保全處分
第三百八十七條第二項ノ規定ハ前項第一號又ハ第六號ノ處分アリタル場合ニ之ヲ準用ス
第三百九十四條乃至第三百九十六條ノ規定ハ第一項

第五號ノ査定アリタル場合ニ之ヲ準用ス

第四百五十五條　特別清算開始ノ命令アリタル場合ニ於ア協定ノ見込ナキトキハ裁判所ハ職權ヲ以テ破産法ニ從ヒ破産ノ宣告ヲ爲スコトヲ要ス協定ノ實行ヲ見込ナキトキ亦同ジ

第四百五十六條　第三百九十二條、第三百九十三條、第三百九十九條、第四百條及破産法第百四條、第二百三條、第二百四條ノ規定ハ特別清算ノ場合ニ之ヲ準用ス

破産法第百六十五條及第百六十六條ノ規定ハ清算人ニ之ヲ準用ス

第五章　株式合資會社

第四百五十七條　株式合資會社ハ無限責任社員ト株主トヲ以テ之ヲ組織ス

第四百五十八條　左ノ事項ニ付テハ合資會社ニ關スル規定ヲ準用ス

一　無限責任社員相互間ノ關係

二　無限責任社員ト會社、株主及第三者トノ關係

三　無限責任社員ノ退社

此ノ他株式合資會社ニハ本章ニ別段ノ定アル場合ヲ

第五章　株式合資會社

第二百三十五條　株式合資會社ハ無限責任社員ト株主トヲ以テ之ヲ組織ス

第二百三十六條　左ノ事項ニ付テハ合資會社ニ關スル規定ヲ準用ス

一　無限責任社員相互間ノ關係

二　無限責任社員ト株主及ビ第三者トノ關係

三　無限責任ノ社員ノ退社

此他株式合資會社ニハ本章ニ別段ノ定アル場合ヲ除

除ク外株式會社ニ關スル規定ヲ準用ス

第四百五十九條　無限責任社員ハ發起人ト爲リテ定款ヲ作リ之ニ左ノ事項ヲ記載シテ署名スルコトヲ要ス

一　第百六十六條第一項第一號、第二號及第四號乃至六號ニ掲グル事項

二　株金ノ總額

三　無限責任社員ノ氏名及住所

四　無限責任社員ノ株金以外ノ出資ノ目的及其ノ價格又ハ評價ノ標準

第四百六十條　無限責任社員ハ株主ヲ募集スルコトヲ要ス

株式申込證ニハ左ノ事項ヲ記載スルコトヲ要ス

一　第百六十八條第一項、第百七十五條第二項第一號第四號乃至第七號及前條ニ掲グル事項

二　無限責任社員ガ株式ヲ引受ケタルトキハ其ノ各自ガ引受ケタル株式ノ種類及數

第四百六十一條　創立總會ニ於テハ監査役ヲ選任スルコトヲ要ス

無限責任社員ハ監査役ト爲ルコトヲ得ズ

第四百六十二條　無限責任社員ハ創立總會ニ出席シテ其ノ意見ヲ述プルコトヲ得但シ株式ヲ引受ケタルトキト雖モ議決權ヲ有セズ

クノ外株式會社ニ關スル規定ヲ準用ス

第二百三十七條　無限責任社員ハ發起人ト爲リテ定款ヲ作リ之ニ左ノ事項ヲ記載シテ署名スルコトヲ要ス

一　第百二十條第一號、第二號、第四號、第六號及ビ第七號ニ掲ゲタル事項

二　株金ノ總額

三　無限責任社員ノ氏名、住所

四　無限責任社員ノ株金以外ノ出資ノ種類及ビ價格又ハ評價ノ標準

第二百三十八條　無限責任社員ハ株主ヲ募集スルコトヲ要ス

株式申込證ニハ左ノ事項ヲ記載スルコトヲ要ス

一　第百二十二條、第百二十六條第二項第一號、第四號、第五號及ビ前條ニ掲ゲタル事項

二　無限責任社員ガ株式ヲ引受ケタルトキハ其各自ガ引受ケタル株式ノ數

第二百三十九條　創立總會ニ於テハ監査役ヲ選任スルコトヲ要ス

無限責任社員ハ監査役ト爲ルコトヲ得ズ

第百四十條　無限責任社員ハ創立總會ニ出席シテ其意見ヲ述ブルコト得但株式ヲ引受ケタルトキト雖モ議決ノ數ニ加ハルコトヲ得ズ

前項ノ規定ハ株主總會ニ之ヲ準用ス

第四百六十三條　監査役ハ第百八十四條第一項及第四百五十九條第四號ニ掲グル事項竝ニ第百八十一條第二項ノ報告書ヲ調査シ之ヲ創立總會ニ報告スルコトヲ要ス

第四百六十四條　創立總會ガ定款ノ變更ヲ決議シタル場合ニ於テ其ノ決議ノ日ヨリ一週間内ニ無限責任社員ノ一致ナキトキハ設立ノ廢止ヲ決議シタルモノト看做ス

第四百六十五條　株式合資會社ノ設立ノ登記ニ在リテハ左ノ事項ヲ登記スルコトヲ要ス

一　第百六十六條第一項第一號第二號第四號第六號及第百八十九條第二項第二號乃至第八號ニ掲グル事項
二　株金ノ總額
三　無限責任社員ノ氏名及住所
四　監査役ノ氏名及住所
五　無限責任社員ノ株金以外ノ出資ノ目的、財産ヲ目的トスル出資ニ付テハ其ノ價格及履行ヲ爲シタル部分

無限責任社員ガ引受ケタル株式其他ノ出資ハ議決權ニ關シテハ之ヲ算入セズ

前二項ノ規定ハ株主總會ニ之ヲ準用ス

第二百四十一條　監査役ハ第百三十四條第一項及ビ第二百三十七條第四號ニ掲ゲタル事項ヲ調査シ之ヲ創立總會ニ報告スルコトヲ要ス

第二百四十二條　會社ハ創立總會終結ノ日ヨリ二週間内ニ其本店及ビ支店ノ所在地ニ於テ左ノ事項ヲ登記スルコトヲ要ス

一　第百二十條第一號、第二號、第四號、第七號及ビ第百四十一條第一項第二號乃至第六號ニ掲ゲタル事項
二　株金ノ總額
三　無限責任社員ノ氏名、住所
四　無限責任社員ノ株金以外ノ出資ノ種類及ビ財産ヲ目的トスル出資ノ價格
五　會社ヲ代表スベキ無限責任社員ヲ定メタルトキ

六　無限責任社員ニシテ會社ヲ代表セザルモノアルトキハ會社ヲ代表スベキモノノ氏名
七　數人ノ無限責任社員ガ共同シ又ハ無限責任社員ガ支配人ト共同シテ會社ヲ代表スベキコトヲ定メタルトキハ其ノ規定
第四百六十六條　會社ヲ代表スベキ無限責任社員ニハ株式會社ノ取締役ニ關スル規定ヲ準用ス但シ第二百五十四條乃至第二百五十九條、第二百六十四條及第二百六十九條乃至第二百七十二條ノ規定ハ此ノ限ニ在ラズ
第四百六十七條　株式會社ニ於テ第三百四十三條ニ定ムル決議ヲ要スル事項又ハ合資會社ニ於テ總社員ノ同意ヲ要スル事項ニ付テハ株主總會ノ決議ノ外無限責任社員ノ一致アルコトヲ要ス
第三百四十三條ノ規定ハ前項ノ決議ニ之ヲ準用ス
第四百六十八條　監査役ハ無限責任社員ヲシテ株主總會ノ決議ヲ執行セシムル責ニ任ズ
第四百六十九條　株式合資會社ハ合資會社ト同一ノ事由ニ因リテ解散ス營業全部ノ讓渡アリタルトキ亦同ジ
第百十二條ノ規定ハ株式合資會社ニハ之ヲ適用セズ
第四百七十條　無限責任社員ノ全員ガ退社シタル場合

ハ其氏名
六　監査役ノ氏名、住所
七　數人ノ無限責任社員ガ共同シ又ハ無限責任社員ガ支配人ト共同シテ會社ヲ代表スベキコトヲ定メタルトキハ其代表ニ關スル規定
第二百四十三條　會社ヲ代表スベキ無限責任社員ニハ株式會社ノ取締役ニ關スル規定ヲ準用ス但第百六十四條乃至第百六十八條、第百七十五條及ビ第百七十九條ノ規定ハ此限ニ在ラズ
第二百四十四條　合資會社ニ於テ總社員ノ同意ヲ要スル事項ニ付テハ株主總會ノ決議ノ外無限責任社員ノ一致アルコトヲ要ス
第二百九條ノ規定ハ前項ノ決議ニ之ヲ準用ス
第二百四十五條　監査役ハ無限責任社員ヲシテ株主總會ノ決議ヲ執行セシムル責ニ任ズ
第二百四十六條　株式合資會社ハ合資會社ト同一ノ事由ニ因リテ解散ス但第八十三條ノ場合ハ此限ニ在ラズ
第二百四十七條　無限責任社員ノ全員ガ退社シタル場

ニ於テハ株主ハ第三百四十三條ニ定ムル決議ニ依リ株式會社トシテ會社ヲ繼續スルコトヲ得此ノ場合ニ於テハ株式會社ノ組織ニ必要ナル事項ヲ決議スルコトヲ要ス

第百十四條ノ規定ハ前項ノ場合ニ之ヲ準用ス

第四百七十一條　無限責任社員ガ株式ノ全部ヲ取得シタル場合ニ於テハ其ノ一致ヲ以テ合名會社トシテ會社ヲ繼續スルコトヲ得株式全部ノ消却アリタル場合亦同ジ

前條第二項ノ規定ハ前項ノ場合ニ之ヲ準用ス

第四百七十二條　會社ガ解散シタルトキハ合併、破産又ハ裁判所ノ命令ニ因リテ解散シタル場合ヲ除クノ外清算ハ業務執行社員ノ全員又ハ無限責任社員ノ選任シタル者及株主總會ニ於テ選任シタル者之ヲ爲ス但シ定款ニ別段ノ定アルトキハ此ノ限ニ在ラズ

無限責任社員ガ清算人ヲ選任スルトキハ其ノ過半數ヲ以テ之ヲ決ス

株主總會ニ於テ選任スル清算人ハ業務執行社員ノ全員又ハ無限責任社員ノ選任スル者ト同數ナルコトヲ要ス

第四百七十三條　無限責任社員ハ何時ニテモ其ノ選任シタル清算人ヲ解任スルコトヲ得

合ニ於テ株主ハ第二百九條ニ定メタル決議ニ依リ株式會社トシテ會社ヲ繼續スルコトヲ得此場合ニ於テハ株式會社ノ組織ニ必要ナル事項ヲ決議スルコトヲ要ス

第百十八條第二項ノ規定ハ前項ノ場合ニ之ヲ準用ス

第二百四十八條　會社ガ解散シタルトキハ合併、破産又ハ裁判所ノ命令ニ因リテ解散シタル場合ヲ除ク外清算ハ無限責任社員ノ全員又ハ其選任シタル者及ビ株主總會ニ於テ選任シタル者之ヲ爲ス但定款ニ別段ノ定アルトキハ此限ニ在ラズ

無限責任社員ガ清算人ヲ選任スルトキハ其過半數ヲ以テ之ヲ決ス

株主總會ニ於テ選任スル清算人ハ無限責任社員ノ全員若クハ其相續人又ハ其選任スル者ト同數ナルコトヲ要ス

第二百四十九條　無限責任社員ハ何時ニテモ其選任シタル清算人ヲ解任スルコトヲ得

前條第二項ノ規定ハ清算人ノ解任ニ之ヲ準用ス

第四百七十四條　第百四十四條ノ規定ハ株式合資會社ノ無限責任社員ニ之ヲ準用ス

第四百七十五條　清算人ハ第四百十九條、第四百二十條及第四百二十七條ニ定ムル計算ニ付株主總會ノ承認ノ外無限責任社員全員ノ承認ヲ得ルコトヲ要ス

第四百七十六條　株式合資會社ハ第四百六十七條ノ規定ニ從ヒ其ノ組織ヲ變更シテ之ヲ株式會社ト爲スコトヲ得

第四百七十七條　前條ノ場合ニ於テハ株主總會ハ直ニ株式會社ノ組織ニ必要ナル事項ヲ決議スルコトヲ要ス此ノ總會ニ於テハ無限責任社員モ亦其ノ引受クベキ株式ノ數ニ應ジテ議決權ヲ行使スルコトヲ得

第百十四條及第百十五條ノ規定ハ前項ノ場合ニ之ヲ準用ス

第四百七十八條　第四章第七節及第九節第二款ノ規定ハ株式合資會社ニハ之ヲ適用セズ

第六章　外國會社

第四百七十九條　外國會社ガ日本ニ支店ヲ設ケタルト

前條第二項ノ規定ハ清算人ノ解任ニ之ヲ準用ス

第二百五十條　第百二條ノ規定ハ株式合資會社ノ無限責任社員ニ之ヲ準用ス

第二百五十一條　清算人ハ第二百二十七條、第二百二十七條ノ二及ビ第二百三十條ニ定メタル計算ニ付キ株主總會ノ承認ノ外無限責任社員全員ノ承認ヲ得ルコトヲ要ス

第二百五十二條　株式合資會社ハ第二百四十四條ノ規定ニ從ヒ其組織ヲ變更シテ之ヲ株式會社ト爲スコトヲ得

第二百五十三條　前條ノ場合ニ於テハ株主總會ハ直チニ株式會社ノ組織ニ必要ナル事項ヲ決議スルコトヲ要ス此總會ニ於テハ無限責任社員モ亦引受クベキ株式ノ數ニ應ジテ議決權ヲ行フコトヲ得

第七十八條、第七十九條第一項、第二項及ビ第八十三條ノ三ノ規定ハ前項ノ場合ニ之ヲ準用ス

第二百五十四條　（削除）

第六章　外國會社

第二百五十五條　外國會社ガ日本ニ支店ヲ設ケタルト

キハ日本ニ成立スル同種ノモノ又ハ最モ類似スルモノト同一ノ登記及公告ヲ爲スコトヲ要ス

前項ノ外國會社ハ其ノ日本ニ於ケル代表者ヲ定メ且支店設置ノ登記ト同時ニ其ノ氏名及住所ヲ登記スルコトヲ要ス

第七十八條ノ規定ハ外國會社ノ代表者ニ之ヲ準用ス

第四百八十條　前條第一項及第二項ノ規定ニ依リ登記スベキ事項ガ外國ニ於テ生ジタルトキハ登記ノ期間ハ其ノ通知ノ到達シタル時ヨリ之ヲ起算ス

第四百八十一條　外國會社ガ始メテ日本ニ支店ヲ設ケタルトキハ其ノ支店ノ所在地ニ於テ登記ヲ爲ス迄ハ第三者ハ其ノ會社ノ成立ヲ否認スルコトヲ得

第四百八十二條　日本ニ本店ヲ設ケ又ハ日本ニ於テ營業ヲ爲スヲ以テ主タル目的トスル會社ハ外國ニ於テ設立スルモノト雖モ日本ニ於テ設立スル會社ト同一ノ規定ニ從フコトヲ要ス

第四百八十三條　第二百四條乃至第二百七條、第二百九條第一項、第二百二十六條、第二百二十七條第一項、第三百六條第一項、第三百七條、第三百八條及第三百七十條第三項ノ規定ハ日本ニ於テスル外國會社ノ株券又ハ債券ノ發行及其ノ株式ノ移轉若ハ質入又ハ社債ノ移轉ニ之ヲ準用ス此ノ場合ニ於テハ始メ

キハ日本ニ成立スル同種ノモノ又ハ最モ之ニ類似セルモノト同一ノ登記及ビ公告ヲ爲スコトヲ要ス

右ノ外日本ニ支店ヲ設ケタル外國會社ハ其日本ニ於ケル代表者ヲ定メ且支店設立ノ登記ト同時ニ其氏名住所ヲ登記スルコトヲ要ス

第六十二條ノ規定ハ外國會社ノ代表者ニ之ヲ準用ス

第二百五十六條　前條第一項及ビ第二項ノ規定ニ依リ登記スベキ事項ガ外國ニ於テ生ジタルトキハ登記ノ期間ハ其通知ノ到達シタル時ヨリ之ヲ起算ス

第二百五十七條　外國會社ガ始メテ日本ニ支店ヲ設ケタルトキハ其支店ノ所在地ニ於テ登記ヲ爲スマデハ第三者ハ其會社ノ成立ヲ否認スルコトヲ得

第二百五十八條　日本ニ支店ヲ設ケ又ハ日本ニ於テ商業ヲ營ムヲ以テ主タル目的トスル會社ハ外國ニ於テ設立スルモノト雖モ日本ニ於テ設立スル會社ト同一ノ規定ニ從フコトヲ要ス

第二百五十九條　第百四十七條、第百四十九條、第百五十條、第百五十五條第一項、第二百五條第一項、第二百六條、第二百七條及ビ第二百十七條第二項ノ規定ハ日本ニ於テスル外國會社ノ株券又ハ債券ノ發行及ビ其株式又ハ社債ノ移轉ニ之ヲ準用ス此場合ニ於テハ始メテ日本ニ設ケタル支店ヲ以テ本店ト看做

テ日本ニ設ケタル支店ヲ以テ本店ト看做ス

第四百八十四條　外國會社ガ日本ニ支店ヲ設ケタル場合ニ於テ正當ノ事由ナクシテ支店設置ノ登記ヲ爲シタル後一年内ニ營業ヲ開始セズ若ハ一年以上營業ヲ休止シタルトキ又ハ支拂ヲ停止シタルトキハ裁判所ハ利害關係人若ハ檢事ノ請求ニ因リ又ハ職權ヲ以テ其ノ支店ノ閉鎖ヲ命ズルコトヲ得

外國會社ノ代表者其ノ他支店ニ於テ業務ヲ執行スル者ガ法令又ハ公ノ秩序若ハ善良ノ風俗ニ反スル行爲ヲ爲シタルトキ亦前項ニ同ジ

第五十八條第三項、第五十九條及六十條ノ規定ハ前二項ノ場合ニ之ヲ準用ス

第四百八十五條　前條第一項又ハ第二項ノ場合ニ於テハ裁判所ハ利害關係人ノ申立ニ因リ又ハ職權ヲ以テ日本ニ在ル會社財産ノ全部ニ付清算ノ開始ヲ命ズルコトヲ得此ノ場合ニ於テハ清算人ハ裁判所之ヲ選任ス

第四百二十一條乃至第四百二十四條及第四百三十條乃至第四百五十六條ノ規定ハ其ノ性質ノ許サザルモノヲ除クノ外前項ノ清算ニ之ヲ準用ス

前二項ノ規定ハ外國會社ガ其ノ支店ヲ閉鎖シタル場合ニ之ヲ準用ス

ス

第二百六十條　外國會社ガ日本ニ支店ヲ設ケタル場合ニ於テ其代表者ガ會社ノ業務ニ付キ公ノ秩序又ハ善良ノ風俗ニ反スル行爲ヲ爲シタルトキハ裁判所ハ檢事ノ請求ニ因リ又ハ職權ヲ以テ其支店ノ閉鎖ヲ命ズルコトヲ得

第七章　罰則

（成案未草に付改正要項原案を掲ぐ。文中ゴシックは舊法條文括弧内は新法條文）

第百九十六　發起人取締役株式合資會社ノ業務ヲ執行スル社員、監査役、管理者、整理委員、監督者又ハ株式會社若クハ株式合資會社ノ淸算人若クハ支配人其他會社ノ營業ニ關スル或種類若クハ特定ノ事項ノ委任ヲ受ケタル使用人其任務ニ背キタル行爲ヲ爲シ會社ニ財産上ノ損害ヲ加ヘタルトキハ十年以下ノ懲役又ハ一萬圓以下ノ罰金ニ處スルモノトスルコト

第百九十七　社債權者集會ノ代表者其任務ニ背キタル行爲ヲ爲シ社債權者ニ財産上ノ損害ヲ加ヘタルトキハ五年以下ノ懲役又ハ五千圓以下ノ罰金ニ處スルモノトスルコト

第百九十八　**第二百六十一**條ノ規定ヲ改メ左ノ場合ニ於テ發起人、取締役、株式合資會社ノ業務ヲ執行スル社員監査役、檢査役又ハ株式會社若クハ株式合資會社ノ支配人其他會社ノ營業ニ關スル或種類若クハ特定ノ事項ノ委任ヲ受ケタル使用人ヲ五年以下ノ懲役又ハ五千圓以下ノ罰金ニ處スルモノトスルコト

一　會社ノ設立又ハ資本增加ノ場合於テ株式總數ノ引受若クハ株金ノ拂込額ニ付キ又ハ**第百二十二條**

第七章　罰則

第二百六十一條　發起人、取締役、株式合資會社ノ業務ヲ執行スル社員、監査役、檢査役又ハ株式會社若クハ株式合資會社ノ支配人ハ左ノ場合ニ於テハ一年以下ノ懲役若クハ禁錮又ハ千圓以下ノ罰金ニ處ス

一　會社ノ設立若クハ資本ノ增加又ハ其登記ヲ爲シ若クハ之ヲ爲サシムル目的ヲ以テ株式總數ノ引受又ハ資本ニ對スル拂込額ニ付キ裁判所又ハ總會ヲ欺罔シタルトキ

(第一號及ビ第二號ヲ除ク)(一六八ノ3)**第二百十二條ノ二**若クハ第三百四十八條第三號(新會社法)ニ揭グル事實ニ付キ裁判所又ハ總會ニ對シ不實ノ申述ヲ爲シ又ハ事實ヲ隱蔽シタルトキ

二　何人ノ名義ヲ以テスルヲ問ハズ會社ノ計算ニ於テ不正ニ其株式ヲ取得シ又ハ質權ノ目的トシテ之ヲ受ケタルトキ

三　法令又ハ定款ノ規定ニ違反シテ利益又ハ利息ノ配當ヲ爲シタルトキ

四　會社ノ營業ノ範圍外ニ於テ貸付若クハ手形ノ割引ヲ爲シ又ハ投機取引ノ爲メニ會社財産ヲ處分シタルトキ

第百九十九　左ノ場合ニ於テハ五年以下ノ懲役又ハ五千圓以下ノ罰金ニ處スルモノトスルコト

一　發起人、取締役、株式合資會社ノ業務ヲ執行スル社員、外國會社ノ代表者、株式會社若クハ株式合資會社ノ支配人又ハ**第二百四條ノ二**(三四〇)ニ規定スル者會社ヲ設立シ、資本ヲ增加シ又ハ社債ヲ募集スル場合ニ於テ人ヲ欺罔スル目的ヲ以テ株式申込證、社債申込證、目論見書、株式又ハ社債ノ募集ノ廣告其他株式又ハ社債ノ募集ニ關スル文書ニ虛僞ノ記載ヲ爲シ之ヲ行使シタルトキ

二　何人ノ名義ヲ以テスルヲ問ハズ會社ノ計算ニ於テ不正ニ其株式ヲ取得シ又ハ質權ノ目的トシテ之ヲ受ケタルトキ

三　法令ハ又定款ノ規定ニ違反シテ利益又ハ利息ノ配當ヲ爲シタルトキ

四　會社ノ營業ノ範圍外ニ於テ投機取引ノ爲メニ會社財産ヲ處分シタルトキ

前項ノ規定ハ刑法ニ正條アル場合ニハ之ヲ適用セズ

第二百六十二條　發起人、會社ノ業務ヲ執行スル社員取締役、外國會社ノ代表者、監査役又ハ淸算人ハ左ノ場合ニ於テハ十圓以上千圓以下ノ過料ニ處ス但其行爲ニ付キ刑ヲ科スベキトキハ此限ニ在ラズ

一　官廳又ハ總會ニ對シ不實ノ申述ヲ爲シタルトキ

二　本編ニ定メタル公告若クハ通知ヲ爲スコトヲ怠リ又ハ不正ノ公告若クハ通知ヲ爲シタルトキ

三　本編ノ規定ニ依リ閲覽ヲ許スベキ書類ヲ正當ノ理由ナクシテ閲覽セシメザリシトキ

四　本編規定ニ依ル檢査又ハ調査ヲ妨ゲタルトキ

五　第四十六條ノ規定ニ違反シテ開業ノ準備ニ著手シタルトキ

六　第百二十六條第二項、第二百三條第二項、第二百十二條ノ三第一項及ビ第二百三十八條第一項ノ

二　社債ヲ引受ケタル者其ノ引受ケタル社債ノ賣出ヲ爲ス場合ニ於テ人ヲ欺罔スル目的ヲ以テ社債ノ募集ニ關スル文書ニ虛僞ノ記載ヲ爲シ之ヲ行使シタルトキ

第二百四條ノ二（三〇四）ニ規定スル者又ハ社債ヲ引受ケタル者會社ナルトキハ其取締役、業務ヲ執行スル社員又ハ支配人ニシテ前項ノ行爲ヲ爲シタルモノヲ處罰スルモノトスルコト ㉝

第二百　發起人、取締役、株式合資會社ノ業務ヲ執行スル社員、株式會社若クハ株式合資會社ノ清算人又ハ支配人株金ノ拂込若クハ會社財產ノ狀況ヲ假裝スル爲メ其他不正ノ目的ヲ以テ預合ヲ爲シタルトキハ三年以下ノ懲役又ハ三千圓以下ノ罰金ニ處シ相通シテ預合ニ應ジタル者亦三年以下ノ懲役又ハ三千圓以下ノ罰金ニ處スルモノトスルコト

第二百一　發起人、取締役、株式合資會社ノ業務ヲ執行スル社員、監査役、檢査役、管理者、監査委員整理委員、監督者、社債權者集會ノ代表者又ハ株式會社若クハ株式合資會社ノ清算人若クハ支配人其他會社ノ營業ニ關スル或ル種類若クハ特定ノ事項ノ委任ヲ受ケタル使用人其職務ニ關シ不正ノ利益ヲ收受シ又ハ之ヲ要求若クハ約束シタルトキハ三年以下ノ懲役

規定ニ違反シ株式申込證又ハ社債申込證ヲ作ラス之ニ記載スベキ事項ヲ記載セズ又ハ不正ノ記載ヲ爲シタルトキ

七　第百四十七條第一項又ハ第二百十七條第三項ノ規定ニ違反シテ株券ヲ發行シタルトキ

八　株券又ハ債券ニ記載スベキ事項ヲ記載セズ又ハ不正ノ記載ヲ爲シタルトキ

九　定款、株主名簿、社債原簿、總會ノ決議錄、財產目錄、貸借對照表、營業報告書、事務報告書、損益計算書及ビ準備金竝ニ利益又ハ利息ノ配當ニ關スル議案ヲ本店若クハ支店ニ備ヘ置カズ、之ニ記載スベキ事項ヲ記載セズ又ハ之ニ不正ノ記載ヲ爲シタルトキ

十　第百七十四條第一項又ハ第百九十八條第二項ノ規定ニ違反シ株主總會ヲ招集セザルトキ

第二百六十二條ノ三　第四十四條ノ三第二項ノ規定ニ依リテ選任セラレタル者ハ本章ノ適用ニ付テハ之ヲ發起人ト看做ス

又ハ三千圓以下ノ罰金ニ處シ不正ノ利益ヲ交付提供又ハ約束シタル者亦三年以下ノ懲役又ハ三千圓以下ノ罰金ニ處スルモノトスルコト

不正ノ利益ヲ交付、提供又ハ約束シタル者自首シタルトキハ其ノ刑ヲ減輕又ハ免除スルコトヲ得ルモノトスルコト

第二百二　左ニ掲ゲタル事項ニ關シ何等ノ名義ヲ以テスルヲ問ハズ金錢其他ノ財産上ノ利益ヲ收受又ハ要求シタル者ヲ一年以下ノ懲役又ハ千圓以下ノ罰金ニ處スルモノトスルコト

一　總會又ハ債權者集會ニ於ケル發言若クハ不發言又ハ議決權ノ行使若クハ不行使

二　總會ノ決議無效ノ訴其他本編ニ規定スル訴ノ提起又ハ資本ノ十分ノ一以上ニ當タル株主ノ權利ノ行使若クハ不行使

三　社債權者集會ニ於ケル發言若クハ不發言、議決權ノ行使若クハ不行使、社債權者集會ノ決議無效ノ訴ノ提起若クハ不提起又ハ社債總額ノ十分ノ一以上ニ當ル社債權者ノ權利ノ行使若クハ不行使

第二百三　決議第二百一及第二百二ノ場合ニ於テ收受シタル利益ハ之ヲ沒收ス若シ其全部又ハ一部ヲ沒收スルコト能ハザルトキハ其價額ヲ追徵セルモノトス

ルコト
第二百四　決議第二百二ニ掲ゲタル事項ニ關シ不正ノ目的ヲ以テ金錢其他財產上ノ利益ヲ交付又ハ提供シタル者ヲ一年以下ノ懲役若クハ千圓以下ノ罰金ニ處スルモノトスルコト
第二百五　株金拂込ノ責任ヲ免ルヽ目的ヲ以テ他人又ハ存在セザル者ノ名義ヲ用ヒテ株式ヲ引受若クハ讓受ケタル者又ハ株式ノ讓渡ヲ假裝シタル者ヲ一年以下ノ懲役又ハ千圓以下ノ罰金ニ處スルモノトスルコト
第二百六　左ノ場合ニ於テ發起人、會社ノ業務ヲ執行スル社員、取締役、外國會社ノ代表者、監査役、檢査役、管理者、監査委員、整理委員、清算人、社債權者集會ノ代表者又ハ株式會社若クハ株式合資會社ノ支配人ヲ五千圓以下ノ過料ニ處スルモノトスルコト
一　本編ニ定メタル登記ヲ爲スコトヲ怠リタルトキ
二　本編ニ定メタル公告若クハ通知ヲ爲スコトヲ怠リ又ハ不正ノ公告若クハ通知ヲ爲シタルトキ
三　本編ノ規定ニ依リ閲覽又ハ謄本若クハ抄本ノ交付ヲ許スベキ書類ヲ正當ノ理由ナクシテ閲覽セシメズ又ハ其謄本若クハ抄本ノ交付ヲ爲サザルトキ

四 本編ノ定規ニ依ル檢査又ハ調査ヲ妨ゲルトキ
五 官廳、總會、社債權者集會又ハ債權者集會ニ對シ不實ノ申述ヲ爲シ又ハ事實ヲ隱蔽シタルトキ
六 第百二十六條第二項、第二百三條第二項、第二百十二條ノ三、第一項及ビ第二百三十八條第二項ノ規定ニ違反シ株式申込證又ハ社債申込證ヲ作ラズ之ニ記載スベキ事項ヲ記載セズ又ハ不正ノ記載ヲ爲シタルトキ
七 決議第九十六ノ規定ニ違反シテ權利株ノ讓渡又ハ其ノ豫約ヲ爲シタルトキ
八 第百四十七條第一項又第二百十七條第三項ノ規定ニ違反シテ株券ヲ發行シタルトキ
九 株券又ハ債券ニ記載スベキ事項ヲ記載セズ又ハ不正ノ記載ヲ爲シタルトキ
十 第百五十一條第二項ノ(二一一)規定ニ違反シテ株式ヲ消却ヲ爲シタルトキ
十一 正當ノ理由ナクシテ株券ノ名義書換ヲ爲サザルトキ
十二 第二百二十七條(新會社法)ノ規定ニ違反シテ株券ヲ無記名式ト爲シタルトキ
十三 定款、株主名簿、社債原簿、議事錄、財産目錄、貸借對照表、營業報告書、事務報告書、損益

計算表、準備金竝ニ利益又ハ利息ノ配當ニ關スル議案、商業帳簿及ビ第四百四十三條（新會社法）ノ現況調査書ニ記載スベキ事ヲ記載セズ又ハ不正ノ記載ヲ爲シタルトキ

十四　**第百七十一**條第一項（一六三1）又ハ**第百九十一**條第一項（一八一1）ノ規定ニ依リ會社ニ備ヘ置クベキ帳簿又ハ書類ヲ本店又ハ支店ニ備ヘ置カザルトキ

十五　**第百五十七**條、**第百九十八**條第二項又ハ**第二百三十四**條ニ於テ準用スル**第百五十七**條ノ規定ニ違反シテ株主總會ヲ招集セザルトキ又ハ定款ニ定メタル地以外ノ地ニ於テ若クハ第二百三十三條（新會社法）ノ規定ニ違反シテ株主總會ヲ招集シタルトキ

十六　法令又ハ定款ノ規定ニ依ル取締役又ハ監査役ノ定員ニ不足ヲ生ジタル場合ニ於テ其選任手續ヲ爲スコトヲ怠リタルトキ

十七　第四百三十一條第二項（新會社法）ノ規定ニ違反シテ特定清算開始ノ申立ヲ爲スコトヲ怠リ又ハ民法第八十一條ノ規定ニ違反シテ破產宣告ノ請求ヲ爲スコトヲ怠リタルトキ

十八　**第百九十四**條（一八八）ノ規定ニ違反シテ準備

金ヲ積立テス又ハ第二百八十九條(新會社法)ノ規定ニ違反シテ準備金ヲ支出シタルトキ

十九　第二百條(一九七)ノ規定ニ違反シテ社債ヲ募集シ又ハ第二百五條第一項(三〇六1)ノ規定ニ違反シテ債券ヲ發行シタルトキ

二十　舊社債償還ノ爲メニ拂込金額又ハ現存純財産額ヲ超エテ社債ヲ發行シタル場合ニ於テ舊社債ノ償還ヲ爲サザルトキ

二十一　第七十八條(九九)又ハ第七十九條(一〇〇)ノ規定ニ違反テ合併會社、財産ノ處分、資本ノ減少又ハ組織ノ變更ヲ爲シタルトキ

二十二　第二百六十條(四八四)ノ規定ニ依ル裁判所ノ命令ニ違反シタルトキ

二十三　裁判所ノ選任シタル管理者又ハ清算人ニ事務ノ引渡ヲ爲サザルトキ

二十四　清算ノ結了ヲ遲延セシムル目的ヲ以テ民法第七十九條ノ期間ヲ不當ニ定メタルトキ

二十五　民法第七十九條ノ期間内ニ或債權者ニ辨濟ヲ爲シ又ハ第四百三十八條(新會社法)ノ規定ニ違反シテ辨濟ヲ爲シタルトキ

二十六　第九十五條(一三二)ノ規定ニ違反シテ會社財産ヲ分配シタルトキ

二十七　第三百八十六條一、一〇、(新會社法)又ハ第四百五十四條一(新會社法)ノ規定ニ依ル裁判所ノ命令ニ違反シタルトキ

二十八　第四百四十五條(新會社法)ノ規定ニ違反シタルトキ前項ニ掲グル者自己若クハ他人ニ利益ヲ與ヘ又ハ他人ニ損害ヲ加フルコトヲ知リテ前項ノ行爲ヲ爲シタルトキハ一年以下ノ懲役若クハ禁錮又ハ千圓以下ノ罰金ニ處スルモノトスルコト

新舊対照 商法総則条文

改正 商法總則

目次

第一編　總則

第一章　法例

第一條　商事ニ關シ本法ニ規定ナキモノニ付テハ商慣習法ヲ適用シ商慣習法ナキトキハ民法ヲ適用ス

第二條　公法人ノ商行爲ニ付テハ法令ニ別段ノ定ナキトキニ限リ本法ヲ適用ス

舊商法總則

目次

第一編　總則

第一章　法例

第一條　商事ニ關シ本法ニ規定ナキモノニ付テハ商慣習法ヲ適用シ商慣習法ナキトキハ民法ヲ適用ス

第二條　公法人ノ商行爲ニ付テハ法令ニ別段ノ定ナキトキニ限リ本法ノ規定ヲ適用ス

第三條　當事者ノ一方ノ爲ニ商行爲タル行爲ニ付テハ本法ヲ雙方ニ適用ス

當事者ノ一方ガ數人アル場合ニ於テ其ノ一人ノ爲ニ商行爲タル行爲ニ付テハ本法ヲ其ノ全員ニ適用ス

第二章　商人

第四條　本法ニ於テ商人トハ自己ノ名ヲ以テ商行爲ヲ爲スヲ業トスル者ヲ謂フ

店舗其ノ他之ニ類似スル設備ニ依リテ物品ノ販賣ヲ爲スヲ業トスル者又ハ鑛業若ハ砂鑛業ヲ營ム者ハ商行爲ヲ爲スヲ業トセザルモ之ヲ商人ト看做ス第五十二條第二項ノ會社亦同ジ

第五條　未成年者又ハ妻ガ前條ノ營業ヲ爲ストキハ登記ヲ爲スコトヲ要ス

第六條　會社ノ無限責任社員ト爲ルコトヲ許サレタル未成年者又ハ妻ハ社員タル資格ニ基ク行爲ニ關シテハ之ヲ能力者ト看做ス

第七條　法定代理人ガ親族會ノ同意ヲ得テ無能力者ノ爲ニ第四條ノ營業ヲ爲ストキハ登記ヲ爲スコトヲ要ス

法定代理人ノ代理權ニ加ヘタル制限ハ之ヲ以テ善意ノ第三者ニ對抗スルコトヲ得ズ

第三條　當事者ノ一方ノ爲メニ商行爲タル行爲ニ付テハ本法ノ規定ヲ雙方ニ適用ス

第二章　商人

第四條　本法ニ於テ商人トハ自己ノ名ヲ以テ商行爲ヲ爲スヲ業トスル者ヲ謂フ

第五條　未成年者又ハ妻ガ商業ヲ營ムトキハ登記ヲ爲スコトヲ要ス

第六條　會社ノ無限責任社員ト爲ルコトヲ許サレタル未成年者又ハ妻ハ其會社ノ業務ニ關シテハ之ヲ能力者ト看做ス

第七條　法定代理人ガ親族會ノ同意ヲ得テ無能力者ノ爲メニ商業ヲ營ムトキハ登記ヲ爲スコトヲ要ス

法定代理人ノ代理權ニ加ヘタル制限ハ之ヲ以テ善意ノ第三者ニ對抗スルコトヲ得ズ

第八條　本法中商業登記、商號及商業帳簿ニ關スル規定ハ小商人ニハ之ヲ適用セズ

第三章　商業登記

第九條　本法ニ依リ登記スベキ事項ハ當事者ノ請求ニ因リ其ノ營業所ノ所在地ヲ管轄スル裁判所ニ備ヘタル商業登記簿ニ之ヲ登記ス

第十條　本店ノ所在地ニ於テ登記スベキ事項ハ本法ニ別段ノ定ナキトキハ支店ノ所在地ニ於テモ亦之ヲ登記スルコトヲ要ス

第十一條　登記シタル事項ハ裁判所ニ於テ遲滯ナク之ヲ公告スルコトヲ要ス

公告ガ登記ト相違スルトキハ公告ナカリシモノト看做ス

第十二條　登記スベキ事項ハ登記及公告ノ後ニ非ザレバ之ヲ以テ善意ノ第三者ニ對抗スルコトヲ得ズ登記及公告ノ後ト雖モ第三者ガ正當ノ事由ニ因リテ之ヲ知ラザリシトキ亦同ジ

第十三條　支店ノ所在地ニ於テ登記スベキ事項ヲ登記セザリシトキハ前條ノ規定ハ其ノ支店ニ於テ爲シタル取引ニ付テノミ之ヲ適用ス

第八條　戸戸ニ就キ又ハ道路ニ於テ物ヲ賣買スル者其他小商人ニハ商業登記、商號及ビ商業帳簿ニ關スル規定ヲ適用セズ

第三章　商業登記

第九條　本法ノ規定ニ依リ登記スベキ事項ハ當事者ノ請求ニ因リ其營業所ノ裁判所ニ備ヘタル商業登記簿ニ之ヲ登記ス

第十條　本店ノ所在地ニ於テ登記スベキ事項ハ本法ニ別段ノ定ナキトキハ支店ノ所在地ニ於テモ亦之ヲ登記スルコトヲ要ス

第十一條　登記シタル事項ハ裁判所ニ於テ遲滯ナク之ヲ公告スルコトヲ要ス

第十二條　登記スベキ事項ハ登記及ビ公告ノ後ニ非ザレバ之ヲ以テ善意ノ第三者ニ對抗スルコトヲ得ズ登記及ビ公告ノ後ト雖モ第三者ガ正當ノ事由ニ因リテ之ヲ知ラザリシトキ亦同ジ

第十三條　支店ノ所在地ニ於テ登記スベキ事項ヲ登記セザリシトキハ前條ノ規定ハ其支店ニ於テ爲シタル取引ニ付テノミ之ヲ適用ス

第十四條　故意又ハ過失ニ因リ不實ノ事項ヲ登記シタル者ハ其ノ事項ノ不實ナルコトヲ以テ善意ノ第三者ニ對抗スルコトヲ得ズ

第十五條　登記シタル事項ニ變更ヲ生ジ又ハ其ノ事項ガ消滅シタルトキハ當事者ハ遲滯ナク變更又ハ消滅ノ登記ヲ爲スコトヲ要ス

第四章　商號

第十六條　商人ハ其ノ氏、氏名其ノ他ノ名稱ヲ以テ商號ト爲スコトヲ得

第十七條　會社ノ商號中ニハ其ノ種類ニ從ヒ合名會社合資會社、株式會社又ハ株式合資會社ナル文字ヲ用フルコトヲ要ス

第十八條　會社ニ非ズシテ商號中ニ會社タルコトヲ示スベキ文字ヲ用フルコトヲ得ズ會社ノ營業ヲ讓受ケタルトキト雖モ亦同ジ

前項ノ規定ニ違反シタル者ハ千圓以下ノ過料ニ處ス

第十九條　他人ガ登記シタル商號ハ同市町村內ニ於テ同一ノ營業ノ爲ニ之ヲ登記スルコトヲ得ズ

第二十條　商號ノ登記ヲ爲シタル者ハ不正ノ競爭ノ目的ヲ以テ同一又ハ類似ノ商號ヲ使用スル者ニ對シテ

第十四條　登記ハ其公告ト牴觸スルトキト雖モ之ヲ以テ第三者ニ對抗スルコトヲ得

第十五條　登記シタル事項ニ變更ヲ生ジ又ハ其事項ガ消滅シタルトキハ當事者ハ遲滯ナク變更又ハ消滅ノ登記ヲ爲スコトヲ要ス

第四章　商號

第十六條　商人ハ其氏、氏名其他ノ名稱ヲ以テ商號ト爲スコトヲ得

第十七條　會社ノ商號中ニハ其種類ニ從ヒ合名會社、合資會社、株式會社又ハ株式合資會社ナル文字ヲ用ユルコトヲ要ス

第十八條　會社ニ非ズシテ商號中ニ會社タルコトヲ示スベキ文字ヲ用ユルコトヲ得ズ會社ノ營業ヲ讓受ケタルトキト雖モ亦同ジ

前項ノ規定ニ違反シタル者ハ五圓以上五十圓以下ノ過料ニ處セラル

第十九條　他人ガ登記シタル商號ハ同市町村內ニ於テ同一ノ營業ノ爲メニ之ヲ登記スルコトヲ得ズ

第二十條　商號ノ登記ヲ爲シタル者ハ不正ノ競爭ノ目的ヲ以テ同一又ハ類似ノ商號ヲ使用スル者ニ對シテ

其ノ使用ヲ止ムベキコトヲ請求スルコトヲ得但シ損害賠償ノ請求ヲ妨ゲズ

同市町村內ニ於テ同一ノ營業ノ爲ニ他人ノ登記シタル商號ヲ使用スル者ハ不正ノ競爭ノ目的ヲ以テ之ヲ使用スルモノト推定ス

第二十一條　何人ト雖モ不正ノ目的ヲ以テ他人ノ營業ナリト誤認セシムベキ商號ヲ使用スルコトヲ得ズ

前項ノ規定ニ違反シテ商號ヲ使用スル者アルトキハ之ニ因リテ利益ヲ害セラルル虞アル者ハ其ノ使用ヲ止ムベキコトヲ請求スルコトヲ得但シ損害賠償ノ請求ヲ妨ゲズ

第二十二條　不正ノ競爭ノ目的ヲ以テ第二十條第一項ノ商號ヲ使用シタル者ハ千圓以下ノ過料ニ處ス前條第一項ノ規定ニ違反シタル者亦同ジ

第二十三條　自己ノ氏、氏名又ハ商號ヲ使用シテ營業ヲ爲スコトヲ他人ニ許諾シタル者ハ自己ヲ營業主ナリト誤認シテ取引ヲ爲シタル者ニ對シ其ノ取引ニ因リテ生ジタル債務ニ付其ノ他人ト連帶シテ辨濟ノ責ニ任ズ

第二十四條　商號ハ營業ト共ニスル場合又ハ營業ヲ廢止スル場合ニ限リ之ヲ讓渡スコトヲ得

商號ノ讓渡ハ其ノ登記ヲ爲スニ非ザレバ之ヲ以テ第

其使用ヲ止ムペキコトヲ請求スルコトヲ得但損害賠償ノ請求ヲ妨ゲズ

同市町村內ニ於テ同一ノ營業ノ爲メニ他人ノ登記シタル商號ヲ使用スル者ハ不正ノ競爭ノ目的ヲ以テ之ヲ使用スルモノト推定ス

第二十一條　商號ノ讓渡ハ其登記ヲ爲スニ非ザレバ之

三者ニ對抗スルコトヲ得ズ

第二十五條　營業ヲ讓渡シタル場合ニ於テ當事者ガ別段ノ意思ヲ表示セザリシトキハ讓渡人ハ同市町村及隣接市町村内ニ於テ二十年間同一ノ營業ヲ爲スコトヲ得ズ

讓渡人ガ同一ノ營業ヲ爲サザル特約ヲ爲シタルトキハ其ノ特約ハ同府縣及隣接府縣内且三十年ヲ超エザル範圍内ニ於テノミ其ノ效力ヲ有ス

讓渡人ハ前二項ノ規定ニ拘ラズ不正ノ競爭ノ目的ヲ以テ同一ノ營業ヲ爲スコトヲ得ズ

第二十六條　營業ノ讓受人ガ讓渡人ノ商號ヲ續用スル場合ニ於テハ讓渡人ノ營業ニ因リテ生ジタル債務ニ付テハ讓受人モ亦其ノ辨濟ノ責ニ任ズ

前項ノ規定ハ營業ノ讓渡後遲滯ナク讓受人ガ讓渡人ノ債務ニ付責ニ任ゼザル旨ヲ登記シタル場合ニハ之ヲ適用セズ營業ノ讓渡後遲滯ナク讓渡人及讓受人ヨリ第三者ニ對シ其ノ旨ノ通知ヲ爲シタル場合ニ於テ其ノ通知ヲ受ケタル第三者ニ付亦同ジ

第二十七條　前條第一項ノ場合ニ於テ讓渡人ノ營業ニ因リテ生ジタル債權ニ付讓受人ニ爲シタル辨濟ハ辨濟者ガ善意ニシテ且重大ナル過失ナカリシトキニ限リ其ノ效力ヲ有ス

ヲ以テ第三者ニ對抗スルコトヲ得ズ

第二十二條　商號ト共ニ營業ヲ讓渡シタル場合ニ於テ當事者ガ別段ノ意思ヲ表示セザリシトキハ讓渡人ハ同市町村内ニ於テ二十年間同一ノ營業ヲ爲スコトヲ得ズ

讓渡人ガ同一ノ營業ヲ爲サザル特約ヲ爲シタルトキハ其特約ハ同府縣内且三十年ヲ超エザル範圍内ニ於テノミ其效力ヲ有ス

讓渡人ハ前二項ノ規定ニ拘ハラズ不正ノ競爭ノ目的ヲ以テ同一ノ營業ヲ爲スコトヲ得ズ

第二十三條　前條ノ規定ハ營業ノミヲ讓渡シタル場合ニ之ヲ準用ス

第二十八條　營業ノ讓受人ガ讓渡人ノ商號ヲ續用セザル場合ニ於テモ讓渡人ノ營業ニ因リテ生ジタル債務ヲ引受クル旨ヲ廣告シタルトキハ債權者ハ其ノ讓受人ニ對シテ辨濟ノ請求ヲ爲スコトヲ得

第二十九條　營業ノ讓受人ガ第二十六條第一項又ハ前條ノ規定ニ依リ讓渡人ノ債務ニ付責ニ任ズル場合ニ於テハ讓渡人ノ責任ハ營業ノ讓渡又ハ前條ノ廣告ノ後二年內ニ請求又ハ請求ノ豫告ヲ爲サザル債權者ニ對シテハ二年ヲ經過シタルトキ消滅ス

第三十條　商業ノ登記ヲ爲シタル者ガ正當ノ事由ナクシテ二年間其ノ商號ヲ使用セザルトキハ商號ヲ廢止シタルモノト看做ス

第三十一條　商號ノ廢止又ハ變更アリタル場合ニ於テ其ノ商號ノ登記ヲ爲シタル者ガ廢止又ハ變更ノ登記ヲ爲サザルトキハ利害關係人ハ其ノ登記ノ抹消ヲ裁判所ニ請求スルコトヲ得

第五章　商業帳簿

第二十四條　商業ノ登記ヲ爲シタル者ガ其商號ヲ廢止シ又ハ之ヲ變更シタル場合ニ於テ其廢止又ハ變更ノ登記ヲ爲サザルトキハ利害關係人ハ其登記ノ抹消ヲ裁判所ニ請求スルコトヲ得

前項ノ場合ニ於テ裁判所ハ登記ヲ爲シタル者ニ對シ相當ノ期間ヲ定メ異議アラバ其期間內ニ之ヲ申立ツベキ旨ヲ催告シ若シ其期間內ニ異議ノ申立ナキトキハ直チニ其登記ヲ抹消スルコトヲ要ス

第五章　商業帳簿

第三十二條　商人ハ帳簿ヲ備ヘ之ニ日日ノ取引其ノ他財産ニ影響ヲ及ボスベキ一切ノ事項ヲ整然且明瞭ニ記載スルコトヲ要ス但シ家事費用ハ一月毎ニ其ノ總額ヲ記載スルヲ以テ足ル

小賣ノ取引ハ現金賣ト掛賣トヲ分チ日日ノ賣上總額ノミヲ記載スルコトヲ得

第三十三條　商人ハ開業ノ時及毎年一回一定ノ時期ニ於テ動産、不動産、債權、債務其ノ他ノ財産ノ總目錄及貸方借方ノ對照表ヲ作ルコトヲ要ス

會社ニ在リテハ成立ノ時及毎決算期ニ前項ノ書類ヲ作ルコトヲ要ス

財産目錄及貸借對照表ハ之ヲ編綴シ又ハ特ニ設ケタル帳簿ニ之ヲ記載スルコトヲ要ス

財産目錄及貸借對照表ニハ作成者之ニ署名スルコトヲ要ス

第三十四條　財産目錄ニハ動産、不動産、債權其ノ他ノ財産ニ價額ヲ附シテ之ヲ記載スルコトヲ要ス其ノ價額ハ財産目錄調製ノ時ニ於ケル價額ヲ超ユルコトヲ得ズ

營業用ノ固定財産ニ付テハ前項ノ規定ニ拘ラズ其ノ取得價額又ハ製作價額ヨリ相當ノ減損額ヲ控除シタル價額ヲ附スルコトヲ得

第二十五條　商人ハ帳簿ヲ備ヘ之ニ日日ノ取引其他財産ニ影響ヲ及ボスベキ一切ノ事項ヲ整然且明瞭ニ記載スルコトヲ要ス但家事費用ハ一ケ月毎ニ其總額ヲ記載スルヲ以テ足ル

小賣ノ取引ハ現金賣ト掛賣トヲ分チ日日ノ賣上總額ノミヲ記載スルコトヲ得

第二十六條　動産、不動産、債權、債務其他ノ財産ノ總目錄及ビ貸方借方ノ對照表ハ商人ノ開業ノ時又ハ會社ノ設立登記ノ時及ビ毎年一回一定ノ時期ニ於テ之ヲ作リ特ニ設ケタル帳簿ニ之ヲ記載スルコトヲ要ス

財産目錄ニハ動産、不動産、債權其他ノ財産ニ價額ヲ附シテ之ヲ記載スルコトヲ要ス其價額ハ財産目錄調製ノ時ニ於ケル價額ニ超ユルコトヲ得ズ

第二十七條　年二回以上利益ノ配當ヲ爲ス會社ニ在リテハ毎配當期ニ前條ノ規定ニ從ヒ財産目錄及ビ貸借對照表ヲ作ルコトヲ要ス

第三十五條　裁判所ハ申立ニ因リ又ハ職權ヲ以テ訴訟ノ當事者ニ商業帳簿又ハ其ノ一部分ノ提出ヲ命ズルコトヲ得

第三十六條　商人ハ十年間其ノ商業帳簿及其ノ營業ニ關スル重要書類ヲ保存スルコトヲ要ス

前項ノ期間ハ商業ノ帳簿ニ付テハ其ノ帳簿閉鎖ノ時ヨリ之ヲ起算ス

第六章　商業使用人

第三十七條　商人ハ支配人ヲ選任シ本店又ハ支店ニ於テ其ノ營業ヲ爲サシムルコトヲ得

第三十八條　支配人ハ營業主ニ代リテ其ノ營業ニ關スル一切ノ裁判上又ハ裁判外ノ行爲ヲ爲ス權限ヲ有ス

支配人ハ番頭、手代其ノ他ノ使用人ヲ選任又ハ解任スルコトヲ得

支配人ノ代理權ニ加ヘタル制限ハ之ヲ以テ善意ノ第三者ニ對抗スルコトヲ得ズ

第三十九條　商人ハ數人ノ支配人ガ共同シテ代理權ヲ行使スベキ旨ヲ定ムルコトヲ得

前項ノ場合ニ於テ支配人ノ一人ニ對シテ爲シタル意思表示ハ營業主ニ對シテ其ノ效力ヲ生ズ

第四十條　支配人ノ選任及其ノ代理權ノ消滅ハ之ヲ置

第二十七條ノ二　裁判所ハ申立ニ因リ又ハ職權ヲ以テ訴訟ノ當事者ニ其商業帳簿ノ提出ヲ命ズルコトヲ得

第二十八條　商人ハ十年間其商業帳簿及ビ其營業ニ關スル信書ヲ保存スルコトヲ要ス

前項ノ期間ハ商業帳簿ニ付テハ其帳簿閉鎖ノ時ヨリ之ヲ起算ス

第六章　商業使用人

第二十九條　商人ハ支配人ヲ選任シ其本店又ハ支店ニ於テ其商業ヲ營マシムルコトヲ得

第三十條　支配人ハ主人ニ代ハリテ其營業ニ關スル一切ノ裁判上又ハ裁判外ノ行爲ヲ爲ス權限ヲ有ス

支配人ハ番頭、手代其他ノ使用人ヲ選任又ハ解任スルコトヲ得

支配人ノ代理權ニ加ヘタル制限ハ之ヲ以テ善意ノ第三者ニ對抗スルコトヲ得ズ

第三十條ノ二　商人ハ數人ノ支配人ガ共同シテ代理權ヲ行フベキ旨ヲ定ムルコトヲ得

前項ノ場合ニ於テ支配人ノ一人ニ對シテ爲シタル意思表示ハ主人ニ對シテ其效力ヲ生ズ

第三十一條　支配人ノ選任及ビ其代理權ノ消滅ハ之ヲ

キタル本店又ハ支店ノ所在地ニ於テ營業主之ヲ登記スルコトヲ要ス前條第一項ニ定ムル事項及其ノ變更亦同ジ

第四十一條　支配人ハ營業主ノ許諾アルニ非ザレバ營業ヲ爲シ、自己若ハ第三者ノ爲ニ營業主ノ營業ノ部類ニ屬スル取引ヲ爲シ又ハ會社ノ無限責任社員、取締役若ハ他ノ商人ノ使用人ト爲ルコトヲ得ズ

支配人ガ前項ノ規定ニ違反シテ自己ノ爲ニ取引ヲ爲シタルトキハ營業主ハ之ヲ以テ自己ノ爲ニ爲シタルモノト看做スコトヲ得

前項ニ定ムル權利ハ營業主ガ其ノ取引ヲ知リタル時ヨリ二週間之ヲ行使セザルトキハ消滅ス取引ノ時ヨリ一年ヲ經過シタルトキ亦同ジ

第四十二條　本店又ハ支店ノ營業ノ主任者タルコトヲ示スベキ名稱ヲ附シタル使用人ハ之ヲ其ノ本店又ハ支店ノ支配人ト同一ノ權限ヲ有スルモノト看做ス但シ裁判上ノ行爲ニ付テハ此ノ限ニ在ラズ

前項ノ規定ハ相手方ガ惡意ナリシ場合ニハ之ヲ適用セズ

第四十三條　番頭、手代其ノ他ノ營業ニ關スル或種類又ハ特定ノ事項ノ委任ヲ受ケタル使用人ハ其ノ事項

置キタル本店又ハ支店ノ所在地ニ於テ主人之ヲ登記スルコトヲ要ス前條第一項ニ定メタル事項及ビ其變更並ニ消滅亦同ジ

第三十二條　支配人ハ主人ノ許諾アルニ非ザレバ自己又ハ第三者ノ爲メニ商行爲ヲ爲シ又ハ會社ノ無限責任社員ト爲ルコトヲ得ズ

支配人ガ前項ノ規定ニ反シテ自己ノ爲メニ商行爲ヲ爲シタルトキハ主人ハ之ヲ以テ自己ノ爲メニ爲シタルモノト看做スコトヲ得

前項ニ定メタル權利ハ主人ガ其行爲ヲ知リタル時ヨリ二週間之ヲ行ハザルトキハ消滅ス行爲ノ時ヨリ一年ヲ經過シタルトキ亦同ジ

第三十三條　商人ハ番頭又ハ手代ヲ選任シ其營業ニ關スル或種類又ハ特定ノ事項ヲ委任スルコトヲ得

番頭又ハ手代ハ其委任ヲ受ケタル事項ニ關シ一切ノ行爲ヲ爲ス權限ヲ有ス

第三十四條　支配人、番頭又ハ手代ニ非ザル使用人ハ主人ニ代ハリテ法律行爲ヲ爲ス權限ヲ有セザルモノト推定ス

ニ關シ一切ノ裁判外ノ行爲ヲ爲ス權限ヲ有ス
第三十八條第三項ノ規定ハ前項ノ場合ニ之ヲ準用ス

第四十四條　物品ノ販賣ヲ目的トスル店舗ノ使用人ハ其ノ店舗ニ在ル物品ノ販賣ニ關スル權限ヲ有スルモノト看做ス
第四十二條第二項ノ規定ハ前項ノ場合ニ之ヲ準用ス

第四十五條　本章ノ規定ハ營業主ト商業使用人トノ間ノ雇傭關係ニ付民法ヲ適用スルコトヲ妨ゲズ

第七章　代理商

第四十六條　代理商トハ使用人ニ非ズシテ一定ノ商人ノ爲ニ平常其ノ營業ノ部類ニ屬スル取引ノ代理又ハ媒介ヲ爲ス者ヲ謂フ

第四十七條　代理商ガ取引ノ代理又ハ媒介ヲ爲シタルトキハ遲滯ナク本人ニ對シテ其ノ通知ヲ發スルコトヲ要ス

第四十八條　代理商ハ本人ノ許諾アルニ非ザレバ自己若ハ第三者ノ爲ニ本人ノ營業ノ部類ニ屬スル取引ヲ爲シ又ハ同種ノ營業ヲ目的トスル會社ノ無限責任社員若ハ取締役ト爲ルコトヲ得ズ
第四十一條第二項及第三項ノ規定ハ代理商ガ前項ノ

第三十五條　本章ノ規定ハ主人ト商業使用人トノ間ニ生ズル雇傭關係ニ付キ民法ノ規定ヲ適用スルコトヲ妨ゲズ

第七章　代理商

第三十六條　代理商トハ使用人ニ非ズシテ一定ノ商人ノ爲メニ平常其營業ノ部類ニ屬スル商行爲ノ代理又ハ媒介ヲ爲ス者ヲ謂フ

第三十七條　代理商ガ商行爲ノ代理又ハ媒介ヲ爲シタルトキハ遲滯ナク本人ニ對シテ其通知ヲ發スルコトヲ要ス

第三十八條　代理商ハ本人ノ許諾アルニ非ザレバ自己又ハ第三者ノ爲メニ本人ノ營業ノ部類ニ屬スル商行爲ヲ爲シ又ハ同種ノ營業ヲ目的トスル會社ノ無限責任社員ト爲ルコトヲ得ズ
第三十二條第二項及ビ第三項ノ規定ハ代理商ガ前項

規定ニ違反シタル場合ニ之ヲ準用ス

第四十九條　物品ノ販賣又ハ其ノ媒介ノ委託ヲ受ケタル代理商ハ賣買ノ目的物ノ瑕疵又ハ數量ノ不足其ノ他賣買ノ履行ニ關スル通知ヲ受クル權限ヲ有ス

第五十條　當事者ガ契約ノ期間ヲ定メザリシトキハ各當事者ハ二月前ニ豫告ヲ爲シテ其ノ契約ノ解除ヲ爲スコトヲ得

當事者ガ契約ノ期間ヲ定メタルト否トヲ問ハズ已ムコトヲ得ザル事由アルトキハ各當事者ハ何時ニテモ其ノ契約ノ解除ヲ爲スコトヲ得

第五十一條　代理商ハ取引ノ代理又ハ媒介ヲ爲シタルニ因リテ生ジタル債權ガ辨濟期ニ在ルトキハ其ノ辨濟ヲ受クル迄本人ノ爲ニ占有スル物又ハ有價證券ヲ留置スルコトヲ得但シ別段ノ意思表示アリタルトキハ此ノ限ニ在ラズ

ノ規定ニ違反シタル場合ニ之ヲ準用ス

第三十九條　物品販賣ノ委託ヲ受ケタル代理商ハ賣買ノ目的物ノ瑕疵又ハ其數量ノ不足其他賣買ノ履行ニ關スル通知ヲ受クル權限ヲ有ス

第四十條　當事者ガ契約ノ期間ヲ定メザリシトキハ各當事者ハ二ケ月前ニ豫告ヲ爲シテ其契約ノ解除ヲ爲スコトヲ得

當事者ガ契約ノ期間ヲ定メタルト否トヲ問ハズ已ムコトヲ得ザル事由アルトキハ各當事者ハ何時ニテモ其契約ノ解除ヲ爲スコトヲ得

第四十一條　代理商ハ商行爲ノ代理又ハ媒介ヲ爲シタルニ因リテ生ジタル債權ニ付キ本人ノ爲メニ占有スル物又ハ有價證券ヲ留置スルコトヲ得但別段ノ意思表示アリタルトキハ此限ニ在ラズ

昭和十一年三月二十三日印刷
昭和十一年三月二十八日發行

改正
新會社法釋義
【定價四圓八拾錢】

著者　美濃部俊明

發行者　菊池村夫
大阪市西區江戸堀上通二ノ四四

印刷所　銀行信託協會印刷部

印刷人　金山茂
大阪市天王寺區勝山通一丁目

發行所　銀行信託協會
大阪市西區江戸堀昭和通角　昭和ビル內
電話土佐堀（三三三三番・八一六四番）
振替口座大阪一六二七九番

改正新會社法釋義　附　新舊對照條文

日本立法資料全集　別巻 1213

平成31年１月20日　　復刻版第１刷発行

著　者　美濃部俊明

発行者　今井　貴
　　　　渡辺左近

発行所　信山社出版

〒113-0033　東京都文京区本郷６－２－９－102
モンテベルデ第２東大正門前
電　話　03（3818）1019
ＦＡＸ　03（3818）0344
郵便振替　00140-2-367777（信山社販売）

Printed in Japan.

制作／（株）信山社，印刷・製本／松澤印刷・日進堂

ISBN 978-4-7972-7330-4 C3332

別巻　巻数順一覧【950～981巻】

巻数	書　名	編・著者	ISBN	本体価格
950	実地応用町村制質疑録	野田藤吉郎、國吉拓郎	ISBN978-4-7972-6656-6	22,000円
951	市町村議員必携	川瀬周次、田中迪三	ISBN978-4-7972-6657-3	40,000円
952	増補 町村制執務備考 全	増澤鐵、飯島篤雄	ISBN978-4-7972-6658-0	46,000円
953	郡区町村編制法 府県会規則 地方税規則 三法綱論	小笠原美治	ISBN978-4-7972-6659-7	28,000円
954	郡区町村編制 府県会規則 地方税規則 新法例纂 追加地方諸要則	柳澤武運三	ISBN978-4-7972-6660-3	21,000円
955	地方革新講話	西内天行	ISBN978-4-7972-6921-5	40,000円
956	市町村名辞典	杉野耕三郎	ISBN978-4-7972-6922-2	38,000円
957	市町村吏員提要〔第三版〕	田邊好一	ISBN978-4-7972-6923-9	60,000円
958	帝国市町村便覧	大西林五郎	ISBN978-4-7972-6924-6	57,000円
959	最近検定 市町村名鑑 附 官国幣社 及 諸学校所在地一覧	藤澤衛彦、伊東順彦、増田穆、関惣右衛門	ISBN978-4-7972-6925-3	64,000円
960	鼇頭対照 市町村制解釈 附 理由書 及 参考諸布達	伊藤寿	ISBN978-4-7972-6926-0	40,000円
961	市町村制釈義 完　附 市町村制理由	水越成章	ISBN978-4-7972-6927-7	36,000円
962	府県郡市町村 模範治績　附 耕地整理法 産業組合法 附属法令	荻野千之助	ISBN978-4-7972-6928-4	74,000円
963	市町村大字読方名彙〔大正十四年度版〕	小川琢治	ISBN978-4-7972-6929-1	60,000円
964	町村会議員選挙要覧	津田東璋	ISBN978-4-7972-6930-7	34,000円
965	市制町村制 及 府県制　附 普通選挙法	法律研究会	ISBN978-4-7972-6931-4	30,000円
966	市制町村制註釈 完　附 市制町村制理由〔明治21年初版〕	角田真平、山田正賢	ISBN978-4-7972-6932-1	46,000円
967	市町村制詳解 全　附 市町村制理由	元田肇、加藤政之助、日鼻豊作	ISBN978-4-7972-6933-8	47,000円
968	区町村会議要覧 全	阪田辨之助	ISBN978-4-7972-6934-5	28,000円
969	実用 町村制市制事務提要	河邨貞山、島村文耕	ISBN978-4-7972-6935-2	46,000円
970	新旧対照 市制町村制正文〔第三版〕	自治館編輯局	ISBN978-4-7972-6936-9	28,000円
971	細密調査 市町村便覧（三府四十三県 北海道 樺太 台湾 朝鮮 関東州） 附 分類官公衙公私学校銀行所在地一覧表	白山榮一郎、森田公美	ISBN978-4-7972-6937-6	88,000円
972	正文 市制町村制 並 附属法規	法曹閣	ISBN978-4-7972-6938-3	21,000円
973	台湾朝鮮関東州 全国市町村便覧 各学校所在地〔第一分冊〕	長谷川好太郎	ISBN978-4-7972-6939-0	58,000円
974	台湾朝鮮関東州 全国市町村便覧 各学校所在地〔第二分冊〕	長谷川好太郎	ISBN978-4-7972-6940-6	58,000円
975	合巻 佛蘭西邑法・和蘭邑法・皇国郡区町村編成法	箕作麟祥、大井憲太郎、神田孝平	ISBN978-4-7972-6941-3	28,000円
976	自治之模範	江木翼	ISBN978-4-7972-6942-0	60,000円
977	地方制度実例総覧〔明治36年初版〕	金田謙	ISBN978-4-7972-6943-7	48,000円
978	市町村民 自治読本	武藤榮治郎	ISBN978-4-7972-6944-4	22,000円
979	町村制詳解　附 市制及町村制理由	相澤富蔵	ISBN978-4-7972-6945-1	28,000円
980	改正 市町村制 並 附属法規	楠綾雄	ISBN978-4-7972-6946-8	28,000円
981	改正 市制 及 町村制〔訂正10版〕	山野金蔵	ISBN978-4-7972-6947-5	28,000円